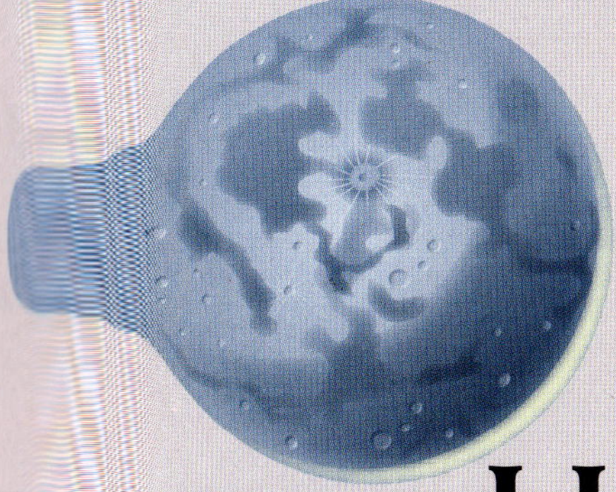

Horoskope
SELBST ERSTELLEN

10
9
8
7
6
5
4
3
2
1
12
11
29°
23°
11°
2°
24°
7°29

Horoskope

SELBST ERSTELLEN

BERECHNUNG UND INTERPRETATION
DES PERSÖNLICHEN GEBURTSDIAGRAMMS

PAUL WADE

MOEWIG

Für all meine Studenten, Klienten und Freunde.
Für verrückte Wassermänner und meckernde Steinböcke.

Titel der Originalausgabe: Be Your Own Astrologer

Redaktionsleitung: Sandra Rigby
Redaktion: Clare Churly
Künstlerische Leitung: Sally Bond
Layout: James Lawrence
Illustrationen: Kuo Kang Chen, John Woodcock
Herstellungsleitung: Simone Nauerth

www.moewig.de

Übersetzung aus dem Englischen:
Sonja Kerkhoffs, Print & Screen Productions, Köln
Producing, Redaktion und Satz:
Print & Screen Productions, Köln

ISBN 978-3-8118-2946-6

Printed in China

INHALT

EINLEITUNG

VOM NUTZEN DER ASTROLOGIE

Dieses Buch richtet sich an alle, die mehr über die faszinierenden Geheimnisse der Astrologie erfahren möchten. Auf den folgenden Seiten lernen Sie, Ihr eigenes Geburtshoroskop zu erstellen, ein Horoskopformular auszufüllen und das fertige Horoskop zu interpretieren.

Wahrscheinlich hat auch Sie schon einmal eine exakt zutreffende Vorhersage beeindruckt, die in einem Tages- oder Jahreshoroskop für Ihr Tierkreiszeichen gemacht wurde. Dann wird es Sie vermutlich erstaunen zu erfahren, dass Sie selbst in der Lage sind, Ihr eigenes Horoskop zu erstellen und zu deuten! Das Erlernen neuer Fähigkeiten ist per se reizvoll, und das Erstellen des eigenen, kosmischen Selbstporträts stellt überdies oft eine therapeutische, auf jeden Fall aber eine erhellende und unterhaltsame Beschäftigung dar.

Ihr Geburtshoroskop ist eine schematische Darstellung der Gestirnstände zum Zeitpunkt Ihrer Geburt vom Geburtsort aus betrachtet. Während Sie Ihr Horoskop erstellen und analysieren, werden Sie auch einiges über den Einfluss erfahren, den die Planeten und unser Universum auf das Leben auf der Erde haben. Sie werden Berechnungen durchführen, wie sie zum Teil schon die ersten Sternendeuter vor Tausenden von Jahren getätigt haben.

Auf der rechten Seite sehen Sie ein leeres Horoskopformular, das Sie im Laufe der Arbeit mit diesem Buch nach und nach ausfüllen können. Am besten kopieren Sie es zuvor auf ein separates Blatt Papier; besonders ansprechend wirkt es, wenn Sie farbiges oder strukturiertes Papier verwenden. In die Tabellen im unteren Teil des Formulars tragen Sie später die von Ihnen ermittelten Daten für Ihren Geburtstag ein. Diese benötigen Sie, um anschließend die Gestirnstände, wie sie zum Zeitpunkt Ihrer Geburt vom Geburtsort aus am Firmament zu sehen waren, in das Kreisdiagramm im oberen Teil des Formulars einzuzeichnen.

In den folgenden Kapiteln erfahren Sie, wie Sie die Planetenstände zum Zeitpunkt Ihrer Geburt ermitteln und herausfinden, was dies etwa über Ihre Persönlichkeit, Ihr Berufsleben und Ihre Beziehungen aussagt. Dieses neu erworbene Wissen kann Ihnen dann z. B. helfen, die Reaktionen Ihrer Mitmenschen auf Sie besser zu verstehen.

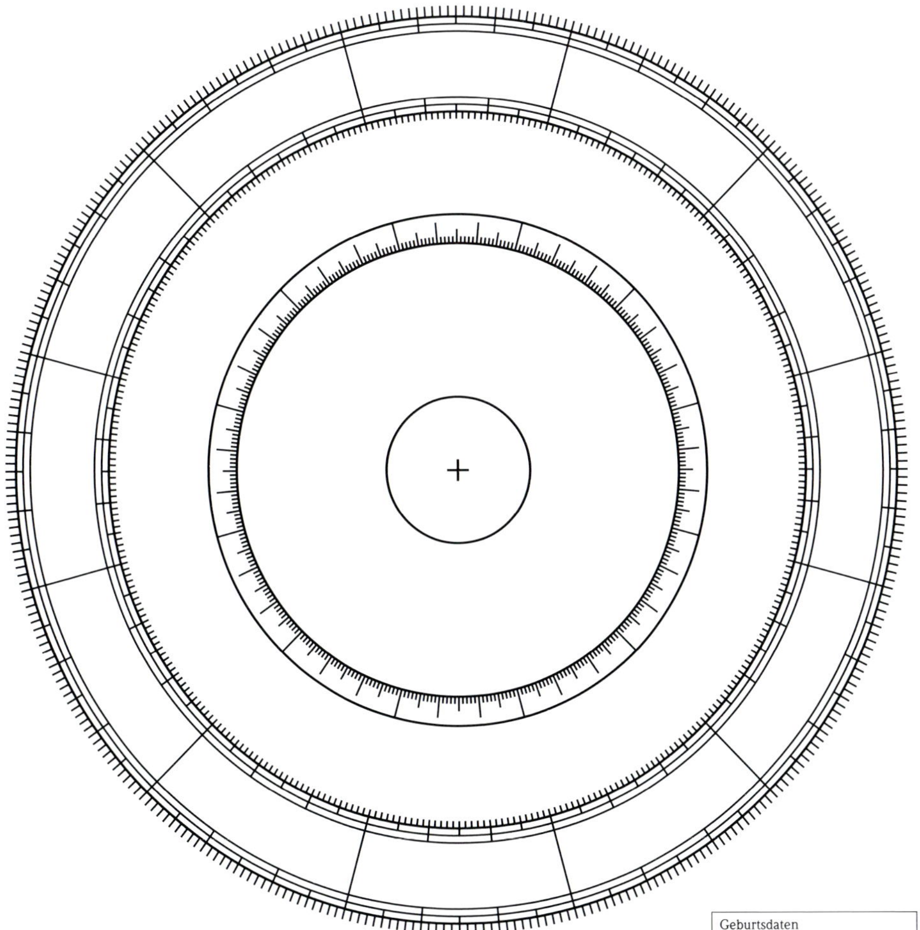

	Geburtsdaten
	Datum
	Zeit
	GMT
	Ort
Horoskopart	Breitengrad
Häusersystem	Längengrad

Grad	Zeichen	R	Planeten	Aspekte ☉	☽	☿	♀	♂	♃	♄	♅	♆	♇	AC	MC	nK
			Sonne	☉												
			Mond		☽											
			Merkur			☿										
			Venus				♀									
			Mars					♂								
			Jupiter						♃							
			Saturn							♄						
			Uranus								♅					
			Neptun									♆				
			Pluto										♇			
			AC	Horoskopherrscher												n. Knoten
			MC	Haus des Horoskopherrschers											MC	
			n. Knoten	aufsteigender Planet										AC		

Qualitäten	Elemente
kardinal	Feuer
fix	Erde
beweglich	Luft
Planeten an Eckpunkten	Wasser
	Domizil
gegenseitige Verstärkung	Fall
	Erhöhung
NOTIZEN	Exil
Planeten in positiven Zeichen	
Planeten in negativen Zeichen	

ZUR VERWENDUNG DIESES BUCHS

In diesem Buch erfahren Sie alles, was Sie zur Erstellung und Deutung von Geburtshoroskopen benötigen. Arbeitsblätter und Beispielhoroskope helfen Ihnen dabei ebenso wie die methodische Darstellung der jeweiligen Stufen der Horoskoperstellung und -deutung. Wenn Sie die einzelnen Kapitel systematisch durcharbeiten, werden Sie sich schon bald ein solides astrologisches Grundwissen angeeignet haben.

GEBURTSHOROSKOPE ERSTELLEN

Im ersten Teil des Buchs erfahren Sie, wie Sie die Konstellation Ihrer Planeten, Ihre Häuser und Ihren Aszendenten auf der Grundlage des Datums, der Uhrzeit und des Orts Ihrer Geburt ermitteln.

- Die **Gestirnstände berechnen** (Seite 20–39) führt Sie Schritt für Schritt durch die einzelnen Berechnungsphasen zur Erstellung Ihres Geburtshoroskops. Zahlreiche Beispielhoroskope und Arbeitsblätter helfen Ihnen dabei.

- In **Horoskope zeichnen** (Seite 40–55) erfahren Sie, wie Sie die zuvor gesammelten Daten in das Kreisdiagramm Ihres Horoskopformulars übertragen.

GEBURTSHOROSKOPE DEUTEN

Der zweite Teil des Buchs widmet sich der Interpretation Ihres Horoskops. Während Sie ihn durcharbeiten, werden Sie nach und nach ein grundlegendes Verständnis für die Astrologie entwickeln.

- Die **Deutungsgrundlagen** (Seite 58–93) machen Sie mit astrologischen Häusern, Sternzeichen, Planeten, Achsen und Kardinalpunkten vertraut. Sie erfahren, welche Bedeutung den einzelnen Faktoren zukommt und wie sie in Relation zueinander zu bewerten sind.

- In **Der erste Eindruck** (Seite 94–105) werfen wir einen prüfenden Blick auf Ihr Gesamthoroskop. Hier werden Ihr Planetenmuster, die Verteilung der Planeten in Ihrem Horoskop und Ihre Aspektfiguren genauer betrachtet.

- Die **Gestirnstände interpretieren** (Seite 106–113) beschäftigt sich mit dem Stand der einzelnen Planeten. Das besondere Augenmerk gilt hier Ihrem Horoskopherrscher, einem eventuell vorhandenen aufsteigenden Planeten sowie unaspektierten Planeten und weiteren bedeutsamen Planetenständen.

- **Sonstige Faktoren** (Seite 114–127) vertieft die Horoskopanalyse. Dieses Kapitel beschäftigt sich mit den Mondknoten, dem Glückspunkt, Chiron, der Horoskopsignatur, Planeten im letzten Grad und Planeten im höchsten Grad.

- In **Weitere Deutungsarten** (Seite 128–139) werden fortgeschrittene Methoden der Horoskopanalyse vorgestellt. Sie lernen, wie Sie mithilfe von Transiten und Sekundärdirektionen Voraussagen treffen und anhand von Synastrie und Composit Partnerschaftsanalysen durchführen können.

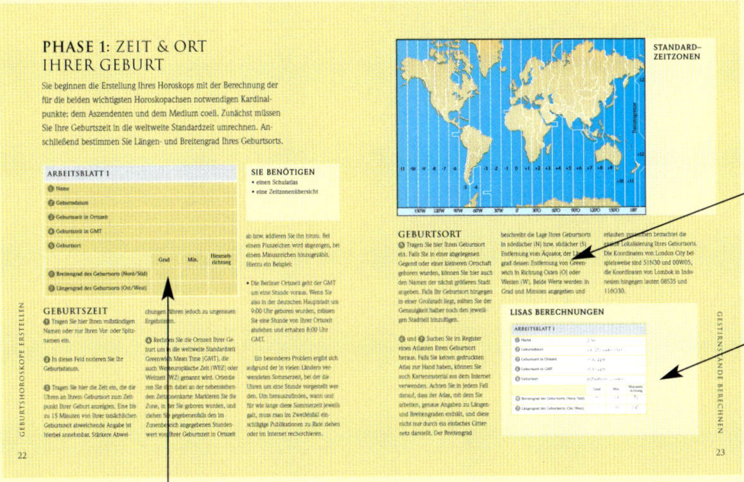

Der Text erklärt Ihnen Schritt für Schritt, wie Sie in den jeweiligen Phasen der Horoskoperstellung vorgehen müssen.

Ein Blick auf Lisas Beispielhoroskop kann Ihnen weiterhelfen, falls Sie einmal nicht genau wissen, was zu tun ist.

Übersichtliche, klar strukturierte Arbeitsblätter helfen Ihnen beim Berechnen Ihrer Planetenkonstellationen.

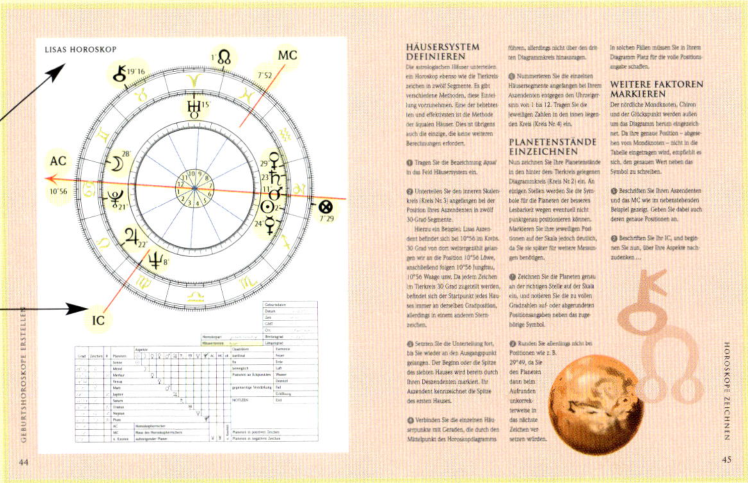

Sie können leicht nachvollziehen, wie ein Horoskop gezeichnet wird, indem Sie Lisas Beispielhoroskop genau ansehen.

Anhand der gelb markierten Stellen ist einfach zu erkennen, welcher Aspekt der Horoskoperstellung auf einer bestimmten Seite behandelt wird.

Was Ihr Horoskop bedeutet, erfahren Sie, indem Sie die Deutungen der einzelnen Planeten, Häuser, Tierkreiszeichen, Aspekte und Kardinalpunkte aufmerksam durchlesen.

HINTERGRUNDINFORMATIONEN

Die meisten Menschen assoziieren mit Horoskopen die wenigen Zeilen in Zeitungen und Zeitschriften, die eine Voraussage für ihr persönliches Schicksal abhängig vom jeweiligen Tierkreiszeichen treffen. Sie erinnern sich in der Regel an positive Aussagen, während weniger Positives rasch vergessen wird. Nicht selten allerdings führt eine solche astrologische Notiz dazu, die eigene Situation zu überdenken und eventuell sogar grundlegende Entscheidungen für das eigene Leben zu fällen.

IHR GEBURTSHOROSKOP

Nicht wenige Menschen fragen sich, wie es sein kann, dass man einzig anhand ihres Geburtsmonats Aussagen zu ihrer Persönlichkeit und ihrem Schicksal treffen kann. Diese Frage ist berechtigt, denn solche Feststellungen müssen zwangsläufig sehr allgemein sein. Es gibt allerdings Möglichkeiten, individuellere Aussagen zu erhalten. Ein genauerer astrologischer Blick auf die Umstände Ihrer Geburt offenbart zahlreiche astrologische Faktoren, mit deren Hilfe sich ein weitaus individuelleres und detaillierteres Bild Ihres Schicksals und Ihrer Persönlichkeit zeichnen lässt, als anhand des zum Zeitpunkt Ihrer Geburt in der Sonne stehenden Tierkreiszeichens allein.

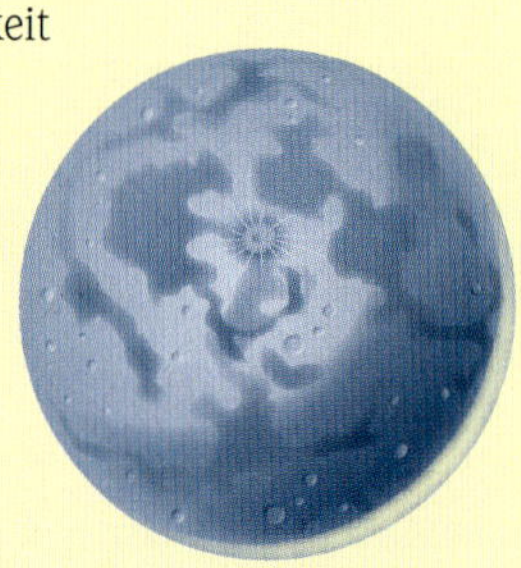

In unserem Sonnensystem gibt es neun Planeten. Da wir als Astrologen den Himmel von der Erde aus betrachten, fällt diese als zu beobachtender Planet weg, sodass acht Planeten übrig bleiben. Darüber hinaus werden aus astrologischer Sicht allerdings auch Sonne und Mond als Planeten betrachtet, obwohl die Sonne astronomisch gesehen ein Stern und der Mond ein Satellit ist. Die einzelnen Planeten bewegen sich mit unterschiedlichen Geschwindigkeiten, sodass sich nicht so leicht sagen lässt, wo sie sich zu welchem Zeitpunkt befinden. Eine Ausnahme bildet die Sonne; während sie im Laufe eines Jahres von der Erde umrundet wird, verändert sich ihre Position in Bezug auf den Tierkreis um etwa ein Zeichen pro Monat.

Die Position der Sonne lässt sich demnach recht einfach bestimmen, daher wird das Zeichen, in dem sie zum Zeitpunkt der Geburt eines Menschen steht, im Allgemeinen als charakterlich prägend angesehen. Das ist zwar nicht falsch, doch die Sonne ist nur ein Planet von insgesamt zehn zu berücksichtigenden. Die Analyse ihrer Position macht demnach nur ein Zehntel eines Horoskops aus.

DIE ERDUMLAUFBAHN UND DER TIERKREIS

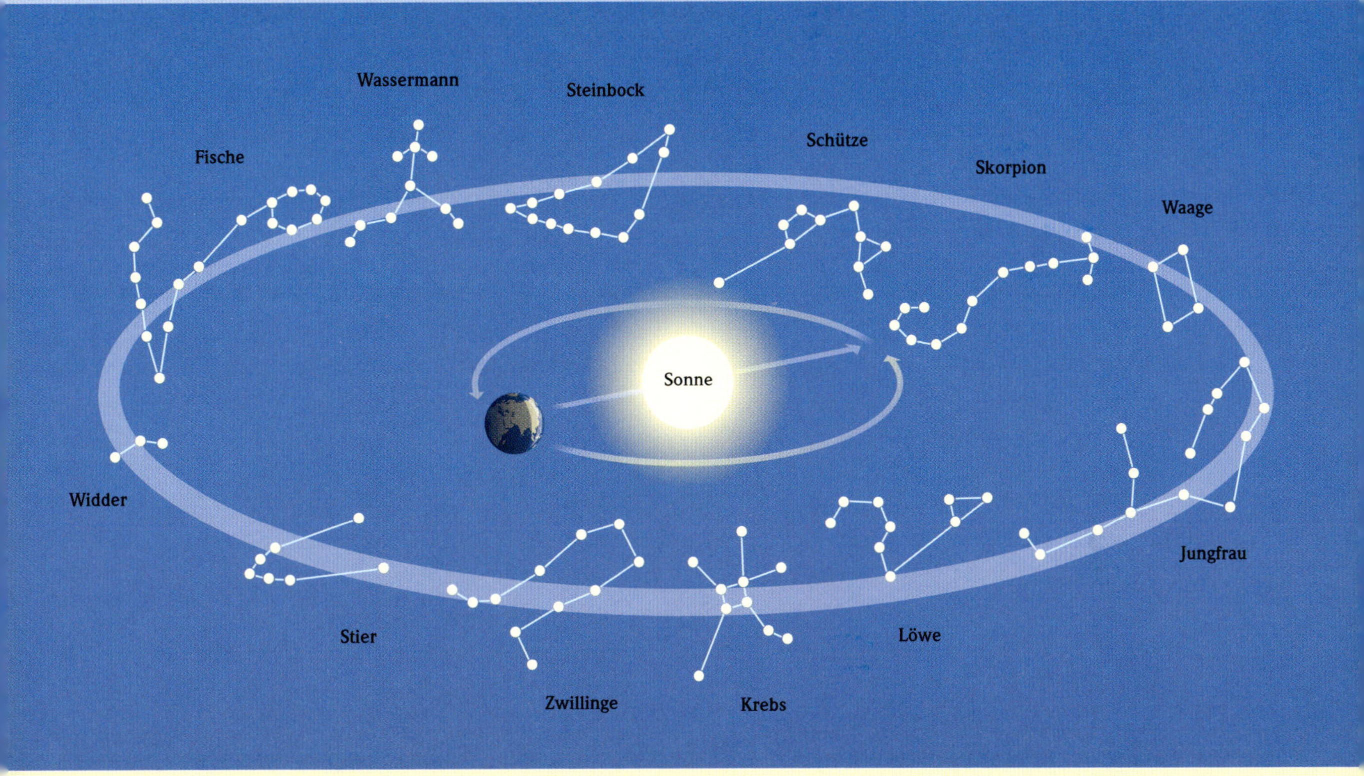

Ihr Horoskop wird weitaus exakter sein, wenn Sie die Positionen aller Planeten zum Zeitpunkt Ihrer Geburt kennen, ebenso wie die Verteilung dieser Planeten auf die astrologischen Häuser, Ihren Aszendenten und viele andere Horoskopfaktoren. Erst dann ist eine detaillierte astrologische Analyse durchführbar.

EINFLUSS DER PLANETEN

Vielleicht fragen Sie sich, wie es möglich sein soll, dass unendlich weit entfernte Himmelskörper unser Leben auf der Erde beeinflussen können. Falls dem so ist, denken Sie nur einmal an den Mond, der die Gezeiten unserer Ozeane regelt, oder an die Sonne, von der die verschiedenen Jahreszeiten abhängen und ohne die kein Leben möglich wäre.

Viel näher liegender als die Frage, wie die Planeten unsere Geschicke beeinflussen können, ist so gesehen die Frage, wie es möglich sein sollte, dass wir von ihnen unbeeinflusst bleiben sollen. Das Leben unzähliger Pflanzen und Tiere ist untrennbar mit dem Kreislauf der Planeten verbunden, insofern wäre es von uns Menschen überheblich anzunehmen, dass nicht auch wir davon beeinflusst würden.

WIE DIE ASTROLOGIE HELFEN KANN

Mithilfe der Astrologie können Sie Tagesprognosen stellen, Trends voraussagen und eventuelle Gefahren aufspüren, die uns auch in friedlichen Zeiten drohen. Wozu aber sollten Sie Ihr Geburtshoroskop (griech. *horoskopeion* = Stundenschauer) erstellen? Welchen Nutzen bietet Ihnen diese – zugegebenermaßen recht mühselige – Arbeit?

Zunächst einmal erfahren Sie während der ersten Phase der Erstellung, bei der Berechnung der Planetenstände, einiges über Geografie, die Berechnung von Zeiten, planetarische Umlaufbahnen und andere astronomische Phänomene. Darüber hinaus lernen Sie die astrologische Symbolsprache kennen. Und schließlich werden Sie, sobald Sie sich mit der Deutung Ihres Horoskops beschäftigen, begeistert sein über all das, was Sie über sich in Erfahrung bringen können.

Die Vieldeutigkeit astrologischer Interpretation spiegelt nicht nur die Komplexität des menschlichen Daseins wider, sondern auch die unterschiedlichen Aspekte unserer eigenen Persönlichkeit. Es wird Sie zunächst vielleicht überraschen, wenn Sie feststellen, dass Ihr Geburtshoroskop zahlreiche widersprüchliche Aussagen enthält. Doch unterscheiden sich Ihre Gedanken, Gefühle und Reaktionen in einer bestimmten Situation nicht auch oft grundlegend von denen in einer anderen, die ganz ähnlich gelagert ist?

Die Beschäftigung mit Ihrem Geburtshoroskop wird Ihnen zu einem objektiveren Blick auf sich selbst verhelfen. Dadurch wird es Ihnen bald leichter fallen, genau zu sagen, was Sie glücklich macht, und Sie werden konstruktiver mit vermeintlich ungünstigen Charakterzügen umgehen können, indem Sie lernen, wie Sie sie kontrollieren oder positiv nutzen können.

EINEN WEG FINDEN

Das Leben ist für viele Menschen eine ernste und hektische Angelegenheit, die nur wenig Zeit für Mußestunden übrig lässt, in denen wir uns nach einem Sinn fragen oder ein konkretes Lebensziel setzen können. Die Astrologie kann uns helfen, einen für uns angemessenen Lebensweg einzuschlagen. Sind Sie etwa ein Karrieremensch, der von einem gemütlichen Heim träumt, oder eher ein häuslicher Typ, der sich nach einer aufregenden Karriere sehnt? Sollen Sie sich hauptsächlich Ihrer Familie widmen oder Ihrem Job, oder liegt Ihr Weg irgendwo dazwischen? Welcher Beruf passt zu Ihnen, und unter welchen Bedingungen arbeiten Sie am effektivsten? Wie steht es um Ihre Reiselust, Ihre Wissbegierde und Ihre Gesundheit? Ein genauer Blick auf Ihr Geburtshoroskop kann Aufschlussreiches über all diese und einige andere Bereiche zutage fördern.

Ein Gebiet, auf dem sich die Astrologie als besonders hilfreich erweist, sind Partnerschaften. Harmonische, lang anhaltende Beziehungen sind heutzutage fast eine Seltenheit. Die meisten Menschen machen in der Liebe immer wieder dieselben Fehler, entscheiden sich für den falschen Partner, verstricken sich in ausweglose Dreiecksbeziehungen, engagieren sich in einem zu frühen Stadium ihrer Beziehungen zu stark oder fühlen sich in einer Beziehung zu eingeengt, als Single jedoch elendig einsam.

Die Analyse Ihres Geburtshoroskops kann Ihnen helfen, die Eigenschaften zu bestimmen, von denen Sie sich lediglich angezogen fühlen, und sie von jenen zu trennen, die ein potenzieller Partner für Sie unbedingt besitzen sollte. Zudem kann sie für Sie hilfreich sein, um zu erkennen, welche vielleicht problematischen Verhaltensweisen, die Sie eventuell bereits in jungen Jahren – etwa in Ihrer Beziehung zu Ihren Eltern – entwickelt haben, auch in Partnerschaften an den Tag legen. Die positiven Folgen, die ein Neuüberdenken und Neubewerten solchen Verhaltens nach sich ziehen können, sind von großem Wert; ein zukünftig erfüllenderes und stabileres Beziehungsleben ist nur eine davon.

ASTROLOGISCHE SYMBOLE

Um nicht so viel Zeit auf das Eintragen von Planetennamen oder Konstellationen in ein Horoskop zu verwenden, wurde eine Art Kurzschrift entwickelt, die aus einzelnen Symbolen besteht. Diese möchte ich Ihnen auf den folgenden Seiten vorstellen. Da sie immer wieder verwendet werden, lohnt es sich, sich damit vertraut zu machen.

STERNZEICHEN

Jedem Tierkreiszeichen ist ein Symbol zugeordnet, das im Horoskopformular anstelle des jeweiligen Namens eingetragen wird.

WIDDER

♈ Das v-förmige Symbol für den Widder erinnert an ein kräftiges Gehörn.

STIER

♉ Im Symbol für dieses Zeichen ist der gehörnte Kopf des Stiers gut zu erkennen.

ZWILLINGE

♊ Das Zeichen für den Zwilling entspricht der römischen Ziffer zwei.

KREBS

♋ Die vorsichtig aus dem Panzer blickenden Augen des Krebses mögen zu diesem Zeichen inspiriert haben.

LÖWE

♌ Das Zeichen für den Löwen erinnert an die Mähne oder den Schwanz des Tiers.

JUNGFRAU

♍ Das Symbol für die Jungfrau entspricht dem Buchstaben M, wie Maid. Verwechseln Sie es nicht mit dem Zeichen für den Skorpion!

WAAGE

♎ In der Mathematik wird dasselbe Symbol als Äquivalenzzeichen (Differenz zwischen) genutzt.

SKORPION

♏ Dieses Zeichen merken Sie sich am leichtesten, indem Sie an den Stachel des Skorpions denken.

SCHÜTZE

♐ Das Symbol für den Schützen ist ein kräftiger Pfeil.

STEINBOCK

♑ Der Steinbock hat ein recht abstraktes Zeichen: ein Ziegenkopf, der in einen Fischschwanz übergeht.

WASSERMANN

♒ Zwei Wellenlinien repräsentieren das Sternzeichen Wassermann.

FISCHE

♓ Diesem Symbol liegt die Idee zweier durch ein Band verbundener oder sich küssender Fische zugrunde.

PLANETEN

Jeder Planet wird durch ein eigenes Zeichen repräsentiert, das die Position des jeweiligen Gestirns im Horoskopformular markiert. Sie sparen bei der Horoskoperstellung viel Zeit, wenn Sie mit diesen Symbolen vertraut sind.

SONNE

☉ Ihr Zeichen erinnert an die zentrale Position, die dieser Stern in unserem Sonnensystem einnimmt: Alle anderen Planeten umkreisen ihn.

MOND

☽ Das Symbol für den Mond ist unverkennbar. Manche Astrologen zeichnen ihn zunehmend und nach rechts gerichtet wie hier, andere abnehmend und nach links gerichtet.

MERKUR

☿ Merkur ist auch unter dem Namen Hermes als antiker Götterbote bekannt. Der geflügelte Hut, mit dem er normalerweise dargestellt wird, ist in diesem Symbol gut zu erkennen.

VENUS

♀ Das Symbol für den nach der römischen Liebesgöttin benannten Planeten Venus ist auch allgemein als Symbol für das Weibliche bekannt.

MARS

♂ Das Zeichen für den nach dem antiken Kriegsgott Mars benannten Planeten wird auch allgemein als Symbol für das Männliche verwendet.

JUPITER

♃ Das Symbol für den Jupiter besteht aus einer Kombination der Ziffern zwei und vier.

SATURN

♄ Das verschnörkelte h, das den Planeten Saturn symbolisiert, ähnelt dem Zeichen für den Jupiter, wenn man dieses auf den Kopf stellt und spiegelt.

URANUS

♅ Der Uranus steht astrologisch gesehen für alles Neue und Revolutionäre, wie gegenwärtig etwa die Neuen Medien. Das ihn repräsentierende Zeichen lässt sich gut einprägen, indem man an eine Empfangsantenne denkt.

NEPTUN

♆ Neptun, der nach dem antiken römischen Meeresgott benannt ist, wird durch einen so genannten Trident, einen dreizackigen Fischspeer, symbolisiert.

PLUTO

⯓ Dieses Zeichen für den Planeten Pluto erinnert ein wenig an das Neptunsymbol. Teils wird für Pluto auch ein aus den Buchstaben P und L kombiniertes Zeichen verwendet, das an Percival Lowell erinnern soll, dem die Entdeckung Plutos zu verdanken ist.

HAUPTASPEKTE

Der Tierkreis bildet, wie sein Name bereits sagt, einen echten Kreis mit einem Vollwinkel von 360 Grad. Den zwölf darin enthaltenen Sternzeichen wird ein jeweils 30 Grad großes Kreissegment zugeteilt. Die Planeten, die diesen Kreis durchwandern, beeinflussen sich einander auf unterschiedliche Weise, je nachdem, welche Konstellation sie bilden. Aspekte sind bedeutsame Abstände innerhalb dieser Konstellationen, die sich zwischen den einzelnen Planeten und anderen Horoskopfaktoren ergeben.

Aspekte, die unterstützend und hilfreich wirken, bezeichnen Astrologen als harmonisch, problematischere Aspekte werden spannungsreich genannt. Doch keine Sorge: Auch problematische Aspekte haben ihre positiven Seiten. Wie Sie Ihre Aspekte berechnen und aufzeichnen, erfahren Sie im ersten Teil dieses Buchs, Deutungshilfen finden Sie in Kapitel 3 (Seite 58–93).

KONJUNKTION

(0 Grad, spannungsreich)

☌ Das Symbol für die Konjunktion erinnert an einen Klöppel bzw. an das halbierte Zeichen für die Opposition. Planeten in exakter Konjunktion stehen genau nebeneinander. Die Konjunktion wird in der Regel als spannungsreicher Aspekt betrachtet, kann aber u. U. auch harmonisch wirken.

SEXTIL

(60 Grad, harmonisch)

⚹ Das Symbol für den Sextil ähnelt einer Schneeflocke mit sechs Spitzen. Zwei Planeten, die sich im Sextil zueinander befinden, liegen 60 Grad – also zwei Zeichen weit – voneinander entfernt. Der Sextil ist ein harmonischer und hilfreicher Aspekt, der wenig Unterstützung benötigt, um positiv zu wirken.

QUADRAT

(90 Grad, spannungsreich)

□ Das Quadrat wird – wie sollte es anders sein – durch ein Quadrat symbolisiert. Es handelt sich um einen sehr spannungsreichen und anspruchsvollen Aspekt. Zwei im Quadrat zueinander stehende Planeten bilden einen rechten Winkel, d. h. sie liegen 90 Grad oder drei Zeichen weit voneinander entfernt.

TRIGON

(120 Grad, harmonisch)

△ Das Zeichen für das Trigon ist ein Dreieck. In manchen Horoskopen fügen sich drei Trigone zu einem so genannten großen Trigon zusammen. Das Trigon ist ein harmonischer Aspekt, bei dem zwei Faktoren 120 Grad oder vier Zeichen weit voneinander entfernt liegen.

OPPOSITION

(180 Grad, spannungsreich)

☍ Das Zeichen für die Opposition erinnert an eine Hantel. Es steht für zwei Planeten, die einander in einem Horoskop genau gegenüberliegen. Die Opposition ist ein spannungsreicher Aspekt, der oft eine wahrnehmbare äußerliche Wirkung zeitigt.

NEBENASPEKTE

Neben den fünf Hauptaspekten gibt es zahlreiche Nebenaspekte, denen allerdings nicht so viel Bedeutung beigemessen wird. In der modernen Astrologie werden nur noch wenige Nebenaspekte berücksichtigt. Der bekannteste von ihnen, der immer noch häufig berücksichtigt wird, ist die Quinkunx. Die maximal zulässige Abweichungstoleranz, der so genannte Orbis, beträgt bei der Berechnung von Nebenaspekten zwei Grad. Planeten, deren Positionen stärker voneinander abweichen, werden nicht berücksichtigt.

QUINKUNX

(150 Grad, spannungsreich)

Eine Quinkunx-Konstellation besteht zwischen zwei Planeten, die 150 Grad oder fünf Zeichen voneinander entfernt liegen. Der zunächst oft problematisch wirkende Aspekt kann nach und nach zu Selbsterkenntnis und Weiterentwicklung führen.

HALBSEXTIL

(30 Grad, harmonisch)

Halbsextil-Konstellationen bestehen zwischen Planeten, die 30 Grad oder ein Zeichen voneinander entfernt liegen. Sie wirken moderat unterstützend und werden – ihrem Namen entsprechend – etwa halb so stark bewertet wie eine Sextil-Konstellation.

HALBQUADRAT

(45 Grad, spannungsreich)

Das Zeichen für das Halbquadrat sieht nicht nur aus wie ein halbes, leicht gestauchtes Quadrat, der Winkel seiner beiden Arme beträgt auch genau 45 Grad – also die Hälfte eines jeden Winkels in einem Quadrat. Seine Wirkung ist dementsprechend in etwa halb so stark wie die eines Quadrats.

EINEINHALB-QUADRAT

(135 Grad, spannungsreich)

Das Eineinhalbquadrat gleicht einem einzelnen plus einem halben Quadrat, sowohl was sein Symbol als auch seinen Winkelabstand anbelangt. Die Wirkung dieses Aspekts ist allerdings geringer als die eines Quadrats, sie ist in etwa mit der des Halbquadrats gleichzusetzen.

QUINTIL

(72 Grad, spannungsreich)

Q Das Quintil teilt ein Horoskop in fünf gleich große Teile mit einem Abstand von je 72 Grad zueinander. Es ist ein spannungsreicher Aspekt, der allerdings auch Kreativität und den Wunsch zur Veränderung fördert.

BIQUINTIL

(144 Grad, spannungsreich)

BQ Zwei Planeten, die in einer Entfernung von 144 Grad zueinander stehen, bilden ein Biquintil. Auch diese Konstellation beeinflusst die Kreativität eines Menschen, wenn auch in geringerem Maße als das Quintil.

WEITERE SYMBOLE

Im Folgenden möchte ich Ihnen einige weitere Symbole vorstellen, die für die Horoskoperstellung von Bedeutung sind.

ASZENDENT

AC Der Aszendent (latein. *ascendere* = aufsteigen), seltener auch aufsteigendes Zeichen genannt, ist das Tierkreiszeichen, das zum Zeitpunkt der Geburt am östlichen Horizont aufgeht.

MEDIUM COELI

MC Das Medium coeli oder die Himmelsmitte bezeichnet den Kulminationspunkt, an dem sämtliche Planeten zwischen Aufgang und Untergang ihren täglichen Höchststand erreichen.

IMUM COELI

IC Das Imum coeli oder die Himmelstiefe bezeichnet den dem Medium coeli gegenüberliegenden unteren Kulminationspunkt der Planeten.

CHIRON

⚷ Der Chiron ist ein 1977 entdeckter Himmelskörper, dessen elliptische Bahn zwischen Saturn und Uranus in den äußeren Regionen unseres Sonnensystems liegt. Er wurde zunächst als Planetoid eingestuft, wird mittlerweile jedoch eher für einen inaktiven oder kaum aktiven Kometen gehalten. In der Astrologie hat er in den vergangenen Jahren immer mehr an Bedeutung gewonnen.

RÜCKLÄUFIGKEIT

R Astrologen betrachten das Sonnensystem von der Erde aus. Diese umkreist wie alle anderen Planeten die Sonne. Abhängig von ihrer Geschwindigkeit können uns andere Planeten auf ihrer Umlaufbahn überhohlen, ebenso kann auch die Erde andere Planeten überholen. Ist dies der Fall, kommt es bei der Beobachtung des Überholvorgangs von der Erde aus zu einer vermeintlich rückläufigen Bewegung des überholten oder überholenden Planeten. Gelegentlich wird für die Rückläufigkeit statt R auch die Abkürzung Rx verwendet.

NÖRDLICHER MONDKNOTEN

☊ Mondknoten sind astronomisch ermittelte Schnittpunkte der Umlaufbahn des Mondes um die Erde mit der Umlaufbahn der Erde um die Sonne. Ausführliches über die Berechnung von Mondknoten erfahren Sie in Kapitel 1. Deutungsmöglichkeiten werden in Kapitel 6 dargestellt.

GLÜCKSPUNKT

⊗ Der Glückspunkt ist der am weitesten verbreitete der arabischen oder sensitiven Punkte. Diese werden aus dem Abstandsverhältnis verschiedener Planeten zueinander und zum Aszendenten ermittelt. Der Glückspunkt errechnet sich aus dem Verhältnis zwischen Sonne, Mond und Aszendent. Er zeigt auf, was Ihnen wahre Freude bereitet und wo bzw. wie Sie Glück und Zufriedenheit finden werden.

TEIL 1

GEBURTS-HOROSKOPE ERSTELLEN

Die Erstellung des Geburtshoroskops gliedert sich in zwei Phasen. Zunächst müssen alle Horoskopfaktoren für den Tag und den Ort der Geburt berechnet werden, denn die Position der Himmelskörper ändert sich ständig und ist selbst zur gleichen Zeit an jedem Ort der Welt eine andere. Anschließend werden die berechneten Werte in das Horoskopdiagramm übertragen, um eine schematische Darstellung der Gestirnstände zu erhalten, wie sie zum Zeitpunkt der Geburt vom Geburtsort aus am Firmament zu sehen waren.

KAPITEL 1

GESTIRNSTÄNDE BERECHNEN

LOS GEHTS

Manch einen schreckt seit den verheerenden Erfahrungen der Schulzeit bereits der Gedanke, irgendetwas ausrechnen zu müssen. Dennoch kommt man im Alltag ohne Rechnen nicht aus, so zum Beispiel, wenn Sie wissen wollen, wie viel Benzin Ihr PKW auf hundert Kilometern verbraucht oder wie viel von Ihrem Einkommen für den Urlaub übrig bleibt.

SIE BENÖTIGEN

- Mitternachtsephemeriden (Seite 21)
- Häusertabellen (Seite 21)
- einen Atlas (Seite 23)
- einen wissenschaftlichen Taschenrechner
- einen Kugelschreiber
- Farbstifte
- einen Bleistift
- ein Lineal
- einen Radiergummi
- einen Zirkel
- Korrekturflüssigkeit oder –streifen

Viel komplizierter als dies werden die Berechnungen für die Horoskoperstellung nicht werden. Sie müssen zwar ziemlich viel ausrechnen, aber wenn Sie methodisch vorgehen, geht das recht einfach.

Zudem helfen Ihnen die Arbeitsblätter in diesem Buch. Sie können die errechneten Daten direkt in die hier abgedruckten Tabellen eintragen, am besten aber kopieren Sie sie zunächst und arbeiten mit den Kopien.

DER TASCHENRECHNER

Als einziges technisches Hilfsmittel benötigen wir einen wissenschaftlichen Taschenrechner. Früher rechneten Astrologen mit Logarithmen, doch seit es preiswerte wissenschaftliche Taschenrechner gibt, ist dies nicht mehr erforderlich. Das Gerät sollte eine Gradtaste besitzen, die Sie an der

Aufschrift DMS erkennen. Mit solch einem Taschenrechner können Sie ein Raummaß in den Einheiten Grad, Minuten und Sekunden direkt berechnen oder eine Zeit mit den Einheiten Stunden, Minuten und Sekunden.

Nach einigen Testläufen mit unseren Beispielrechnungen werden Sie diese Funktion gut beherrschen. Denken Sie bei der Dateneingabe immer daran, dass Sie mit Zahlengruppen arbeiten; falls Sie also vier Minuten als Einheit in Ihren Taschenrechner eintippen wollen, müssen Sie folgendermaßen vorgehen:

0 [DMS] 4 [DMS] 0 [DMS]

Eine Einheit von zehn Sekunden wird so eingegeben:

0 [DMS] 0 [DMS] 10 [DMS]

Die meisten Fehler bei astrologischen Berechnungen sind darauf zurückzuführen, dass die Werte in den einzelnen Kolumnen vertauscht oder die Nullstellen bei der Eingabe nicht berücksichtigt werden. Wenn Sie in den Beispielen einfach nur die Zahlen vier oder zehn eintippen, wird Ihr Taschenrechner davon ausgehen, dass Sie entweder mit Stunden oder ganzen Gradwerten rechnen.

EPHEMERIDEN

Ephemeriden sind astronomische Tabellenwerke, die den täglichen Stand von Planeten für einen bestimmten Zeitraum aus geozentrischer Sicht auflisten. Sie sind in Buchform und teils auch kostenlos im Internet erhältlich. Zu beachten ist, dass es sowohl Mittags- als auch Mitternachtsephemeriden gibt, je nachdem für welche Tageszeit die jeweiligen Planetenstände angegeben werden. Da Letztere einfacher zu handhaben sind, basieren alle Berechnungen in diesem Buch auf Angaben aus Mitternachtsephemeriden.

AUSZUG AUS EINER HÄUSERTABELLE

Sternzeit			10 ♓	Aszendent ♋
Std.	Min.	Sek.	Grad°	Grad°
22	34	54	7°	10°16
22	38	40	8°	11°02

HÄUSERTABELLEN

Häusertabellen werden für verschiedene Breitengrade und Orte erstellt. Ihnen kann man die genaue Position des Aszendenten und des Medium coeli zu unterschiedlichen Sternzeiten entnehmen. Normalerweise legen diese Tabellen ein bestimmtes Häusersystem, d. h. einen Modus zur Einteilung der astrologischen Häuser, zugrunde. In diesem Buch wenden wir die antike Methode der äqualen Häusereinteilung an. Sie ist eine der ältesten und flexibelsten und darüber hinaus am leichtesten anzuwenden, die derzeit gebräuchlichste Methode zur Häusereinteilung ist es allerdings nicht.

Wer mit der Methode der äqualen Häusereinteilung arbeitet, kann jede verfügbare Häusertabelle verwenden, auch wenn sie sich an der Systematik von zum Beispiel Koch oder Placidus, Entwickler zweier weit verbreiteter Häusersysteme, orientiert. Einige Tabellen gelten laut Angaben nur für die nördliche Hemisphäre, doch mithilfe einer einfachen Umrechnung (Seite 25 und 27) können sie auch für Berechnungen von Horoskopen für die südliche Halbkugel verwendet werden.

AUSZUG AUS EINER EPHEMERIDE

Tag	Sternzeit			Sonne			Mond			Merkur			Venus			Mars			Jupiter			Saturn			Uranus			Neptun			Pluto			nördl. Knoten		
	Std.	Min.	Sek.	Grad	Min.	Zeichen (R)	Grad	Min.	Zeichen (R)	Grad	Min.	Zeichen (R)	Grad	Min.	Zeichen (R)	Grad	Min.	Zeichen (R)	Grad	Min.	Zeichen (R)	Grad	Min.	Zeichen (R)	Grad	Min.	Zeichen (R)	Grad	Min.	Zeichen (R)	Grad	Min.	Zeichen (R)	Grad	Min.	Zeichen (R)
24	6	6	14	1	13	♑	19	31	♊	25	4	♐	27	44	♑	10	35	♑	22	18	♌R	22	50	♑	15	26	♈R	7	56	♍R	21	29	♋R	0	42	♈
25	6	10	11	2	14	♑	2	32	♋	23	53	♐	28	59	♑	11	21	♑	22	15	♌R	22	57	♑	15	26	♈R	7	56	♍R	21	28	♋R	0	39	♈

PHASE 1: ZEIT & ORT IHRER GEBURT

Sie beginnen die Erstellung Ihres Horoskops mit der Berechnung der für die beiden wichtigsten Horoskopachsen notwendigen Kardinalpunkte: dem Aszendenten und dem Medium coeli. Zunächst müssen Sie Ihre Geburtszeit in die weltweite Standardzeit umrechnen. Anschließend bestimmen Sie Längen- und Breitengrad Ihres Geburtsorts.

ARBEITSBLATT 1			
❶ Name			
❷ Geburtsdatum			
❸ Geburtszeit in Ortszeit			
❹ Geburtszeit in GMT			
❺ Geburtsort			
	Grad	Min.	Himmelsrichtung
❻ Breitengrad des Geburtsorts (Nord/Süd)			
❼ Längengrad des Geburtsorts (Ost/West)			

SIE BENÖTIGEN

- einen Schulatlas
- eine Zeitzonenübersicht

GEBURTSZEIT

❶ Tragen Sie hier Ihren vollständigen Namen oder nur Ihren Vor- oder Spitznamen ein.

❷ In dieses Feld notieren Sie Ihr Geburtsdatum.

❸ Tragen Sie hier die Zeit ein, die die Uhren an Ihrem Geburtsort zum Zeitpunkt Ihrer Geburt anzeigten. Eine bis zu 15 Minuten von Ihrer tatsächlichen Geburtszeit abweichende Angabe ist hierbei annehmbar. Stärkere Abweichungen führen jedoch zu ungenauen Ergebnissen.

❹ Rechnen Sie die Ortszeit Ihrer Geburt um in die weltweite Standardzeit Greenwich Mean Time (GMT), die auch Westeuropäische Zeit (WEZ) oder Weltzeit (WZ) genannt wird. Orientieren Sie sich dabei an der nebenstehenden Zeitzonenkarte: Markieren Sie die Zone, in der Sie geboren wurden, und ziehen Sie gegebenenfalls den im Zonenbereich angegebenen Stundenwert von Ihrer Geburtszeit in Ortszeit ab bzw. addieren Sie ihn hinzu. Bei einem Pluszeichen wird abgezogen, bei einem Minuszeichen hinzugezählt. Hierzu ein Beispiel:

- Die Berliner Ortszeit geht der GMT um eine Stunde voraus. Wenn Sie also in der deutschen Hauptstadt um 9:00 Uhr geboren wurden, müssen Sie eine Stunde von Ihrer Ortszeit abziehen und erhalten 8:00 Uhr GMT.

Ein besonderes Problem ergibt sich aufgrund der in vielen Ländern verwendeten Sommerzeit, bei der die Uhren um eine Stunde vorgestellt werden. Um herauszufinden, wann und für wie lange diese Sommerzeit jeweils galt, muss man im Zweifelsfall einschlägige Publikationen zu Rate ziehen oder im Internet recherchieren.

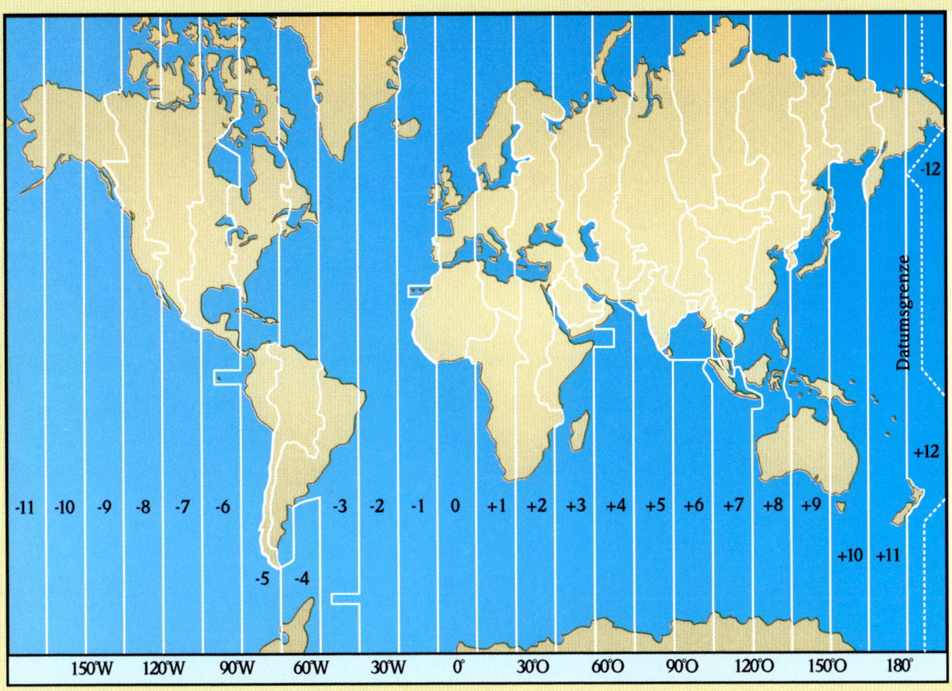

STANDARD-ZEITZONEN

Diese Karte zeigt Ihnen die internationalen Zeitzonen in Bezug auf die Standardzeit. Der Wert der jeweiligen Abweichung von der GMT wird in Stunden angegeben. Mit einem Plus werden alle die Zeitzonen gekennzeichnet, deren Zeit der GMT vorausgeht, mit einem Minus all jene, die dahinter zurückliegen.

GEBURTSORT

❺ Tragen Sie hier Ihren Geburtsort ein. Falls Sie in einer abgelegenen Gegend oder einer kleineren Ortschaft geboren wurden, können Sie hier auch den Namen der nächst größeren Stadt angeben. Falls Ihr Geburtsort hingegen in einer Großstadt liegt, sollten Sie der Genauigkeit halber noch den jeweiligen Stadtteil hinzufügen.

❻ und ❼ Suchen Sie im Register eines Atlanten Ihren Geburtsort heraus. Falls Sie keinen gedruckten Atlas zur Hand haben, können Sie auch Kartenmaterial aus dem Internet verwenden. Achten Sie in jedem Fall darauf, dass der Atlas, mit dem Sie arbeiten, genaue Angaben zu Längen- und Breitengraden enthält und diese nicht nur durch ein einfaches Gitternetz darstellt. Der Breitengrad beschreibt die Lage Ihres Geburtsorts in nördlicher (N) bzw. südlicher (S) Entfernung vom Äquator, der Längengrad dessen Entfernung von Greenwich in Richtung Osten (O) oder Westen (W). Beide Werte werden in Grad und Minuten angegeben und erlauben zusammen betrachtet die exakte Lokalisierung Ihres Geburtsorts. Die Koordinaten von London City beispielsweise sind 51N30 und 00W05, die Koordinaten von Lombok in Indonesien hingegen lauten 08S35 und 116O30.

LISAS BERECHNUNGEN

ARBEITSBLATT 1			
❶ Name	Lisa		
❷ Geburtsdatum	24. December 1931		
❸ Geburtszeit in Ortszeit	16.30 Uhr		
❹ Geburtszeit in GMT	16.30 Uhr		
❺ Geburtsort	Wimbledon, London		
	Grad	Min.	Himmelsrichtung
❻ Breitengrad des Geburtsorts (Nord/Süd)	51	25	N
❼ Längengrad des Geburtsorts (Ost/West)	0	12	W

PHASE 2: STERNZEIT DER GEBURT

Die siderische Zeit, auch Sternzeit genannt, basiert auf der Zeit, die die Erde benötigt, um sich einmal um die eigene Achse zu drehen. Ein Sterntag dauert demnach 23 Stunden, 56 Minuten und 4,09 Sekunden.

STERNZEIT

❶ Suchen Sie in Ihren Ephemeriden im Abschnitt mit Ihrem Geburtsdatum die Spalte mit der Sternzeit. Dort finden Sie die siderische Zeit um Mitternacht am Nullmeridian angegeben. Tragen Sie diese Zeit in Stunden, Minuten und Sekunden in Ihr Arbeitsblatt ein.

❷ Übertragen Sie Ihre Geburtszeit in GMT von Arbeitsblatt 1 in diese Zeile.

❸ Um die Sternzeit zum Zeitpunkt Ihrer Geburt zu errechnen, müssen Sie noch eine Sternzeitkorrektur vornehmen. Addieren Sie zu diesem Zweck zunächst Ihre Geburtszeit zu der Sternzeit um Mitternacht Ihres Geburtstags hinzu und notieren Sie das Ergebnis dann in die dritte Spalte.

❹ Da ein Sterntag nicht ganz 24 Stunden umfasst, ist auch eine Sternstunde kürzer als eine Stunde unserer üblichen Zeitrechnung, und zwar um 10 Sekunden. Multiplizieren Sie deshalb Ihre Geburtszeit in GMT mit 10 Sekunden und notieren Sie das Ergebnis in der vierten Spalte des Arbeitsblatts.

SIE BENÖTIGEN

- Mitternachtsephemeriden
- einen wissenschaftlichen Taschenrechner

ARBEITSBLATT 2

	Stunden	Minuten	Sekunden
❶ Sternzeit um Mitternacht			
❷ Geburtszeit in GMT			
❸ Summe der Daten aus Punkt 1 und 2			
❹ Geburtszeit in GMT mit 10 Sekunden multiplizieren			
❺ Summe der Daten aus Punkt 3 und 4			
❻ Längengrad des Geburtsorts mit 4 multiplizieren			
❼ Summe bzw. Differenz der Daten aus Punkt 5 und 6			
❽ Bei Geburtsorten in der südl. Hemisphäre 12 Std. hinzuaddieren			
❾ Falls Summe größer 24 Std., 24 Std. 00 Min. und 00 Sek. abziehen			
❿ Sternzeit der Geburt			

❺ Berechnen Sie nun die Summe aus den Einträgen in Zeile 3 und 4. Als Ergebnis erhalten Sie die Sternzeit für den Zeitpunkt Ihrer Geburt. Ihr Geburtsort ist dabei allerdings noch nicht berücksichtigt.

LISAS BERECHNUNGEN

ARBEITSBLATT 2

	Stunden	Minuten	Sekunden
❶ Sternzeit um Mitternacht	6	6	14
❷ Geburtszeit in GMT	16	30	–
❸ Summe der Daten aus Punkt 1 und 2	22	36	14
❹ Geburtszeit in GMT mit 10 Sekunden multiplizieren	–	2	45
❺ Summe der Daten aus Punkt 3 und 4	22	38	59
❻ Längengrad des Geburtsorts mit 4 multiplizieren	0	0	48
❼ Summe bzw. Differenz der Daten aus Punkt 5 und 6	22	38	11
❽ Bei Geburtsorten in der südl. Hemisphäre 12 Std. hinzuaddieren	–	–	–
❾ Falls Summe größer 24 Std., 24 Std. 00 Min. und 00 Sek. abziehen	–	–	–
❿ Sternzeit der Geburt	22	38	11

ORT

❻ Die Zeit wird räumlich gesehen rund um die Welt im Uhrzeigersinn gemessen. Wenn Sie also nach Osten reisen, wird es immer später, wenn Sie nach Westen reisen, früher. Die Erde bewegt sich unterdessen im Raum. Innerhalb von 24 Stunden dreht sie sich dabei um 360 Grad. In Sternzeit gemessen entspricht dies einer Rotation von einem Grad innerhalb von vier Minuten.

Um dieser Rotation Rechnung zu tragen, müssen Sie den Längengrad Ihres Geburtsorts mit dem Faktor vier multiplizieren. Tragen Sie das Ergebnis in die sechste Zeile ein.

❼ Wurden Sie auf einem östlichen Längengrad geboren, steht in der Spalte bei Punkt 7 auf Arbeitsblatt 1 ein O. Falls dem so ist, addieren Sie diesen Längengrad zu dem Ergebnis von Punkt 6 hinzu. Wurden Sie wie Lisa auf einem westlichen Längengrad geboren, ziehen Sie das Ergebnis von Punkt 6 von diesem Längengrad ab und notieren die Lösung hier.

❽ Falls Sie auf der südlichen Erdhalbkugel geboren sein sollten (ein S steht in der Spalte der Position Ihres Breitengrads), rechnen Sie bitte 12 Stunden zu Ihrem bisherigen Ergebnis hinzu.

❾ Sollte Ihr Gesamtergebnis mehr als 24 Stunden betragen, sind Sie mit Ihren Berechnungen in den folgenden siderischen Tag hineingeraten. In diesem Fall subtrahieren Sie korrekturhalber 24 Stunden von Ihrem Ergebnis. Für die Berechnung Ihres Geburtshoroskops ist es irrelevant, in welchem Sterntag Sie sich befinden, was zählt, ist die tatsächliche Zeit.

❿ Das Ergebnis Ihrer Berechnungen gibt Ihnen die Sternzeit zum Zeitpunkt und am Ort Ihrer Geburt an. Wie Sie auf den nächsten Seiten sehen werden, bildet diese die Grundlage für die Erstellung Ihres Horoskops.

AUSZUG AUS EINER EPHEMERIDE

Tag	Sternzeit			Sonne			Mond			Merkur			Venus			Mars			Jupiter			Saturn			Uranus			Neptun			Pluto			nördl. Knoten		
	Std.	Min.	Sek.	Grad	Min.	Zeichen (R)	Grad	Min.	Zeichen (R)	Grad	Min.	Zeichen (R)	Grad	Min.	Zeichen (R)	Grad	Min.	Zeichen (R)	Grad	Min.	Zeichen (R)	Grad	Min.	Zeichen (R)	Grad	Min.	Zeichen (R)	Grad	Min.	Zeichen (R)	Grad	Min.	Zeichen (R)	Grad	Min.	Zeichen (R)
24	6	6	14	1	13	♑	19	31	♊	25	4	♐	27	44	♑	10	35	♑	22	18	♌R	22	50	♑	15	26	♈R	7	56	♍R	21	29	♋R	0	42	♈
25	6	10	11	2	14	♑	2	32	♋	23	53	♐	28	59	♑	11	21	♑	22	15	♌R	22	57	♑	15	26	♈R	7	56	♍R	21	28	♋R	0	39	♈

PHASE 3: DEN ASZENDENTEN & DAS MEDIUM COELI ERMITTELN

Nun werden Sie die Ausrichtung Ihres Horoskops ermitteln. Dazu bestimmen Sie Ihren Aszendenten und das Medium coeli mithilfe Ihrer siderischen Geburtszeit.

SIE BENÖTIGEN

- einen wissenschaftlichen Taschenrechner
- eine Häusertabelle

AUS DER HÄUSERTABELLE

❶ Ermitteln Sie den Breitengrad, der Ihrem Geburtsort am nächsten liegt, und tragen Sie den Wert in die erste Zeile des dritten Arbeitsblatts ein.

❷ Suchen Sie in der Häusertabelle für den Ihrem Geburtsort am nächsten gelegenen Breitengrad nach der Sternzeit, die der Sternzeit Ihrer Geburt (Endergebnis in Zeile 10 von Arbeitsblatt 2) *unmittelbar folgt.*

ARBEITSBLATT 3

❶ Der dem Geburtsort nächstgelegene Breitengrad		Grad		Min.
	Std.	Min.	Sek.	
❷ Die der Sternzeit der Geburt unmittelbar folgende Sternzeit				❹ in Sekunden umrechnen
❸ Die der Sternzeit der Geburt unmittelbar vorausgehende Sternzeit				
❹ Wert 2 minus Wert 3				(A)
❺ Sternzeit der Geburt				❼ in Sekunden umrechnen
❻ Die der Sternzeit der Geburt unmittelbar vorausgehende Sternzeit				
❼ Wert 5 minus Wert 6				(B)
Aus der Medium-coeli-Spalte 10 in der Häusertabelle	Grad	Min.	Zeichen	
❽ Medium coeli für die unmittelbar folgende Sternzeit		00		
❾ Medium coeli für die unmittelbar vorausgehende Sternzeit		00		
❿ Wert 8 minus Wert 9	1°	immer		60 Min. (C)
Aus der Aszendent-Spalte in der Häusertabelle				
⓫ Aszendent für die unmittelbar folgende Sternzeit				⓭ in Minuten umrechnen
⓬ Aszendent für die unmittelbar vorausgehende Sternzeit				
⓭ Wert 11 minus Wert 12				(D)

Hinweis: Bei Horoskopberechnungen für die südliche Hemisphäre gilt das im Tierkreis jeweils gegenüberliegende Zeichen.

❸ Ermitteln Sie die Sternzeit, die der Ihrer Geburt *unmittelbar vorausgeht.*

❹ Ermitteln Sie die Differenz zwischen Punkt 2 und 3. Rechnen Sie das Resultat in Sekunden um. Dies ist Ergebnis (A).

❺ Tragen Sie hier die Sternzeit Ihrer Geburt ein (Zeile 10, Arbeitsblatt 2).

❻ Hier den Wert aus Zeile 3 eingeben.

❼ Ermitteln Sie die Differenz zwischen den Werten aus Punkt 5 und 6; dann in Sekunden umrechnen (B).

❽ Die Spalte 10 der Häusertabelle gibt das Medium coeli für diverse Sternzeiten an. Tragen Sie Position und korrespondierendes Tierkreiszeichen für die der Sternzeit Ihrer Geburt folgende Sternzeit hier ein.

❾ Hier tragen Sie die der Sternzeit der Geburt vorausgehende Sternzeit ein.

❿ Ermitteln Sie die Differenz von 8 und 9. Da die Werte der Spalte 10 auf Ein-Grad-Schritten basieren, wird das Ergebnis (C) stets 1 bzw. 60 Min. sein.

⓫ Tragen Sie hier den Wert aus der Aszendent-Spalte Ihrer Häusertabelle und das korrespondierende Tierkreiszeichen für die der Sternzeit Ihrer Geburt folgende Sternzeit ein.

⓬ Wie 11, aber Angaben für unmittelbar vorausgehende Sternzeit eintragen.

⓭ Ermitteln Sie die Differenz der Werte aus Punkt 11 und 12, und rechnen Sie Ihr Ergebnis in Minuten um. Dies ist Ergebnis (D).

KORREKTUR FÜR DIE SÜDHALBKUGEL

Wer in der südlichen Hemisphäre geboren wurde, trägt in den Zeilen 8 und 11 nicht das in der Häusertabelle angegebene Tierkreiszeichen ein, sondern das diesem Zeichen gegenüberliegende; die jeweiligen Gradangaben bleiben gleich.

Welche Zeichen sich im Tierkreis einander gegenüberliegen sieht man in der Tabelle auf Seite 43. Dazu ein Beispiel: Falls Ihr Medium coeli laut Tabelle in den Fischen liegt, notieren Sie stattdessen Jungfrau in die Zeichenspalte; liegt Ihr Aszendent laut Tabelle im Krebs, tragen Sie den Steinbock als ihr aufsteigendes Zeichen ein. Die jeweiligen Gradwerte übernehmen Sie so, wie sie in der Tabelle angegeben sind.

AUSZUG AUS EINER HÄUSERTABELLE

Sternzeit			10 ♓	Aszendent ♋
Std.	Min.	Sek.	Grad°	Grad°
22	34	54	7°	10°16
22	38	40	8°	11°02

Dieser Auszug aus einer Londoner Häusertabelle wird für das Beispielhoroskop von Lisa verwendet.

LISAS BERECHNUNGEN

ARBEITSBLATT 3

❶ Der dem Geburtsort nächstgelegene Breitengrad	51	Grad	32	Min.
	Std.	Min.	Sek.	
❷ Die der Sternzeit der Geburt unmittelbar folgende Sternzeit	22	38	40	❹ in Sekunden umrechnen
❸ Die der Sternzeit der Geburt unmittelbar vorausgehende Sternzeit	22	34	54	
❹ Wert 2 minus Wert 3		3	46	226 (A)
❺ Sternzeit der Geburt	22	38	11	❼ in Sekunden umrechnen
❻ Die der Sternzeit der Geburt unmittelbar vorausgehende Sternzeit	22	34	54	
❼ Wert 5 minus Wert 6		3	17	197 (B)
Aus der Medium-coeli-Spalte 10 in der Häusertabelle	Grad	Min.	Zeichen	
❽ Medium coeli für die unmittelbar folgende Sternzeit	8	00	♓	
❾ Medium coeli für die unmittelbar vorausgehende Sternzeit	7	00	♓	
❿ Wert 8 minus Wert 9	1°	immer		60 Min. (C)
Aus der Aszendent-Spalte in der Häusertabelle				
⓫ Aszendent für die unmittelbar folgende Sternzeit	11	02	♋	⓭ in Minuten umrechnen
⓬ Aszendent für die unmittelbar vorausgehende Sternzeit	10	16	♋	
⓭ Wert 11 minus Wert 12		46		46 (D)

Hinweis: Bei Horoskopberechnungen für die südliche Hemisphäre gilt das im Tierkreis jeweils gegenüberliegende Zeichen.

PHASE 4: DIE POSITION DES ASZENDENTEN & DES MEDIUM COELI ERMITTELN

Nun bestimmen Sie die genaue Position Ihres Aszendenten und des Medium coeli, damit Sie beide Faktoren anschließend in Ihr Horoskopdiagramm einzeichnen können.

RAUM UND ZEIT

Ob Sie Grade, Minuten und Sekunden in Ihren Taschenrechner eintippen oder Stunden, Minuten und Sekunden, macht keinen Unterschied:

- 1 Grad = 60 Minuten
- 1 Stunde = 60 Minuten

Im Hinblick auf die im Anschluss folgenden Berechnungen sind diese Werte ohne Weiteres austauschbar, da Sie jeweils nur eine Zeitspanne bzw. eine räumliche Distanz ermitteln wollen, die verstrichen ist oder zurückgelegt wurde.

SIE BENÖTIGEN

- einen wissenschaftlichen Taschenrechner
- die Ergebnisse A, B, C und D von Arbeitsblatt 3 auf Seite 26

ARBEITSBLATT 4

Medium coeli			
❶ Produkt der Ergebnisse B und C			
❷ Ergebnis aus Punkt 1 durch Ergebnis A teilen		Min.	
❸ Summe der Ergebnisse von Punkt 2 und von Punkt 9 auf Arbeitsblatt 3	Grad	Min.	Zeichen
Aszendent			
❹ Produkt der Ergebnisse B und D			
❺ Ergebnis aus Punkt 4 durch Ergebnis A teilen		Min.	
❻ Summe des Ergebnisses von Punkt 5 und von Punkt 12 auf Arbeitsblatt 2	Grad	Min.	Zeichen

MEDIUM COELI

1. Werfen Sie einen Blick auf Arbeitsblatt 3 (Seite 26) und multiplizieren Sie Ergebnis B mit Ergebnis C. Behandeln Sie die Werte bei der Eingabe in den Taschenrechner wie natürliche Zahlen.

2. Teilen Sie das Ergebnis von Punkt 1 durch Ergebnis A von Arbeitsblatt 3, und runden Sie das Ergebnis auf die nächste ganze Zahl auf oder ab.

3. Addieren Sie nun das Ergebnis von Punkt 2 *als Minutenwert* zu dem Positionswert von Punkt 9 auf Arbeitsblatt 3 . Übertragen Sie das Tierkreiszeichen von dort in diese Zeile. Damit haben Sie die Position Ihres Medium coeli ermittelt.

ASZENDENT

4. Werfen Sie erneut einen Blick auf Arbeitsblatt 3 und multiplizieren Sie Ergebnis B mit Ergebnis D. Behandeln Sie auch diese Werte bei der Eingabe in den Taschenrechner wie natürliche Zahlen.

5. Teilen Sie nun das Ergebnis von Punkt 4 durch Ergebnis A von Arbeitsblatt 3, und runden Sie auch dieses Ergebnis auf die nächste ganze Zahl auf oder ab.

6. Addieren Sie das Ergebnis von Punkt 5 *als Minutenwert* zu dem Positionswert von Punkt 12 auf Arbeitsblatt 3. Übertragen Sie das Tierkreiszeichen von dort in diese Zeile. Nun haben Sie auch die Position Ihres Aszendenten ermittelt.

Herzlichen Glückwunsch, an dieser Stelle haben Sie die kompliziertesten Berechnungen für Ihr Geburtshoroskop abgeschlossen. Als Nächstes werfen wir einen genaueren Blick auf die Planetenstände.

LISAS BERECHNUNGEN

ARBEITSBLATT 4			
Medium coeli			
1 Produkt der Ergebnisse B und C	11,820		
2 Ergebnis aus Punkt 1 durch Ergebnis A teilen	52 Min.		
	Grad	Min.	Zeichen
3 Summe der Ergebnisse von Punkt 2 und von Punkt 9 auf Arbeitsblatt 3	7	52	♓
Aszendent			
4 Produkt der Ergebnisse B und D	9,062		
5 Ergebnis aus Punkt 4 durch Ergebnis A teilen	40 Min.		
	Grad	Min.	Zeichen
6 Summe des Ergebnisses von Punkt 5 und von Punkt 12 auf Arbeitsblatt 2	10	56	♋

PHASE 5: DIE LICHTER

Nachdem Sie die beiden Hauptachsen Ihres Horoskops berechnet haben und dessen Ausrichtung kennen, müssen Sie nun noch Ihre Planetenstände bestimmen. Wir beginnen mit den Lichtern Sonne und Mond.

SIE BENÖTIGEN

- einen wissenschaftlichen Taschenrechner
- Mitternachtsephemeriden

SONNE UND MOND

❶ In den Ephemeriden finden Sie die Angaben zu den Planetenständen von Sonne und Mond für den Tag nach Ihrem Geburtstag. Tragen Sie diese Werte bei Position 1 ein.

❷ Tragen Sie bei Position 2 die Planetenstände von Sonne und Mond für Ihren Geburtstag ein.

❸ Ziehen Sie die Position-2-Werte von den Position-1-Werten ab, um herauszufinden, wie weit Sonne und Mond am Tag Ihrer Geburt gewandert sind. Die Ergebnisse tragen Sie in die Zeile Tagesbewegung für beide Planeten ein.

Womöglich werden die Planetenstände von Sonne und Mond in Ihren Ephemeriden sehr exakt angegeben. Sie können die angegebenen Werte dann einfach auf den nächsten ganzen Minutenwert auf- oder abrunden.

ARBEITSBLATT 5

allgemeine Planetenstände						Planetenbewegung	Planetenstände zum Zeitpunkt der Geburt				
Position 1 = Planetenstand am Tag nach der Geburt Position 2 = Planetenstand am Tag der Geburt						❹ Geburtszeit in GMT	Planetenbewegung von Mitternacht bis zur Geburtszeit (Ergebnis Punkt 5) zum Planetenstand am Tag der Geburt addieren (bei Rückläufigkeit abziehen).				
		Grad	Min.	Zeichen	R			Grad	Min.	Zeichen	R
☉	❶ Position 1						❻ Sonnenstand am Tag der Geburt				
	❷ Position 2					❺ Tagesbewegung ÷ 24 x Geburtszeit in GMT	❼ Planetenbewegung addieren (subtrahieren)				
	❸ Tagesbewegung (Position 1 – Position 2)					Grad Min.	❽ Sonnenstand zur Geburtszeit				
☽	❶ Position 1						❻ Mondstand am Tag der Geburt				
	❷ Position 2					❺ Tagesbewegung ÷ 24 x Geburtszeit in GMT	❼ Planetenbewegung addieren (subtrahieren)				
	❸ Tagesbewegung (Position 1 – Position 2)					Grad Min.	❽ Mondstand zur Geburtszeit				

Die Sonne bewegt sich um etwa ein Grad pro Tag und durchläuft so den gesamten Tierkreis innerhalb eines Jahres. Der Mond durchläuft den Tierkreis im Laufe eines Monats, wobei er sich pro Tag um etwa 12,5 Grad fortbewegt und grob gerechnet zweieinhalb Tage benötigt, um von einem Tierkreiszeichen ins nächste zu wandern. Da sich der Mond so schnell bewegt, ist es durchaus möglich, dass er innerhalb von 24 Stunden das Zeichen wechselt, wie dies etwa an Lisas Geburtstag am Heiligen Abend 1931 der Fall war. Falls der Wert, den Sie für Ihren Mondstand bei Position 1 verzeichnet haben, geringer ist als der von Position 2, ist dies ein Zeichen dafür, dass der Mond zuvor die 30 Grad eines anderen Zeichens durchlaufen hat, bevor er in das Zeichen eintrat, in dem er sich zum Zeitpunkt Ihrer Geburt befand.

PLANETEN-BEWEGUNG

❹ Tragen Sie hier Ihre Geburtszeit in GMT ein (Punkt 4 auf Arbeitsblatt 1).

❺ Geben Sie den Wert für die Tagesbewegung des Planeten (Punkt 3) in Ihren Taschenrechner ein, teilen Sie Ihn durch 24 und multiplizieren Sie das Ergebnis mit Ihrer Geburtszeit in GMT. Berechnen Sie dies sowohl für die Sonne als auch für den Mond und tragen Sie die Lösung jeweils ein.

PLANETENSTÄNDE

❻ Tragen Sie hier den Wert für Position 2, also den Planetenstand am Tag Ihrer Geburt ein.

❼ Notieren Sie nun die jeweilige Planetenbewegung (Ergebnis Punkt 5).

❽ Addieren Sie die beiden Werte, um den genauen Planetenstand zum Zeitpunkt Ihrer Geburt zu ermitteln.

Falls Ihr Ergebnis 30 Grad überschreitet, ist der entsprechende Planet in das nächste Zeichen gewandert. Da Sonne und Mond nie rückläufig sind, müssen Sie diesen Punkt bei den vorliegenden Berechnungen noch nicht berücksichtigen.

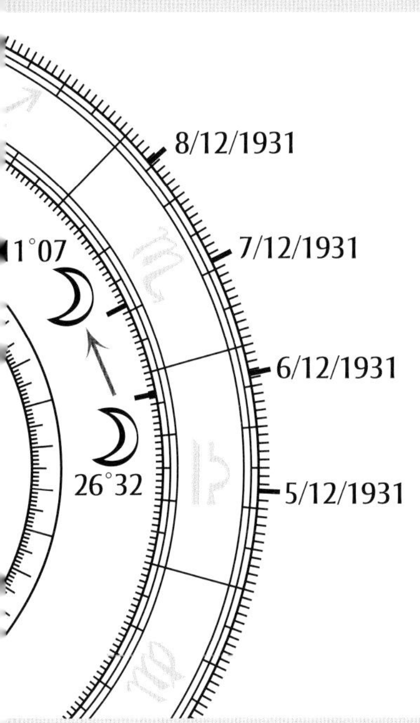

Durchschnittlich ändert sich der Mondstand pro Tag um etwa 12,5 Grad, zuweilen aber auch um mehr, sodass er innerhalb von 24 Stunden in ein neues Zeichen übergehen kann.

LISAS BERECHNUNGEN

ARBEITSBLATT 5

allgemeine Planetenstände						Planetenbewegung	Planetenstände zum Zeitpunkt der Geburt				
Position 1 = Planetenstand am Tag nach der Geburt Position 2 = Planetenstand am Tag der Geburt						❹ Geburtszeit in GMT 16:30	Planetenbewegung von Mitternacht bis zur Geburtszeit (Ergebnis Punkt 5) zum Planetenstand am Tag der Geburt addieren (bei Rückläufigkeit abziehen).				
		Grad	Min.	Zeichen	R			Grad	Min.	Zeichen	R
	❶ Position 1	2	14	♑			❻ Sonnenstand am Tag der Geburt	1	13	♑	
☉	❷ Position 2	1	13	♑		❺ Tagesbewegung ÷ 24 x Geburtszeit in GMT	❼ Planetenbewegung addieren (subtrahieren)	0	42		
	❸ Tagesbewegung (Position 1 – Position 2)	1	01			0 Grad 42 Min.	❽ Sonnenstand zur Geburtszeit	1	55	♑	
	❶ Position 1	2	32	♋			❻ Mondstand am Tag der Geburt	19	32	♊	
☽	❷ Position 2	19	32	♊		❺ Tagesbewegung ÷ 24 x Geburtszeit in GMT	❼ Planetenbewegung addieren (subtrahieren)	8	56		
	❸ Tagesbewegung (Position 1 – Position 2)	13	00			8 Grad 56 Min.	❽ Mondstand zur Geburtszeit	28	28	♊	

PHASE 6: PERSÖNLICHE PLANETEN

Merkur, Venus und Mars bewegen sich relativ schnell und können sogar in Horoskopen von Leuten, die kurz nacheinander geboren wurden, unterschiedliche Positionen haben.

SIE BENÖTIGEN

- einen wissenschaftlichen Taschenrechner
- Mitternachtsephemeriden

MERKUR, VENUS UND MARS

Die Berechnung der persönlichen Planeten erfolgt nach demselben Schema wie bei den Lichtern (Arbeitsblatt 5, Seite 30–31). Darüber hinaus ergibt sich für diese Planeten allerdings eine Besonderheit, nämlich die Rückläufigkeit. In den Ephemeriden wird diese mit R oder Rx abgekürzt.

ARBEITSBLATT 6

allgemeine Planetenstände						Planetenbewegung	Planetenstände zum Zeitpunkt der Geburt				
Position 1 = Planetenstand am Tag nach der Geburt Position 2 = Planetenstand am Tag der Geburt						❹ Geburtszeit in GMT	Planetenbewegung von Mitternacht bis zur Geburtszeit (Ergebnis Punkt 5) zum Planetenstand am Tag der Geburt addieren (bei Rückläufigkeit abziehen).				
		Grad	Min.	Zeichen	R			Grad	Min.	Zeichen	R
☿	❶ Position 1						❻ Merkurstand am Tag der Geburt				
	❷ Position 2					❺ Tagesbewegung ÷ 24 x Geburtszeit in GMT	❼ Planetenbewegung addieren (subtrahieren)				
	❸ Tagesbewegung (Position 1 – Position 2)					Grad Min.	❽ Merkurstand zur Geburtszeit				
♀	❶ Position 1						❻ Venusstand am Tag der Geburt				
	❷ Position 2					❺ Tagesbewegung ÷ 24 x Geburtszeit in GMT	❼ Planetenbewegung addieren (subtrahieren)				
	❸ Tagesbewegung (Position 1 – Position 2)					Grad Min.	❽ Venusstand zur Geburtszeit				
♂	❶ Position 1						❻ Marsstand am Tag der Geburt				
	❷ Position 2					❺ Tagesbewegung ÷ 24 x Geburtszeit in GMT	❼ Planetenbewegung addieren (subtrahieren)				
	❸ Tagesbewegung (Position 1 – Position 2)					Grad Min.	❽ Marsstand zur Geburtszeit				

RÜCKLÄUFIGKEIT

Weil alle Planeten aufgrund ihrer jeweils anders gearteten Umlaufbahnen unterschiedlich schnell vorankommen, wird die Erde zuweilen von schnelleren Planeten überholt, oder sie überholt selbst langsamere Planeten. In beiden Fällen entsteht kurzzeitig der Eindruck, als bewege sich der überholte bzw. überholende Planet rückwärts. Dies ist jedoch eine optische Täuschung, ein Eindruck, der sich nur aus dem geozentrischen Betrachtungswinkel heraus ergibt.

Merkur und Venus sind schneller als die Erde, weil sie näher zur Sonne stehen und ihre Umlaufbahnen kleiner sind. Mars, Jupiter, Saturn, Uranus, Neptun und Pluto hingegen liegen weiter von der Sonne entfernt und haben größere Umlaufbahnen. Sie kreisen dementsprechend langsamer um die Sonne als die Erde und werden daher von Zeit zu Zeit von ihr überholt.

Ein rückläufiger Planet wird im Horoskop mit der Abkürzung R gekennzeichnet. Da die Rückläufigkeit ein wichtiges Element sein kann, heben viele Ephemeriden rückläufige Planeten besonders hervor. In der Regel kennzeichnen sie den Beginn der Rückläufigkeit mit einem R oder Rx und die Rückkehr in die Direktläufigkeit mit einem D.

Der Wert eines rückläufigen Planeten wird für Position 2 höher sein als für Position 1, ohne dass ein Tierkreiszeichenwechsel erfolgt wäre. Ermitteln Sie die Differenz dieser beiden Werte, erhalten Sie eine negative Tagesbewegung, die bei Punkt 6 dann abgezogen statt hinzuaddiert wird.

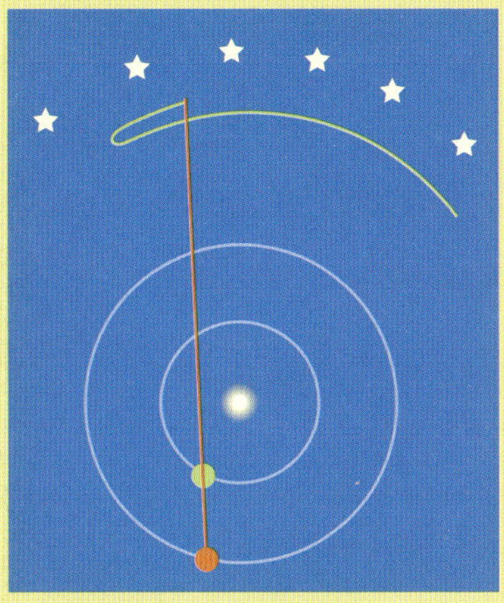

Die Rückläufigkeit von Merkur und Venus von der Erde aus beobachtet.

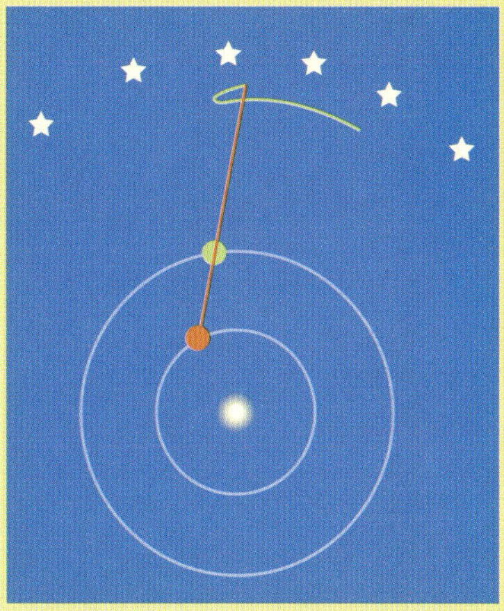

Die Rückläufigkeit aller anderen Planeten aus geozentrischer Sicht.

LISAS BERECHNUNGEN

An Lisas Geburtstag war der Merkur im Sternzeichen Schütze rückläufig. Während des gesamten Tages bewegte er sich um 1°11 rückwärts bzw. um 0°49 zwischen Mitternacht und dem Zeitpunkt von Lisas Geburt. Wenn man diesen Wert vom Stand des Planeten um Mitternacht am Tag der Geburt abzieht, erhält man den exakten Gestirnstand für Lisas Geburtszeit.

ARBEITSBLATT 6

allgemeine Planetenstände						Planetenbewegung	Planetenstände zum Zeitpunkt der Geburt				
Position 1 = Planetenstand am Tag nach der Geburt Position 2 = Planetenstand am Tag der Geburt						④ Geburtszeit in GMT 16:30	Planetenbewegung von Mitternacht bis zur Geburtszeit (Ergebnis Punkt 5) zum Planetenstand am Tag der Geburt addieren (bei Rückläufigkeit abziehen).				
		Grad	Min.	Zeichen	R			Grad	Min.	Zeichen	R
☿	① Position 1	23	53	♐	R		⑥ Merkurstand am Tag der Geburt	25	04	♐	
	② Position 2	25	04	♐	R	⑤ Tagesbewegung ÷ 24 x Geburtszeit in GMT	⑦ Planetenbewegung addieren (subtrahieren)	0	49		
	③ Tagesbewegung (Position 1 – Position 2)	1	11			0 Grad 49 Min.	⑧ Merkurstand zur Geburtszeit	24	15	♐	
♀	① Position 1	28	59	♑			⑥ Venusstand am Tag der Geburt	27	44	♑	
	② Position 2	27	44	♑		⑤ Tagesbewegung ÷ 24 x Geburtszeit in GMT	⑦ Planetenbewegung addieren (subtrahieren)	0	52		
	③ Tagesbewegung (Position 1 – Position 2)	1	15			0 Grad 52 Min.	⑧ Venusstand zur Geburtszeit	28	36	♑	
♂	① Position 1	11	21	♑			⑥ Marsstand am Tag der Geburt	10	35	♑	
	② Position 2	10	35	♑		⑤ Tagesbewegung ÷ 24 x Geburtszeit in GMT	⑦ Planetenbewegung addieren (subtrahieren)	0	32		
	③ Tagesbewegung (Position 1 – Position 2)	0	46			0 Grad 32 Min.	⑧ Marsstand zur Geburtszeit	11	07	♑	

ARBEITSBLATT 7

allgemeine Planetenstände						Planetenbewegung	Planetenstände zum Zeitpunkt der Geburt				
Position 1 = Planetenstand am Tag nach der Geburt Position 2 = Planetenstand am Tag der Geburt						4 Geburtszeit in GMT	Planetenbewegung von Mitternacht bis zur Geburtszeit (Ergebnis Punkt 5) zum Planetenstand am Tag der Geburt addieren (bei Rückläufigkeit abziehen).				
		Grad	Min.	Zei-chen	R			Grad	Min.	Zei-chen	R
♃	1 Position 1						6 Jupiterstand am Tag der Geburt				
	2 Position 2					5 Tagesbewegung ÷ 24 x Geburtszeit in GMT	7 Planetenbewegung addieren (subtrahieren)				
	3 Tagesbewegung (Position 1 – Position 2)					Grad Min.	8 Jupiterstand zur Geburtszeit				
♄	1 Position 1						6 Saturnstand am Tag der Geburt				
	2 Position 2					5 Tagesbewegung ÷ 24 x Geburtszeit in GMT	7 Planetenbewegung addieren (subtrahieren)				
	3 Tagesbewegung (Position 1 – Position 2)					Grad Min.	8 Saturnstand zur Geburtszeit				
♅	1 Position 1						6 Uranusstand am Tag der Geburt				
	2 Position 2					5 Tagesbewegung ÷ 24 x Geburtszeit in GMT	7 Planetenbewegung addieren (subtrahieren)				
	3 Tagesbewegung (Position 1 – Position 2)					Grad Min.	8 Uranusstand zur Geburtszeit				
♆	1 Position 1						6 Neptunstand am Tag der Geburt				
	2 Position 2					5 Tagesbewegung ÷ 24 x Geburtszeit in GMT	7 Planetenbewegung addieren (subtrahieren)				
	3 Tagesbewegung (Position 1 – Position 2)					Grad Min.	8 Neptunstand zur Geburtszeit				
♇	1 Position 1						6 Plutostand am Tag der Geburt				
	2 Position 2					5 Tagesbewegung ÷ 24 x Geburtszeit in GMT	7 Planetenbewegung addieren (subtrahieren)				
	3 Tagesbewegung (Position 1 – Position 2)					Grad Min.	8 Plutostand zur Geburtszeit				

PHASE 7: SOZIALE & ÄUSSERE PLANETEN

Auf diesen Seiten berechnen Sie den Stand der sozialen Planeten (Jupiter und Saturn) sowie der äußeren Planeten (Uranus, Neptun und Pluto).

SIE BENÖTIGEN

- einen wissenschaftlichen Taschenrechner
- Mitternachtsephemeriden

JUPITER, SATURN, URANUS, NEPTUN UND PLUTO

Die Berechnung der Himmelsstände dieser Planeten erfolgt nach demselben Schema wie bei den Lichtern (vgl. Arbeitsblatt 5, Seite 30–31).

ZEITLUPENTEMPO

Die äußeren Planeten bewegen sich in der Regel sehr langsam. Je weiter ein Planet von der Sonne entfernt liegt, umso größer wird seine Umlaufbahn und umso länger dauert seine Umrundung der Sonne. Von einem Tag auf den nächsten ändert sich die Position der äußeren Planeten kaum. Manchmal scheint es sogar, als würden sie völlig stillstehen. Zudem sind sie oftmals rückläufig, da die Erde sie auf ihrer Umlaufbahn häufig überholt.

Die größte Schwierigkeit bei der Berechnung der äußeren Planeten besteht im Umgang mit ihrer geringen Positionsänderung. Bedenken Sie, dass Ihr errechneter Wert bei Punkt 5 die Tagesbewegung aus Punkt 3 nicht überschreiten kann. Runden Sie eventuelle Sekundenangaben auf den nächsten ganzen Minutenwert auf oder ab.

LISAS BERECHNUNGEN

Lisas Horoskop ist an dieser Stelle insofern besonders interessant, da Uranus am Tag ihrer Geburt zwar rückläufig war, am folgenden Tag allerdings wieder direktläufig wurde. Einer guten Ephemeride werden Sie entnehmen können, dass Uranus tatsächlich erst am 25. Dezember um 15:11 GMT wieder direktläufig wurde. Falls also Zweifel bestanden, ist damit eindeutig geklärt, dass Uranus zum Zeitpunkt von Lisas Geburt noch rückläufig war.

ARBEITSBLATT 7

allgemeine Planetenstände						Planetenbewegung	Planetenstände zum Zeitpunkt der Geburt				
Position 1 = Planetenstand am Tag nach der Geburt Position 2 = Planetenstand am Tag der Geburt						4 Geburtszeit in GMT 16:30	Planetenbewegung von Mitternacht bis zur Geburtszeit (Ergebnis Punkt 5) zum Planetenstand am Tag der Geburt addieren (bei Rückläufigkeit abziehen).				
		Grad	Min.	Zeichen	R			Grad	Min.	Zeichen	R
♃	1 Position 1	22	15	♌	R		6 Jupiterstand am Tag der Geburt	22	18	♌	R
	2 Position 2	22	18	♌	R	5 Tagesbewegung ÷ 24 x Geburtszeit in GMT	7 Planetenbewegung addieren (subtrahieren)	0	02		
	3 Tagesbewegung (Position 1 – Position 2)	0	03			0 Grad 02 Min.	8 Jupiterstand zur Geburtszeit	22	16	♌	R
♄	1 Position 1	22	57	♑			6 Saturnstand am Tag der Geburt	22	50	♑	
	2 Position 2	22	50	♑		5 Tagesbewegung ÷ 24 x Geburtszeit in GMT	7 Planetenbewegung addieren (subtrahieren)	0	05		
	3 Tagesbewegung (Position 1 – Position 2)	0	07			0 Grad 05 Min.	8 Saturnstand zur Geburtszeit	22	55	♑	
♅	1 Position 1	15	26	♈	R		6 Uranusstand am Tag der Geburt	15	26	♈	R
	2 Position 2	15	26	♈	R	5 Tagesbewegung ÷ 24 x Geburtszeit in GMT	7 Planetenbewegung addieren (subtrahieren)	0	00		
	3 Tagesbewegung (Position 1 – Position 2)	0	00			0 Grad 00 Min.	8 Uranusstand zur Geburtszeit	15	26	♈	R
♆	1 Position 1	7	56	♍	R		6 Neptunstand am Tag der Geburt	7	56	♍	R
	2 Position 2	7	56	♍	R	5 Tagesbewegung ÷ 24 x Geburtszeit in GMT	7 Planetenbewegung addieren (subtrahieren)	0	00		
	3 Tagesbewegung (Position 1 – Position 2)	0	00			0 Grad 00 Min.	8 Neptunstand zur Geburtszeit	7	56	♍	R
♇	1 Position 1	21	26	♋	R		6 Plutostand am Tag der Geburt	21	28	♋	R
	2 Position 2	21	28	♋	R	5 Tagesbewegung ÷ 24 x Geburtszeit in GMT	7 Planetenbewegung addieren (subtrahieren)	0	01		
	3 Tagesbewegung (Position 1 – Position 2)	0	02			0 Grad 01 Min.	8 Plutostand zur Geburtszeit	21	27	♋	R

PHASE 8: MONDKNOTEN & CHIRON ERMITTELN

Hier berechnen Sie die Positionen von Chiron und dem nördlichen Mondknoten.

SIE BENÖTIGEN
- einen wissenschaftlichen Taschenrechner
- Mitternachtsephemeriden

DER NÖRDLICHE MONDKNOTEN
Die Position des nördlichen Mondknotens berechnen Sie auf dieselbe Weise wie zuvor die Planetenstände.

MONDKNOTEN
Zwei wichtige Interpretationsgrundlagen für ein Geburtshoroskop bilden die Mondknoten, die beiden Schnittpunkte, an denen die Umlaufbahn des Mondes um die Erde jene der Erde um die Sonne kreuzt.

Stellen Sie sich die Umlaufbahnen von Erde und Mond wie zwei Hula-Hoop-Reifen vor. Einen davon richten Sie in Gedanken horizontal aus, während Sie den anderen leicht angewinkelt in den ersten hineinhalten. Die zwei Punkte, wo sich die Reifen berühren, sind – auf unsere Umlaufbahnen übertragen – die beiden Mondknoten. Die Umlaufbahn des Mondes um die Erde ist in Relation zur Bahn der Erde um die Sonne um fünf Grad angewinkelt. Der Punkt, an dem der Mond über die Erdumlaufbahn aufsteigt, ist der nördliche oder aufsteigende Mondknoten, der andere der südliche oder absteigende Mondknoten. Im Hinblick auf den Tierkreis liegen die beiden Knoten einander stets genau gegenüber, sodass nur der nördliche Knoten berechnet werden muss.

MITTLERER ODER WAHRER MONDKNOTEN?
Leider werden die in den Ephemeriden angegebenen Mondknotenstände unterschiedlich berechnet: Teils werden die Unregelmäßigkeiten der Umlaufbahn des Mondes brücksichtigt, teils wird einfach ein Durchschnittswert zugrunde gelegt.

Bei der ersten Methode spricht man von einem wahren Mondknoten, bei der zweiten von einem mittleren. Allerdings kann keine Methode von sich behaupten, exaktere Werte zu liefern als die andere. Mit dem mittleren Mondknoten lässt sich auf jeden Fall

ARBEITSBLATT 8

allgemeine Planetenstände						Planetenbewegung	Planetenstände zum Zeitpunkt der Geburt				
Position 1 = Planetenstand am Tag nach der Geburt Position 2 = Planetenstand am Tag der Geburt						❹ Geburtszeit in GMT	Planetenbewegung von Mitternacht bis zur Geburtszeit (Ergebnis Punkt 5) zum Planetenstand am Tag der Geburt addieren (bei Rückläufigkeit abziehen).				
		Grad	Min.	Zeichen	R			Grad	Min.	Zeichen	R
☊	❶ Position 1						❻ Stand des nördlichen Mondknotens am Tag der Geburt				
	❷ Position 2					❺ Tagesbewegung ÷ 24 x Geburtszeit in GMT	❼ Planetenbewegung addieren (subtrahieren)				
	❸ Tagesbewegung (Position 1 – Position 2)					Grad Min.	❽ Stand des nördlichen Mondknotens zur Geburtszeit				

leichter arbeiten. Er ist immer rückläufig und fällt pro Tag um drei bis vier Minuten im Tierkreis zurück. Da es sich um einen Dauerzustand handelt, können Sie auf den Vermerk R auf Ihrem Arbeitsblatt verzichten.

Letztlich weichen die Ergebnisse, die Ihnen diese beiden Methoden liefern, nur geringfügig voneinander ab. Um die Berechnungen so einfach wie möglich zu halten, berechnen Sie gemäß der Anleitung in diesem Buch einen mittleren Mondknoten. Problematisch ist nur, dass Sie eventuell länger nach einer Ephemeride suchen müssen, die Ihnen die nötigen Grundwerte liefert.

UMLAUFBAHN DES MONDES UM DIE ERDE

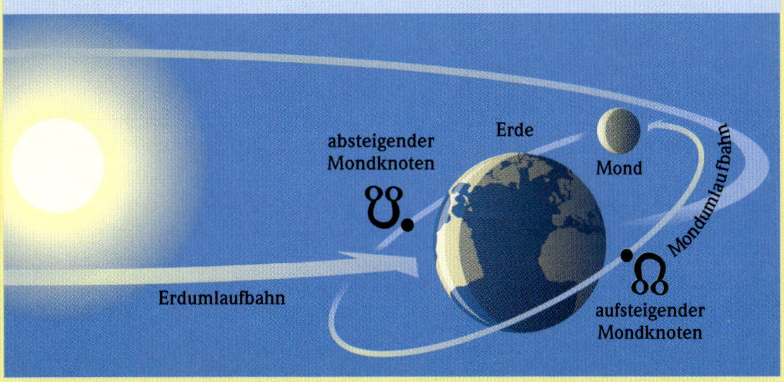

CHIRON

Der erst 1977 entdeckte Chiron wird erst seit Kurzem in der Astrologie berücksichtigt. Man glaubt, dass es sich um einen ehemaligen Kometen handelt, der jetzt im äußeren Bereich des Sonnensystems gefangen ist und eine eigene Umlaufbahn zwischen Saturn und Uranus besetzt. Chiron weist, astrologisch gesehen, einige Eigenschaften auf, die mit diesen beiden Planeten in Beziehung gebracht werden.

Mit einem Durchmesser von etwa 170 Kilometer ist Chiron ein Winzling unter den Himmelskörpern, dennoch, so haben Beobachtungen ergeben, besitzt er einen starken Einfluss auf seine Umgebung.

Neuere Ephemeriden für das noch junge 21. Jahrhundert verzeichnen normalerweise bereits tägliche Werte für Chiron. Ältere Ausgaben für das letzte Jahrhundert enthalten, wenn überhaupt, meist nur monatliche Angaben. Wer den Chironstand für sein Geburtshoroskop ermitteln möchte, wird diesen daher auf einfache Weise womöglich nur mithilfe einer astrologischen Software erfahren.

CHIRON IN UNSEREM SONNENSYSTEM

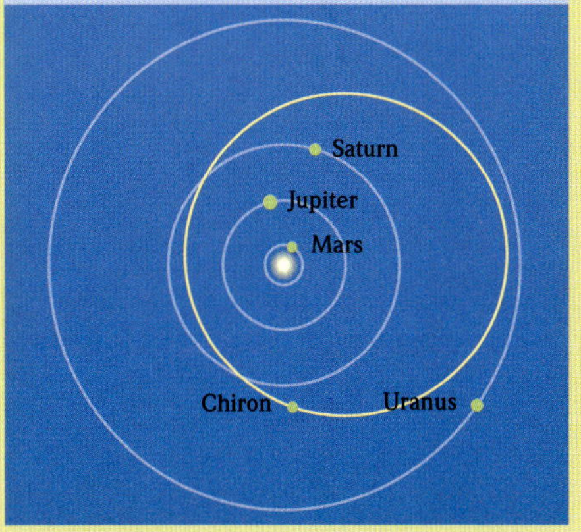

LISAS BERECHNUNGEN

ARBEITSBLATT 8

allgemeine Planetenstände						Planetenbewegung	Planetenstände zum Zeitpunkt der Geburt				
Position 1 = Planetenstand am Tag nach der Geburt Position 2 = Planetenstand am Tag der Geburt						④ Geburtszeit in GMT 16:30	Planetenbewegung von Mitternacht bis zur Geburtszeit (Ergebnis Punkt 5) zum Planetenstand am Tag der Geburt addieren (bei Rückläufigkeit abziehen).				
		Grad	Min.	Zeichen	R			Grad	Min.	Zeichen	R
☊	① Position 1	0	39	♈	R		⑥ Stand des nördlichen Mondknotens am Tag der Geburt	0	42	♈	R
	② Position 2	0	42	♈	R	⑤ Tagesbewegung ÷ 24 x Geburtszeit in GMT	⑦ Planetenbewegung addieren (subtrahieren)	0	02		
	③ Tagesbewegung (Position 1 – Position 2)	0	03			0 Grad 02 Min.	⑧ Stand des nördlichen Mondknotens zur Geburtszeit	0	40	♈	R

PHASE 9: DER GLÜCKSPUNKT

Der Glückspunkt zählt zu den so genannten arabischen Punkten. Diese werden berechnet, um detailliertere Aussagen zu speziellen Themen für individuelle Horoskope machen zu können. Dazu werden verschiedene Planeten- und Winkelkombinationen sowie manchmal auch noch weitere Faktoren berücksichtigt.

DIE ARABISCHEN PUNKTE

Die Bezeichnung dieser Punkte trägt der Tatsache Rechnung, dass deren Deutung um etwa 1000 n. Chr. bei arabischen Astrologen besonders beliebt war – so beliebt, dass zu Glanzzeiten rund hundert verschiedene Punkte bekannt waren, die berechnet werden konnten, angefangen bei so interessanten Punkten wie dem Lebens- und dem Heiratspunkt, bis hin zu den weniger spannenden Bohnen-, Melonen-, Zitronen-, Gurken- und Kürbispunkten. Der Glückspunkt war Astrologen allerdings schon wesentlich länger bekannt. Es ist der einzige arabische Punkt, der auch von modernen Astrologen noch oft berücksichtigt wird.

Für die Berechnung des Glückspunkts müssen zunächst alle Planetenstände in ekliptikale Längengrade (λ) umgewandelt werden. Die ekliptikale Länge gibt die absolute Position eines Elements im gesamten 360 Grad umfassenden Tierkreis an. Sie beginnt bei 0°λ00 im Zeichen Widder und endet bei 359°λ59 in den Fischen. Der erste Grad im Stier wird somit zu 31 Grad ekliptikaler Länge, entsprechend wird 5° Zwillinge 00 zu 65°λ00 und 21° Skorpion 53 zu 231°λ53. Es ändern sich nur die Gradwerte, die Minutenwerte bleiben erhalten. Die untenstehende Grafik hilft Ihnen bei Ihren Berechnungen.

DIE FORMEL

Der Glückspunkt wird mithilfe von drei der wichtigsten Horoskopfaktoren berechnet: der Sonne, dem Mond und dem Aszendenten. Diese werden in einer Formel zusammengefasst, deren Ergebnis Ihnen einen Hinweise darauf liefert, woraus Sie in Ihrem Leben das größte Glück, die größte Freude und persönliche Erfüllung schöpfen. Diese Formel lautet:

Mond + AC – Sonne = Glückspunkt

EKLIPTIKALE LÄNGE

Einige Astrologen sind der Meinung, dass die Berechnung des Glückspunkts variieren sollte, je nachdem ob man in der Nacht oder am Tag geboren wurde. Der Einfachheit halber ist es allerdings angebracht, durchweg dieselbe Formel anzuwenden. Auf diese Weise können Konfusionen vermieden werden.

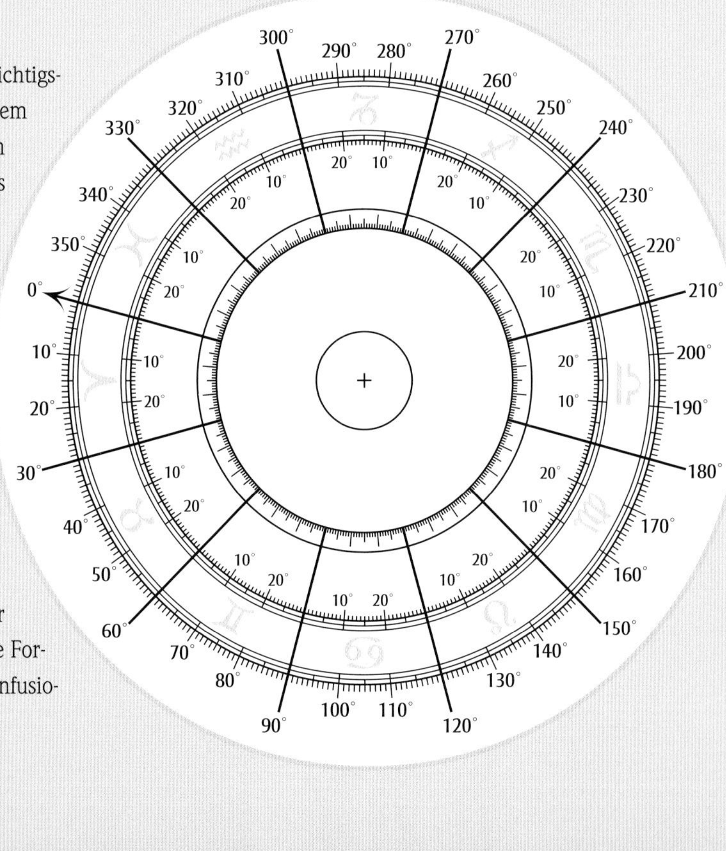

SIE BENÖTIGEN

- einen wissenschaftlichen Taschenrechner

DIE BERECHNUNG

❶ Den Mondstand zur Geburtszeit (vgl. Arbeitsblatt 5) hier eintragen.

❷ Rechnen Sie den Wert in einen ekliptikalen Längengrad um.

❸ Tragen Sie hier die Position Ihres Aszendenten ein (vgl. Arbeitsblatt 4).

❹ Rechnen Sie auch diesen Wert in einen ekliptikalen Längengrad um.

❺ Tragen Sie Ihren Sonnenstand zur Geburtszeit (vgl. Arbeitsblatt 5) ein.

❻ Auch diesen rechnen Sie in einen ekliptikalen Längengrad um.

❼ Addieren Sie die Positionen von Mond und Aszendent mithilfe Ihres Taschenrechners und notieren Sie das Ergebnis. Vergessen Sie nicht, dass ein Grad 60 Minuten umfasst.

❽ Falls der Sonnenstand (6) zu hoch ist, um ihn vom letzten Ergebnis (7) abzuziehen, rechnen Sie 360°00 hinzu, bevor Sie die Differenz ermitteln. Tun Sie dies aber nur, wenn es wirklich nötig ist. Genauso müssen Sie von dem Ergebnis, das Sie erhalten, falls es 360°00 Grad überschreitet, eben diesen Wert abziehen.

❾ Rechnen Sie das Ergebnis von Punkt 8 von seiner ekliptikalen Länge wieder auf den relativen Stand im zugehörigen Sternzeichen um.

ARBEITSBLATT 9

	Grad	Min.	Zeichen
❶ Mondstand zur Geburtszeit			
❷ Ergebnis von Punkt 1 in λ umrechnen			
❸ Stand des Aszendenten			
❹ Ergebnis von Punkt 3 in λ umrechnen			
❺ Sonnenstand zur Geburtszeit			
❻ Ergebnis von Punkt 5 in λ umrechnen			
❼ Summe der Ergebnisse aus Punkt 2 und 4			
❽ Ergebnis Punkt 6 von Ergebnis Punkt 7 abziehen (evtl. 360°00 zu Punkt 7 hinzufügen)			
❾ Ergebnis Punkt 8 auf relativen Stand im zugehörigen Sternzeichen umrechnen (evtl. 360°00 abziehen)			

LISAS BERECHNUNGEN

ARBEITSBLATT 9

	Grad	Min.	Zeichen
❶ Mondstand zur Geburtszeit	28	28	♊
❷ Ergebnis von Punkt 1 in λ umrechnen	88	28	λ
❸ Stand des Aszendenten	10	56	♋
❹ Ergebnis von Punkt 3 in λ umrechnen	100	56	λ
❺ Sonnenstand zur Geburtszeit	01	55	♑
❻ Ergebnis von Punkt 5 in λ umrechnen	271	55	λ
❼ Summe der Ergebnisse aus Punkt 2 und 4	189	24	λ
❽ Ergebnis Punkt 6 von Ergebnis Punkt 7 abziehen (evtl. 360°00 zu Punkt 7 hinzufügen)	277	29	λ
❾ Ergebnis Punkt 8 auf relativen Stand im zugehörigen Sternzeichen umrechnen (evtl. -360°00)	7	29	♑

KAPITEL 2

HOROSKOPE ZEICHNEN

WEITER GEHTS

Nun können Sie mit dem Zeichnen Ihres Horoskopdiagramms beginnen. Kopieren Sie dazu das Blankohoroskop von Seite 7 auf ein Blatt Papier.

Ihr Geburtshoroskop ist eine schematische Darstellung der Gestirnstände zum Zeitpunkt Ihrer Geburt vom Geburtsort aus betrachtet. Stellen Sie sich vor, Sie stünden in einer sternenklaren Nacht auf einem freien Feld; darüber wölbt sich der Himmel wie eine Kuppel. Genau dies veranschaulicht das Horoskopdiagramm. Während sich die Erde durch den Raum bewegt, ziehen auch die anderen Planeten unablässig ihre Bahnen; von der Erde aus betrachtet steigen sie im Osten auf und gehen im Westen unter, tagein, tagaus, Jahr für Jahr.
Dies zeigt das Horoskopdiagramm als schematische Darstellung des Tierkreises und der Planeten, die ihn durchwandern.

Mit den in Kapitel 1 berechneten Daten können Sie jetzt

- die Sternzeichen und IhreOroskopachsen in Ihr Diagramm einzeichnen (Seite 42–43),
- Ihr Häusersystem definieren und Ihre Planetenstände einzeichnen (Seite 44–45),
- Ihre Aspekte, die anzeigen, wie sich die Planeten in Ihrem Horoskop gegenseitig beeinflussen, messen und aufzeichnen (Seite 46–49),
- die Verteilung der Elemente und Qualitäten in Ihrem Horoskop analysieren (Seite 50–51),
- alle weiteren Faktoren Ihres Geburtshoroskops verstehen lernen (Seite 52–55).

SIE BENÖTIGEN

- einen Bleistift
- ein Lineal
- einen Radiergummi
- eine Wadesche Scheibe (S. 46)

Damit können Sie eigentlich schon loslegen. Zusätzlich könnten außerdem folgende Utensilien von Nutzen sein:

- Buntstifte zur Hervorhebung
- ein Zirkel zum leichteren Zeichnen von Kreisen
- Korrekturflüssigkeit oder -streifen, um kleine Fehler zu korrigieren

WAS STEHT WO IM HOROSKOP-DIAGRAMM?

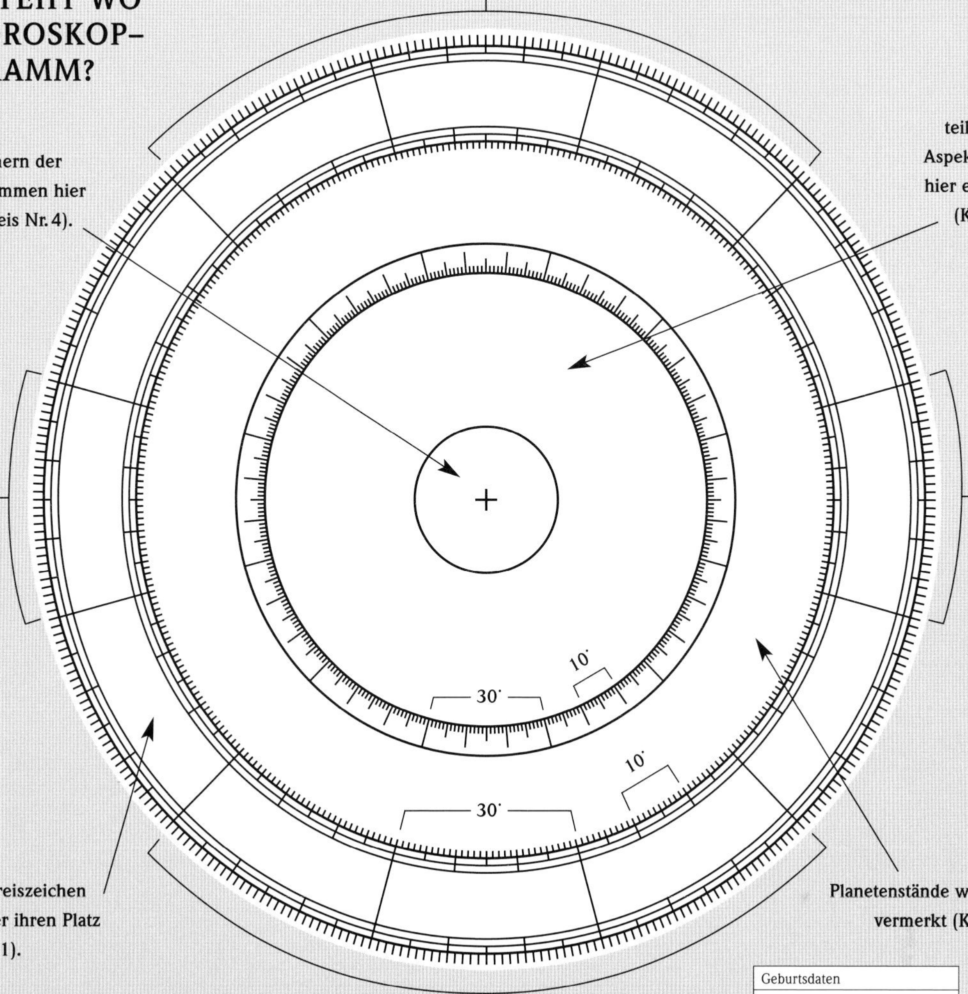

	Geburtsdaten
	Datum
	Zeit
	GMT
	Ort
Horoskopart	Breitengrad
Häusersystem	Längengrad

				Aspekte													Qualitäten	Elemente
Grad	Zeichen	R	Planeten	☉	☽	☿	♀	♂	♃	♄	♅	♆	♇	AC	MC	nK	kardinal	Feuer
			Sonne	☉													fix	Erde
			Mond		☽												beweglich	Luft
			Merkur			☿											Planeten an Eckpunkten	Wasser
			Venus				♀											Domizil
			Mars					♂									gegenseitige Verstärkung	Fall
			Jupiter						♃									Erhöhung
			Saturn							♄							NOTIZEN	Exil
			Uranus								♅							
			Neptun									♆						
			Pluto										♇					
			AC	Horoskopherrscher														
			MC	Haus des Horoskopherrschers													Planeten in positiven Zeichen	
			n. Knoten	aufsteigender Planet										AC	MC	n. Knoten	Planeten in negativen Zeichen	

LISAS HOROSKOP

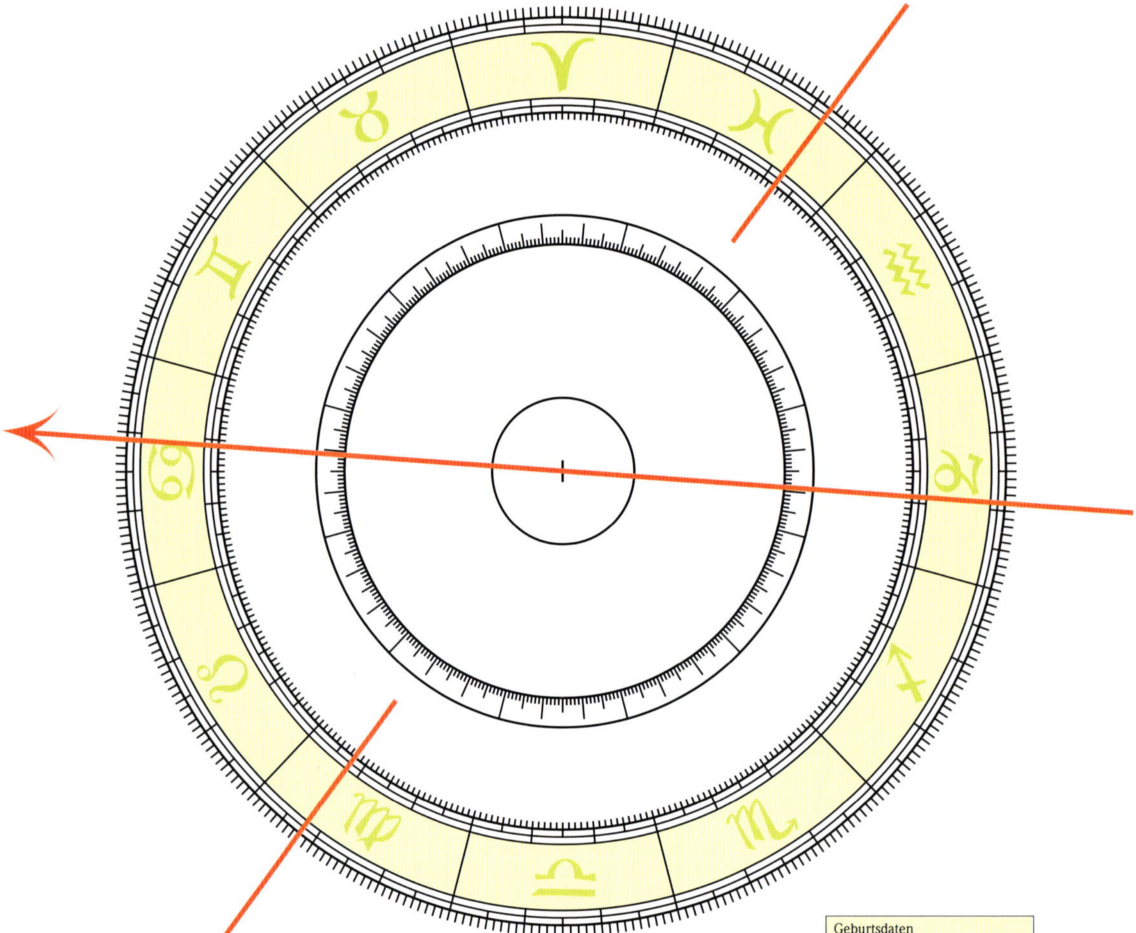

Geburtsdaten	
Datum	24.12.1931
Zeit	16:30
GMT	16:30
Ort	Wimbledon
Breitengrad	51°25N
Längengrad	0°12W

Horoskopart	Geburtshoroskop
Häusersystem	

Grad	Zeichen	R	Planeten	☉	☽	☿	♀	♂	♃	♄	♅	♆	♇	AC	MC	nK
1°55	♑		Sonne	☉												
28°28	♊		Mond		☽											
24°15	♐	℞	Merkur			☿										
28°36	♑		Venus				♀									
11°07	♑		Mars					♂								
22°16	♌	℞	Jupiter						♃							
22°55	♑		Saturn							♄						
15°26	♈	℞	Uranus								♅					
7°56	♍	℞	Neptun									♆				
21°27	♋	℞	Pluto										♇			
10°56	♋		AC	Horoskopherrscher										AC	MC	n. Knoten
7°52	♊		MC	Haus des Horoskopherrschers												
0°40	♈		n. Knoten	aufsteigender Planet												

Qualitäten	Elemente
kardinal	Feuer
fix	Erde
beweglich	Luft
Planeten an Eckpunkten	Wasser
	Domizil
gegenseitige Verstärkung	Fall
	Erhöhung
NOTIZEN	Exil
Planeten in positiven Zeichen	
Planeten in negativen Zeichen	

ACHSEN UND STERNZEICHEN

❶ Tragen Sie die in Kapitel 1 ermittelten Planetenstände in die linke Spalte der Aspekttabelle ein. Notieren Sie die Position der Gestirne zunächst in Grad und Minuten, dann das Zeichen, in dem die Planeten stehen, und schließlich, falls erforderlich, ein R für Rückläufigkeit. Der mittlere Mondknoten ist immer rückläufig, daher ist ein spezieller Vermerk hier nicht erforderlich.

❷ Tragen Sie die in Arbeitsblatt 1 (Seite 22) vermerkten Geburtsdaten, also Datum, Ort und Ortszeit, GMT sowie Längen- und Breitengrad Ihres Geburtsorts in den Tabellenteil rechts oben ein. In der Zeile Horoskopart geben Sie *Geburtshoroskop* an.

❸ Notieren Sie das Symbol für Ihr aufsteigendes Zeichen ganz links (Position 9 Uhr) in den äußeren Kreis des Horoskopdiagramms. Dieser Kreis repräsentiert den Tierkreis und ist in zwölf Segmente für die einzelnen Sternzeichen unterteilt. In das dem Aszendenten gegenüberliegende Segment auf der rechten Seite zeichnen Sie das diesem gegenüberliegende Sternzeichen ein (s. u. Liste der polaren Paare).

❹ Vervollständigen Sie den Tierkreis, der im Zeichen Fische endet und anschließend wieder beim Widder beginnt. Sie werden dabei feststellen, dass der Tierkreis gegen den Uhrzeigersinn läuft, die Zwillinge stehen also rechts neben dem Krebs, der wiederum rechts neben dem Löwen steht etc.

❺ Der Tierkreis setzt sich aus zwölf Sternzeichen zusammen, sodass jedem dieser Zeichen 30 Grad zugeteilt sind. Auf Ihrem Vordruck sehen Sie größere und kleinere Skalenstriche an den Diagrammsegmenten. Die größeren unterteilen die Segmente in Stufen von zehn und fünf Grad, die kleineren markieren einen Abstand von jeweils einem Grad. Achten Sie darauf, die Skalenstriche immer entgegen dem Uhrzeigersinn abzuzählen.

❻ Markieren Sie die Position Ihres Aszendenten auf der Skala genau: 30 Minuten entsprechen einem halben, 45 Minuten einem dreiviertel Grad.

❼ Markieren Sie die Stelle, die Ihrem Aszendenten gegenüberliegt. Sie besitzt dieselben Grad- und Minutenwerte, ist aber im gegenüberliegenden Zeichen. Verbinden Sie beide Punkte.

❽ Dies ist Ihre Aszendent-Deszendent-Achse, sie bildet sozusagen den Horizont Ihres Horoskops. Ihr Deszendent ging zum Zeitpunkt Ihrer Geburt im Westen unter, während Ihr Aszendent im Osten aufging. Mit einer Pfeilspitze markieren Sie den Aszendenten.

❾ Wiederholen Sie die unter 6–8 beschriebenen Schritte, um die MC-IC-Achse einzuzeichnen. Ziehen Sie die Linie im mittleren Teil des Diagramms aber nicht durch. Das MC befindet sich immer in der oberen Hälfte des Diagramms. Zeichnen Sie es genau dort ein, wo es gemäß Ihrer Berechnungen in Kapitel 1 hingehört.

❿ Sie befinden sich nun mitten in der Erstellung Ihres Geburtshoroskops. Mit Aszendent, Medium coeli, Deszendent und Imum coeli haben Sie die vier Kardinalpunkte gesetzt, deren Achsen Ihr Horoskop in vier Quadranten teilt.

POLARE PAARE

Widder	<=>	Waage
Stier	<=>	Skorpion
Zwillinge	<=>	Schütze
Krebs	<=>	Steinbock
Löwe	<=>	Wassermann
Jungfrau	<=>	Fische

LISAS HOROSKOP

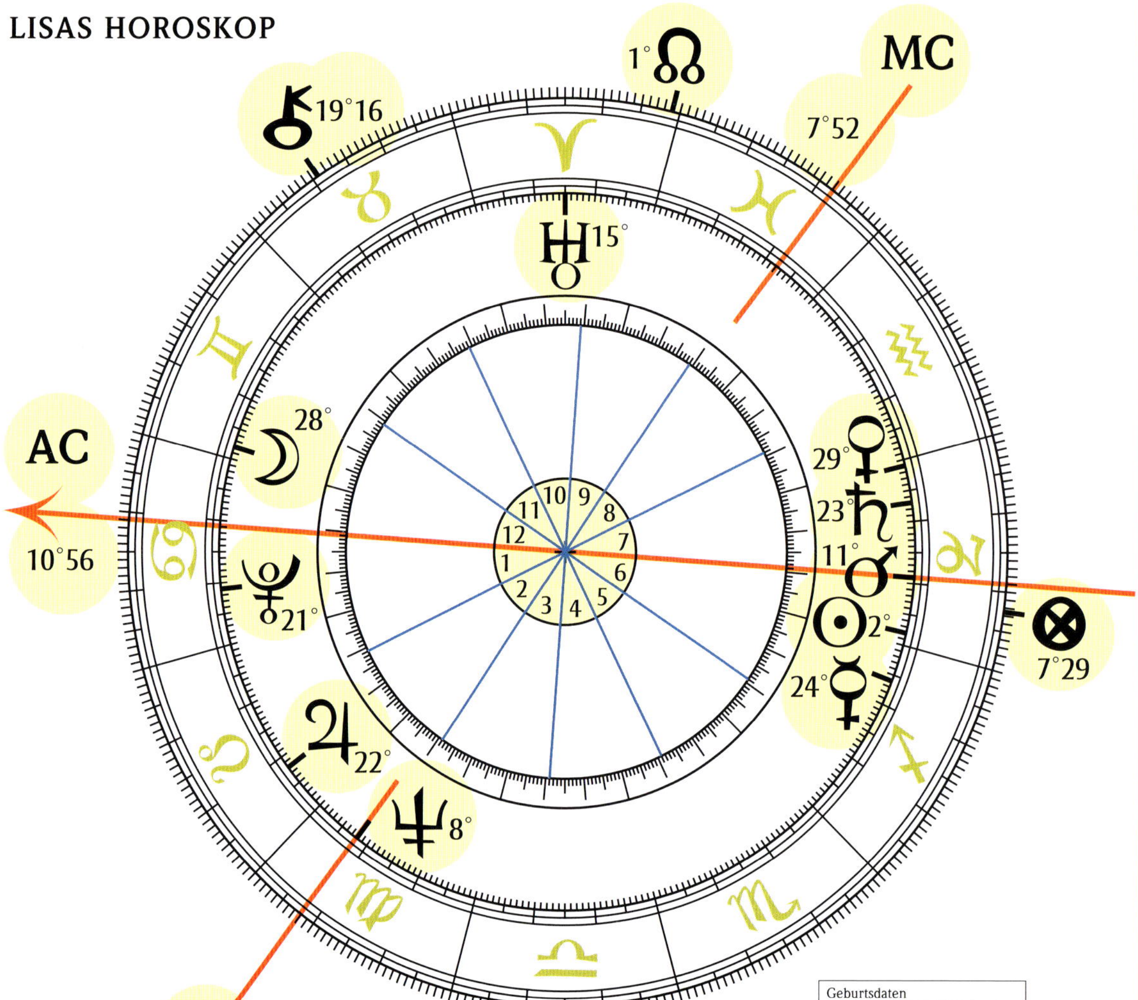

Geburtsdaten	
Datum	24.12.1931
Zeit	16:30
GMT	16:30
Ort	Wimbledon
Breitengrad	51°25N
Längengrad	0°12W

Horoskopart	Geburtshoroskop
Häusersystem	äqual

Grad	Zeichen	R	Planeten	Aspekte												
				☉	☽	☿	♀	♂	♃	♄	♅	♆	♇	AC	MC	nK
1°55	♑		Sonne	☉												
28°28	♊		Mond		☽											
24°15	♐	℞	Merkur			☿										
28°36	♑		Venus				♀									
11°07	♑		Mars					♂								
22°16	♌	℞	Jupiter						♃							
22°55	♑		Saturn							♄						
15°26	♈	℞	Uranus								♅					
7°56	♍	℞	Neptun									♆				
21°27	♋	℞	Pluto										♇			
10°56	♋		AC	Horoskopherrscher												
7°52	♊		MC	Haus des Horoskopherrschers												
0°40	♈		n. Knoten	aufsteigender Planet										AC	MC	n. Knoten

Qualitäten	Elemente
kardinal	Feuer
fix	Erde
beweglich	Luft
Planeten an Eckpunkten	Wasser
	Domizil
gegenseitige Verstärkung	Fall
	Erhöhung
NOTIZEN	Exil
Planeten in positiven Zeichen	
Planeten in negativen Zeichen	

HÄUSERSYSTEM DEFINIEREN

Die astrologischen Häuser unterteilen ein Horoskop ebenso wie die Tierkreiszeichen in zwölf Segmente. Es gibt verschiedene Methoden, diese Einteilung vorzunehmen. Eine der beliebtesten und effektivsten ist die Methode der äqualen Häuser. Dies ist übrigens auch die einzige, die keine weiteren Berechnungen erfordert.

1 Tragen Sie die Bezeichnung *äqual* in das Feld Häusersystem ein.

2 Unterteilen Sie den inneren Skalenkreis (Kreis Nr. 3) angefangen bei der Position Ihres Aszendenten in zwölf 30-Grad-Segmente.

Hierzu ein Beispiel: Lisas Aszendent befindet sich bei 10°56 im Krebs. 30 Grad von dort weitergezählt gelangen wir an die Position 10°56 Löwe, anschließend folgen 10°56 Jungfrau, 10°56 Waage usw. Da jedem Zeichen im Tierkreis 30 Grad zugeteilt werden, befindet sich der Startpunkt jedes Hauses immer an derselben Gradposition, allerdings in einem anderen Sternzeichen.

3 Setzten Sie die Unterteilung fort, bis Sie wieder an den Ausgangspunkt gelangen. Der Beginn oder die Spitze des siebten Hauses wird bereits durch Ihren Deszendenten markiert. Ihr Aszendent kennzeichnet die Spitze des ersten Hauses.

4 Verbinden Sie die einzelnen Häuserpunkte mit Geraden, die durch den Mittelpunkt des Horoskopdiagramms führen, allerdings nicht über den dritten Diagrammkreis hinausragen.

5 Nummerieren Sie die einzelnen Häusersegmente angefangen bei Ihrem Aszendenten entgegen den Uhrzeigersinn von 1 bis 12. Tragen Sie die jeweiligen Zahlen in den innen liegenden Kreis (Kreis Nr. 4) ein.

PLANETENSTÄNDE EINZEICHNEN

Nun zeichnen Sie Ihre Planetenstände in den hinter dem Tierkreis gelegenen Diagrammkreis (Kreis Nr. 2) ein. An einigen Stellen werden Sie die Symbole für die Planeten der besseren Lesbarkeit wegen eventuell nicht punktgenau positionieren können. Markieren Sie ihre jeweiligen Positionen auf der Skala jedoch deutlich, da Sie sie später für weitere Messungen benötigen.

1 Zeichnen Sie die Planeten genau an der richtigen Stelle auf der Skala ein, und notieren Sie die zu vollen Gradzahlen auf- oder abgerundeten Positionsangaben neben das zugehörige Symbol.

2 Runden Sie allerdings nicht bei Positionen wie z. B. 29°49, da Sie den Planeten dann beim Aufrunden unkorrekterweise in das nächste Zeichen versetzen würden.

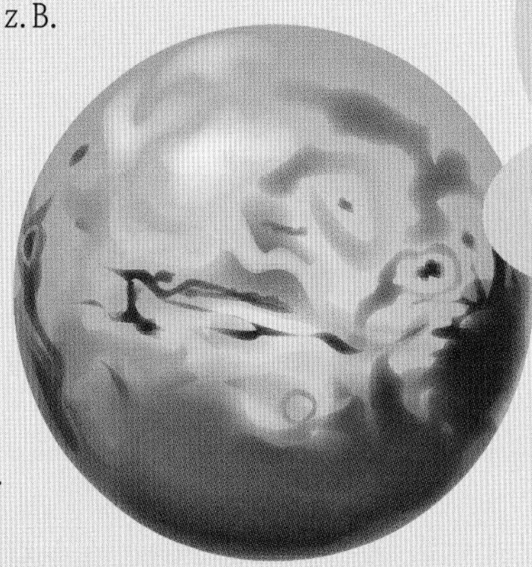

In solchen Fällen müssen Sie in Ihrem Diagramm Platz für die volle Positionsangabe schaffen.

WEITERE FAKTOREN MARKIEREN

Der nördliche Mondknoten, Chiron und der Glückspunkt werden außen um das Diagramm herum eingezeichnet. Da ihre genaue Position – abgesehen vom Mondknoten – nicht in die Tabelle eingetragen wird, empfiehlt es sich, den genauen Wert neben das Symbol zu schreiben.

1 Beschriften Sie Ihren Aszendenten und das MC wie im nebenstehenden Beispiel gezeigt. Geben Sie dabei auch deren genaue Positionen an.

2 Beschriften Sie Ihr IC, und beginnen Sie nun, über Ihre Aspekte nachzudenken …

DIE ASPEKTE ERMITTELN

Das Ausmessen der Aspekte mag Sie im ersten Moment vielleicht abschrecken. Bei all den seltsamen Linien und Mustern in der Mitte des Diagramms und all den kuriosen Symbolen in der Aspektetabelle – wo soll man da nur anfangen?

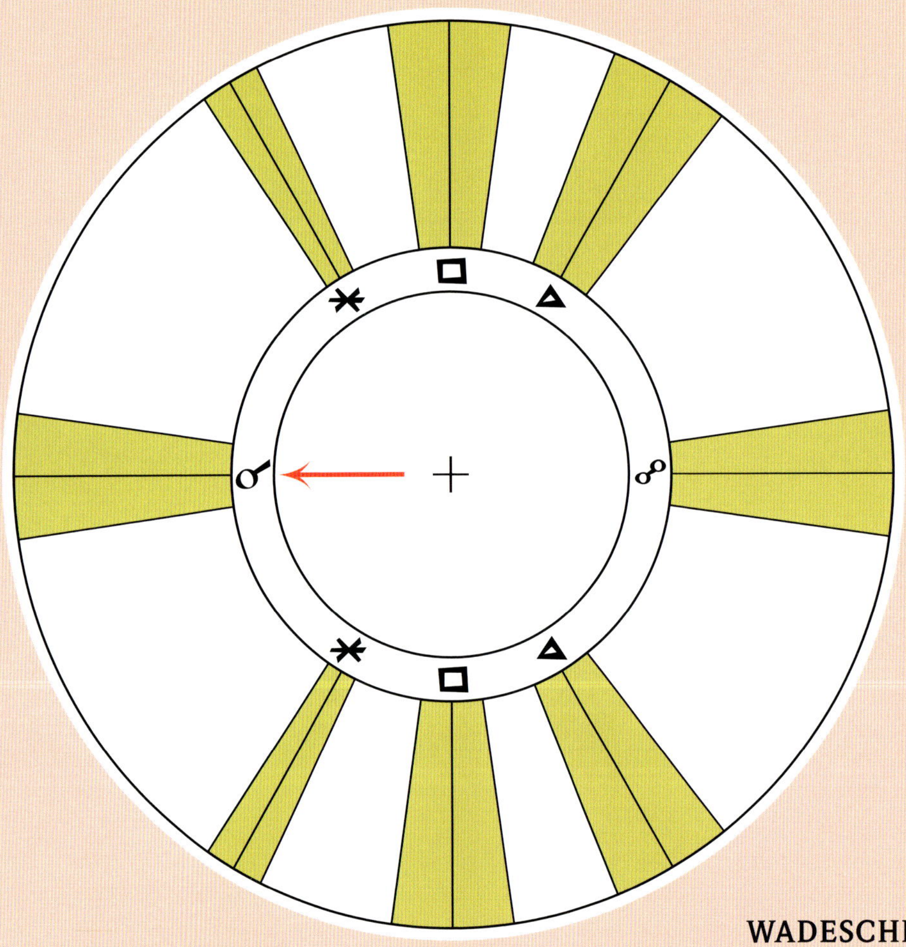

WADESCHE SCHEIBE

Es ist gar nicht so schwer wie es scheint. Sie benötigen nur ein wenig Hilfe, und zwar in Form der Wadeschen Scheibe, die Sie beim schnellen Aspektefinden unterstützt. Kopieren Sie die Abbildung auf der gegenüberliegenden Seite auf Transparentfolie, die ähnlich zu handhaben ist wie Papier. Achten Sie darauf, dass die Folie für Kopierer bzw. Laserdrucker geeignet ist, da andere, eventuell günstigere Materialien durch die Hitze im Inneren des Kopierers schmelzen und irreparable Schäden verursachen können.

Sie brauchen lediglich Ihre fünf Hauptaspekte zu ermitteln. Jeder Aspekt besitzt einen Orbis, d. h. einen mehr oder weniger großen Wirkungsbereich, der gewisse Abweichungstoleranzen erlaubt. Wie groß diese Toleranz jeweils ist, zeigt Ihnen der grüne Bereich zu beiden Seiten der Aspektlinie auf der Wadeschen Scheibe. Wenn Sie die auf die Transparentfolie übertragene Scheibe auf Ihr Horoskopdiagramm legen und den darauf befindlichen Pfeil nach und nach an allen Planeten ausrichten, werden Sie auf einen Blick alle Aspekte für diesen Planeten ablesen können.

UND SO GEHTS

❶ Legen Sie die auf Transparentfolie übertragene Wadesche Scheibe so auf Ihr Horoskopdiagramm, dass die beiden Mittelpunkte übereinander liegen und sich die Aspektlinie der Konjunktion (roter Pfeil) genau auf dem Markierungspunkt der Position des Planeten befindet, dessen Aspekte Sie ermitteln möchten.

❷ Sie können die Wadesche Scheibe in jede beliebige Richtung drehen, sollten Sie aber nie verkehrt herum auflegen, da sie ansonsten falsche Ergebnisse liefert. Es erleichtert die Handhabung, wenn Sie das Diagramm und die Scheibe in der Mitte mit einer Nadel auf einem kleinen Stück Kork fixieren.

❸ Sobald Sie die Scheibe an einem Planetenstand ausgerichtet haben, können Sie leicht erkennen, welche Planeten oder anderen Horoskopfaktoren im zulässigen Toleranzbereich liegen, um noch einen Aspekt mit diesem bilden zu können. Notieren Sie diese Konstellationen zunächst auf ein separates Blatt Papier, um sie später in die Aspektetabelle zu übertragen.

❹ Ermitteln Sie zunächst eventuelle Aspekte zur Sonne. Setzen Sie Ihre Überprüfung mit Mond, Merkur, Venus, Mars etc. fort, und vergessen Sie nicht, die Kardinalpunkte, den Monknoten, Chiron und Ihren Glückspunkt auf Aspekte hin zu überprüfen.

DIE HAUPTASPEKTE

	Aspekt	Entfernung	Orbis
☌	Konjunktion	0°	+/– 8°00
⚹	Sextil	60°	+/– 4°00
□	Quadrat	90°	+/– 8°00
△	Trigon	120°	+/– 8°00
☍	Opposition	180°	+/– 8°00

DIE NEBENASPEKTE

	Aspekt	Entfernung	Orbis
⚻	Qinkunx	150°	+/– 2°00
⚺	Halbsextil	30°	+/– 2°00
∠	Halbquadrat	45°	+/– 2°00
⚼	Eineinhalbquadrat	135°	+/– 2°00
Q	Quintil	72°	+/– 2°00
BQ	Biquintil	144°	+/– 2°00

DIE ASPEKTE PROTOKOLLIEREN

Nachdem Sie Ihre Aspekte ermittelt haben, müssen Sie diese noch in Ihre Aspektetabelle eintragen. Das ist der Tabellenteil im linken unteren Bereich Ihres Horoskopformulars, der im Beispiel gelb markiert ist.

IHRE ASPEKTE PROTOKOLLIEREN

❶ Tragen Sie das entsprechende Symbol für zwei Planeten, die einen Aspekt bilden, in das Feld der Aspektetabelle ein, in dem sich die Zeile des einen Planeten mit der Spalte des anderen kreuzt. Je weiter Sie die Tabelle nach unten durchgehen, umso weniger Möglichkeiten Aspekte einzutragen haben Sie. Während Sie die Sonne noch in Bezug auf alle anderen Planeten und Horoskopfaktoren hin untersuchen müssen, und den Mond auf alles, abgesehen von der Sonne, ist Pluto als aspektierender Planet nur noch im Hinblick auf die Kardinalpunkte und den Mondknoten von Interesse.

❷ Zeichnen Sie für jeden Planeten einen Punkt in Ihr Horoskopdiagramm, irgendwo innerhalb von Kreis Nr. 3, am besten mit ein wenig Abstand zur Skala. Damit alle Punkte gleich weit von der Skala entfernt liegen, können Sie den Abstand mit einem dünnen Kreis markieren, den Sie mithilfe eines Zirkels von der Mitte des Horoskopdiagramms aus ziehen. Nachdem Sie alle Punkte eingezeichnet haben, können Sie den Kreis wieder ausradieren. Die Punkte werden für keine weiteren Messungen benötigt, daher müssen sie nicht genau positioniert werden. Das erleichtert vor allem dort die Arbeit, wo Ihr Horoskop ein Stellium – eine Ansammlung von dicht nebeneinander stehenden Planeten – aufweist. Wenn Sie fertig sind, sollten Sie zehn Punkte gezeichnet haben, denn die Punkte werden nur für Planeten gesetzt. Zählen Sie zur Kontrolle Ihre Punkte durch.

❸ Verschiedene Aspekte werden durch unterschiedliche Linienarten gekennzeichnet. Eventuelle Aspekte zu den Kardinalpunkten, zum Mondknoten, zu Chiron oder dem Glückspunkt werden dabei nicht berücksichtigt, markiert werden nur Aspekte zwischen zwei Planeten. Da Konjunktionen normalerweise eindeutig sind, zeichnet man auch diese nicht ein.

Sowohl Quadrate als auch Oppositionen kennzeichnet man mit einer breiten Linie. Sie sind dennoch leicht zu unterscheiden, denn anders als Quadrate kreuzen Oppositionen immer ungefähr die Mitte des Horoskops. Manche Astrologen verwenden statt verschiedener Linienarten auch unterschiedliche Linienfarben. Bedenken Sie jedoch, dass diese auf einer späteren Schwarz-Weiß-Kopie oft kaum voneinander zu unterscheiden sein werden.

❹ Zeichnen Sie Ihre Aspektlinien ein und betrachten Sie die Muster, die dabei entstehen. In Kapitel 4 erfahren Sie mehr darüber, wie diese zu interpretieren sind. Stören Sie sich nicht daran, wenn sich Aspektlinien kreuzen oder sie einander überlappen, dies alles sind besondere Merkmale Ihres persönlichen Horoskops. Verbinden Sie alle laut Aspektetabelle aspektierten Planeten mit den dafür vorgesehenen Linien. Wenn Sie dies erledigt haben, ist Ihr Horoskopdiagramm fertig!

ASPEKTLINIEN

Aspekt	Linie	Farbe
☌ Konjunktion	keine	keine
⚹ Sextil	– – – – – (gestrichelt)	blau
□ Quadrat	——— (breit)	rot
△ Trigon	——— (dünn)	grün
☍ Opposition	——— (breit)	violett

LISAS HOROSKOP

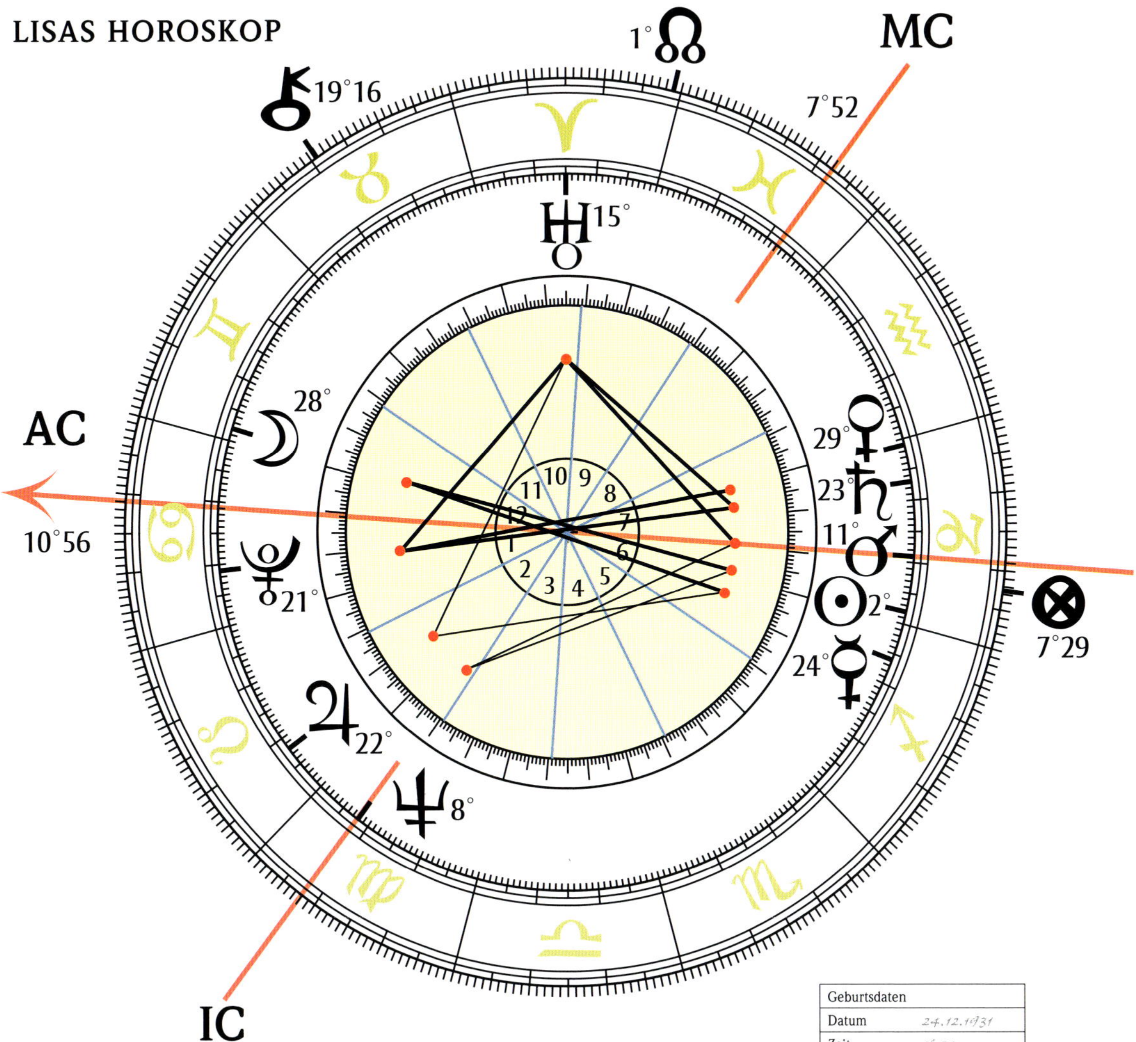

Geburtsdaten	
Datum	24.12.1931
Zeit	16:30
GMT	16:30
Ort	Wimbledon
Breitengrad	51°25N
Längengrad	0°12W

Horoskopart	Geburtshoroskop
Häusersystem	äqual

Grad	Zeichen	R	Planeten	Aspekte ☉	☽	☿	♀	♂	♃	♄	♅	♆	♇	AC	MC	nK
1°55	♑		Sonne	☉	☍	☌						△				□
28°28	♊		Mond		☽	☍										□
24°15	♐	℞	Merkur			☿			△							□
28°36	♑		Venus				♀			☌			☍			*
11°07	♑		Mars					♂			□	△		☍	*	
22°16	♌	℞	Jupiter						♃		△					
22°55	♑		Saturn							♄	□		☍			
15°26	♈	℞	Uranus								♅		□	□		
7°56	♍	℞	Neptun									♆		*	☍	
21°27	♋	℞	Pluto										♇			
10°56	♋		AC	Horoskopherrscher										AC	MC	n. Knoten
7°52	♊		MC	Haus des Horoskopherrschers												
0°40	♈		n. Knoten	aufsteigender Planet												

Qualitäten	Elemente
kardinal	Feuer
fix	Erde
beweglich	Luft
Planeten an Eckpunkten	Wasser
	Domizil
gegenseitige Verstärkung	Fall
	Erhöhung
NOTIZEN	Exil
Planeten in positiven Zeichen	
Planeten in negativen Zeichen	

ELEMENTE & QUALITÄTEN

Aufgrund gemeinsamer Eigenschaften werden die zwölf Sternzeichen in drei Kategorien eingeteilt: Elemente, Polaritäten und Qualitäten.

ELEMENTE

Die Element-Kategorie wird gelegentlich auch Triplizität genannt, weil jedem Element drei Sternzeichen zugeordnet werden.

Feuer (Handlung) Sie sind dynamisch, positiv und temperamentvoll, ein Mensch mit einer optimistischen Einstellung zum Leben.

Erde (Pragmatismus) Sie sind praktisch veranlagt und gehen bedachtsam und methodisch vor, ein konservativer Mensch, der das Konkrete und Materielle schätzt.

Luft (Intellekt) Sie sind freundlich und mitteilsam, besitzen eine intellektuelle Ader und denken logisch.

Wasser (Emotion) Sie handeln intuitiv und emotional. Eventuell besitzen Sie mediale Fähigkeiten, auf jeden Fall aber sind Sie sehr tiefgründig.

POLARITÄTEN

Die Elemente selbst können ebenfalls aufgrund gemeinsamer Eigenschaften entsprechend kategorisiert werden.

positive (extrovertierte) Zeichen Feuer- und Luftzeichen werden ihrer prinzipiell extrovertierten Natur wegen als positiv, aktiv oder männlich bezeichnet.

negative (introvertierte) Zeichen Erd- und Wasserzeichen gelten ihrer eher introvertierten Art wegen als negativ, passiv oder weiblich.

QUALITÄTEN

Schließlich werden die Sternzeichen auch anhand ihrer Qualität kategorisiert, die manchmal auch Quadruplizität genannt wird, weil jeder Qualität vier Zeichen zugeordnet werden.

kardinal (initiativ) Sie sind aktiv, leidenschaftlich, unterhaltsam und ambitioniert, Sie besitzen Mut und Führungsqualitäten.

fix (organisiert) Sie sind standhaft, eifrig, entschlossen und hartnäckig. Von dem einmal eingeschlagenen Kurs bringt Sie nichts so leicht ab.

beweglich (kommunikativ) Sie sind vielseitig, anpassungsfähig, facettenreich und mitteilsam.

ELEMENTE UND QUALITÄTEN

Element	Qualitäten		
	kardinal	fix	beweglich
Feuer	Widder	Löwe	Schütze
Erde	Steinbock	Stier	Jungfrau
Luft	Waage	Wassermann	Zwillinge
Wasser	Krebs	Skorpion	Fische

ELEMENT- & QUALITÄTENVERTEILUNG

1. Notieren Sie die Zahl der Planeten, die in einem Feuer-, Erd-, Luft- und Wasserzeichen stehen.

2. Wiederholen Sie dies zur Ermittlung der Qualitätenverteilung.

3. Tragen Sie die Ergebnisse in die Horoskoptabelle ein. Da nur die Planeten berücksichtigt werden, können Sie Ihr Ergebnis überprüfen, indem Sie alle Werte addieren. Die Summe muss stets zehn betragen.

4. Addieren Sie die Zahl all Ihrer Planeten in Feuer- und Luftzeichen, um die Summe der Planeten in positiven Zeichen zu ermitteln.

5. Wiederholen Sie Schritt 5 für die Planeten in Erd- und Wasserzeichen, um die Summe der Planeten in negativen Zeichen zu ermitteln.

LISAS HOROSKOP

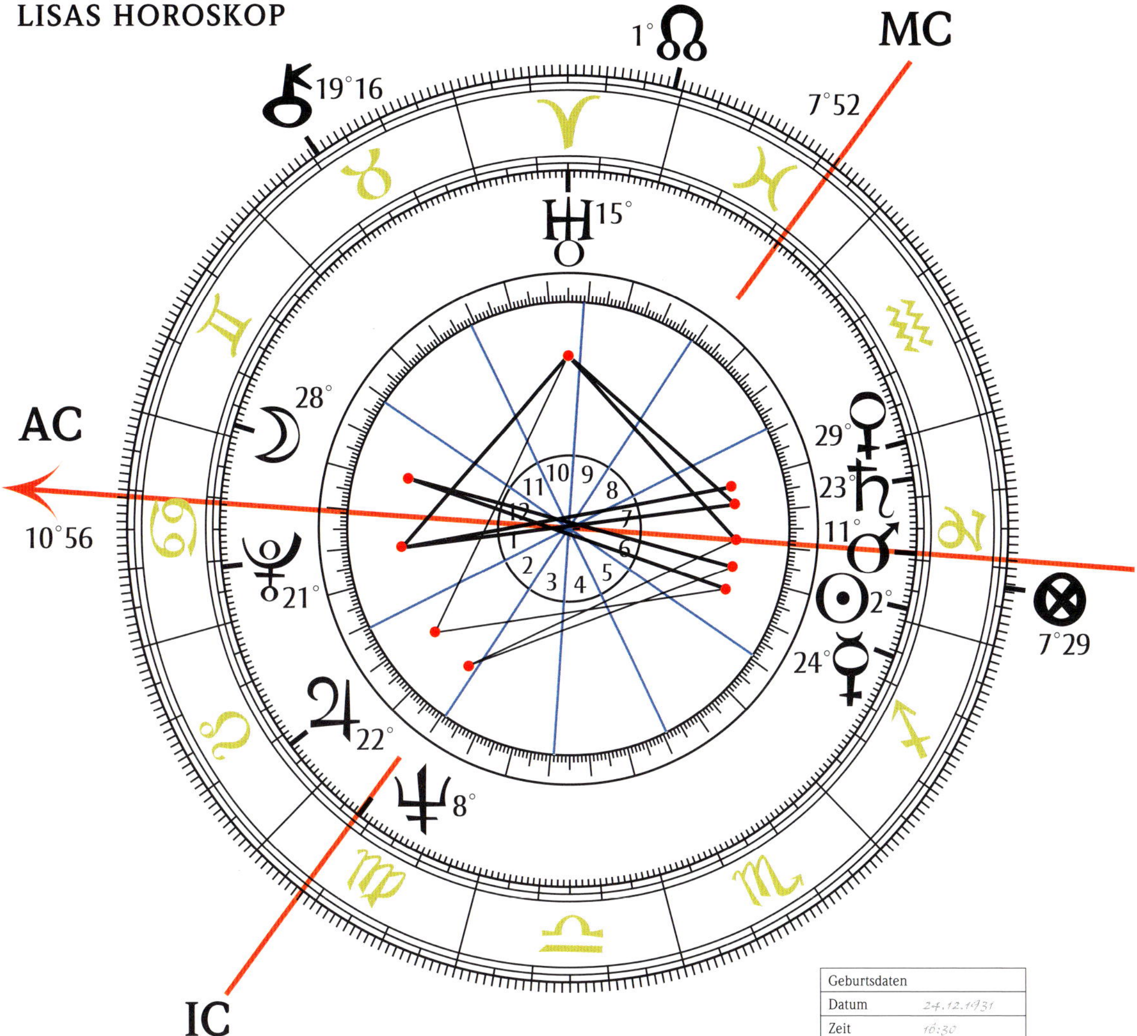

Geburtsdaten	
Datum	24.12.1931
Zeit	16:30
GMT	16:30
Ort	Wimbledon
Breitengrad	51°25N
Längengrad	0°12W

Horoskopart	Geburtshoroskop
Häusersystem	äqual

Grad	Zeichen	R	Planeten	Aspekte ☉	☽	☿	♀	♂	♃	♄	♅	♆	♇	AC	MC	nK
1°55	♑		Sonne	☉	☍	☌						△				□
28°28	♊		Mond		☽	☍										□
24°15	♐	℞	Merkur			☿			△							□
28°36	♑		Venus				♀			☌			☍			⚹
11°07	♑		Mars					♂			□	△		☍	⚹	
22°16	♌	℞	Jupiter						♃		△					
22°55	♑		Saturn							♄	□		☍			
15°26	♈	℞	Uranus								♅		□	□		
7°56	♍	℞	Neptun									♆		⚹	☍	
21°27	♋	℞	Pluto										♇			
10°56	♋		AC	Horoskopherrscher										AC	MC	n. Knoten
7°52	♊		MC	Haus des Horoskopherrschers												
0°40	♈		n. Knoten	aufsteigender Planet												

Qualitäten		Elemente	
kardinal	6	Feuer	3
fix	1	Erde	5
beweglich	3	Luft	1
Planeten an Eckpunkten		Wasser	1
		Domizil	
gegenseitige Verstärkung		Fall	
		Erhöhung	
NOTIZEN		Exil	
Planeten in positiven Zeichen	4		
Planeten in negativen Zeichen	6		

DIE WÜRDE DER PLANETEN

Im Folgenden werfen Sie einen genaueren Blick auf all jene Planeten, die besonders vorteilhaft platziert sind, und solche, deren Position sich ungünstiger auswirken kann.

DOMIZIL (HERRSCHER)

Jedem Planeten ist ein Zeichen zugeordnet, in dem er herrscht bzw. das er regiert, da seine typischen Merkmale mit denen dieses Zeichens besonders gut harmonieren. Jupiter z. B. wird mit Glück assoziiert und herrscht daher im Schützen, dem glücklichsten aller Zeichen. Da es aber nur zehn Planeten gibt, regieren zwei Planeten jeweils zwei Zeichen: Merkur in Zwillinge und Jungfrau und Venus in Stier und Waage. Steht ein Planet in dem Zeichen, in dem er herrscht, sagt man, dass er sich in seinem Domizil befindet.

DIE WÜRDE DER PLANETEN

Planet	Domizil	Erhöhung	Exil	Fall
Sonne	Löwe	Widder	Wassermann	Waage
Mond	Krebs	Stier	Steinbock	Skorpion
Merkur	Zwillinge und Jungfrau	Wassermann	Schütze und Fische	Löwe
Venus	Stier und Waage	Fische	Widder und Skorpion	Jungfrau
Mars	Widder	Steinbock	Waage	Krebs
Jupiter	Schütze	Krebs	Zwillinge	Steinbock
Saturn	Steinbock	Waage	Krebs	Widder
Uranus	Wassermann	Skorpion	Löwe	Stier
Neptun	Fische	Wassermann	Jungfrau	Löwe
Pluto	Skorpion	Löwe	Stier	Wassermann

EXIL

Steht ein Planet in dem Zeichen, das dem von ihm regierten gegenüberliegt, so sagt man, er befindet sich im Exil. Diese schwächere Platzierung des Planeten muss sich nicht unbedingt negativ auswirken. Die Sonne z. B. herrscht im Löwen, da sie eng mit dem Ego verknüpft ist und Löwengeborene ein starkes Selbstbewusstsein haben. Ihr Exil findet die Sonne im Wassermann, einem Zeichen, dass eher mit Gruppendynamik assoziiert wird.

ERHÖHUNG

Platzierungen von Planeten in ihrer Erhöhung sind vorteilhaft, wenn auch nicht ganz so vorteilhaft wie Domizil-Platzierungen. Die jeweiligen Zuordnungen sind teils fast 3000 Jahre alt. Sie erscheinen durchaus sinnvoll, wenn man sich die Archetypen vor Augen führt, die mit den jeweiligen Zeichen und Planeten assoziiert werden. So zeugt z. B. die Erhöhung der Sonne im Widder von einem reinen, freudvollen und unkomplizierten Selbstausdruck.

FALL

Ein Planet befindet sich im Fall, wenn er in dem Zeichen steht, dass dem Zeichen seiner Erhöhung gegenüberliegt. Ein sich im Fall befindender Planet gilt als ungünstig, je nach Anlage des Horoskops muss er allerdings nicht unbedingt negativ gedeutet werden. Die Sonne z. B. befindet sich in der Waage im Fall, da diese stark mit Partnerschaft assoziiert wird. Das heißt aber nicht, dass eine Sonne-Waage-Konstellation negativ zu deuten ist.

WÜRDEN NOTIEREN

Werfen Sie einen Blick auf Ihr eigenes Horoskop, und tragen Sie die Symbole aller Planeten, die in einer ihrer Würden stehen, in die dafür vorgesehenen Felder der Horoskoptabelle ein.

LISAS HOROSKOP

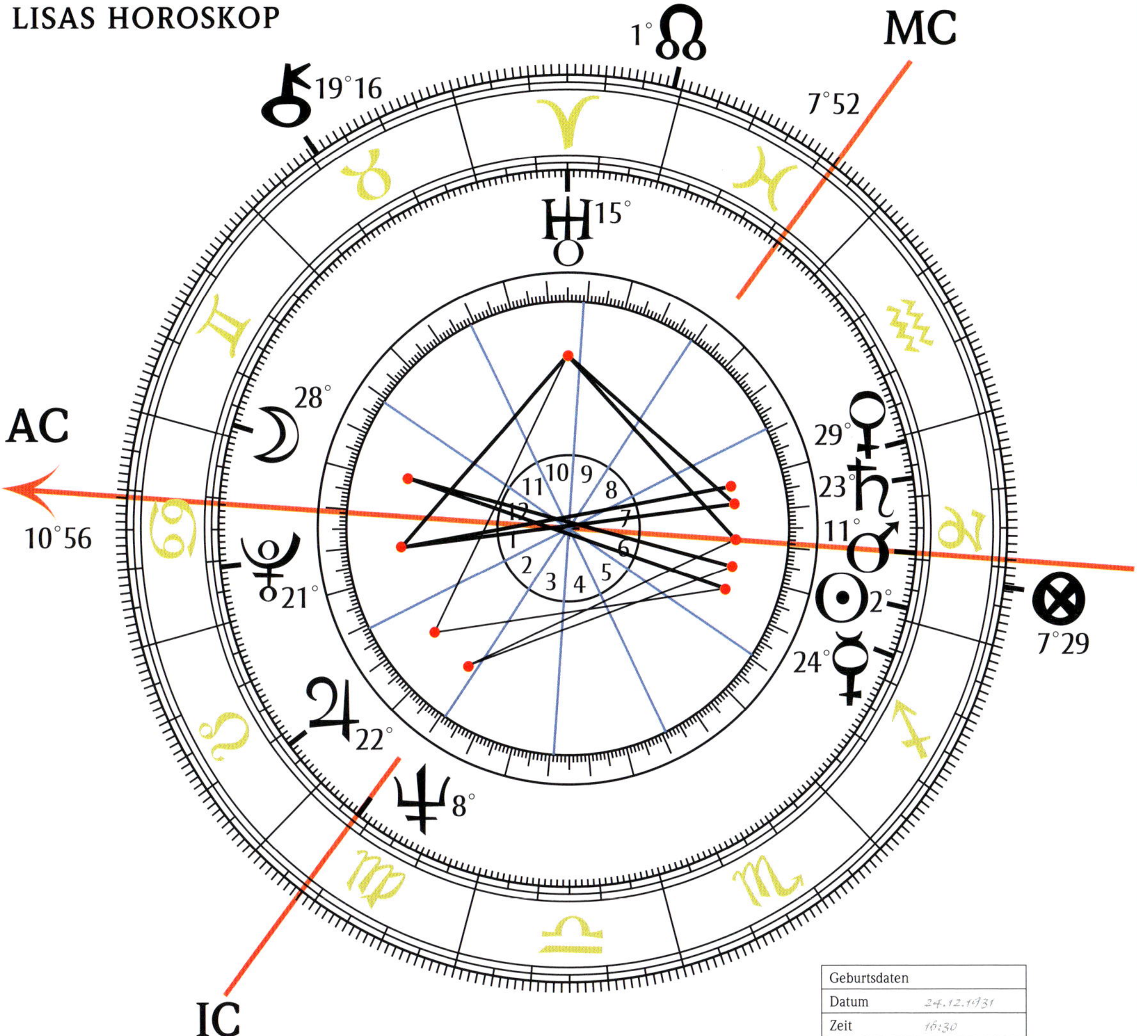

Geburtsdaten	
Datum	24.12.1931
Zeit	16:30
GMT	16:30
Ort	Wimbledon
Breitengrad	51°25N
Längengrad	0°12W

Horoskopart	Geburtshoroskop
Häusersystem	äqual

Grad	Zeichen	R	Planeten	☉	☽	☿	♀	♂	♃	♄	♅	♆	♇	AC	MC	nK
1°55	♑		Sonne	☉	☍	☌						△				□
28°28	♊		Mond		☽	☍										□
24°15	♐	℞	Merkur			☿			△							□
28°36	♑		Venus				♀			☌			☍			✱
11°07	♑		Mars					♂			□	△		☍	✱	
22°16	♌	℞	Jupiter						♃		△					
22°55	♑		Saturn							♄	□		☍			
15°26	♈	℞	Uranus								♅		□	□		
7°56	♍	℞	Neptun									♆		✱	☍	
21°27	♋	℞	Pluto										♇			
10°56	♋		AC	Horoskopherrscher										AC	MC	n. Knoten
7°52	♊		MC	Haus des Horoskopherrschers												
0°40	♈		n. Knoten	aufsteigender Planet												

Qualitäten		Elemente	
kardinal	6	Feuer	3
fix	1	Erde	5
beweglich	3	Luft	1
Planeten an Eckpunkten		Wasser	1
		Domizil	♄
gegenseitige Verstärkung		Fall	--
		Erhöhung	♂
NOTIZEN		Exil	☿♆
Planeten in positiven Zeichen	4		
Planeten in negativen Zeichen	6		

HOROSKOPE ZEICHNEN

SONSTIGE HOROSKOPFAKTOREN

Jetzt haben Sie es bald geschafft! Es fehlen nur noch einige wenige Angaben, die Sie mittlerweile problemlos zusammentragen können.

HOROSKOP-HERRSCHER

Der Herrscher Ihres Horoskops ist der Planet, der Ihren Aszendenten regiert. Wenn Sie z. B. Jungfrau als Aszendenten haben, ist Merkur Ihr Horoskopherrscher (Tabelle Seite 52). Tragen Sie das Symbol des Letzteren in das entsprechende Feld ein.

HAUS DES HOROSKOPHERRSCHERS

Hiermit ist das Haus gemeint, in dem Ihr Horoskopherrscher steht. Lisas Horoskopherrscher ist der Mond, der sich bei ihr im zwölften Haus befindet. Dies muss Lisa im entsprechenden Feld ihrer Horoskoptabelle notieren.

AUFSTEIGENDER PLANET

Ein aufsteigender Planet ist ein Planet, der nicht mehr als acht Grad von Ihrem Aszendenten entfernt steht. Es ist möglich, dass Sie in diesem Bereich keinen Planeten haben, dann besitzen Sie auch keinen aufsteigenden Planeten. Sollten sich umgekehrt mehrere Planeten in unmittelbarer Nähe zu Ihrem Aszendenten befinden, ist Ihr aufsteigender Planet der am nächsten stehende. Stehen zwei Planeten genau gleich weit von Ihrem Aszendenten entfernt, gilt der sich schneller bewegende als Ihr aufsteigender Planet. Die Konjunktion kann entweder im ersten oder im zwölften Haus bestehen, ihre Wirkung ist ähnlich, wenngleich im ersten Fall etwas verstärkt.

PLANETEN AN ECKPUNKTEN

Dies sind Planeten, die in Konjunktion zu einem der Kardinalpunkte – also Aszendent, Deszendent, MC und IC – stehen. Sie können einen, keinen oder mehrere solcher Planeten in Ihrem Horoskop haben. Notieren Sie die entsprechenden Planetensymbole in Ihrer Horoskoptabelle. Der bereits besprochene aufsteigende Planet ist natürlich auch ein Eckpunktplanet, ihn müssen Sie hier allerdings nicht noch einmal vermerken.

GEGENSEITIGE VERSTÄRKUNG

Die gegenseitige Verstärkung ist eine günstige Beziehung zwischen zwei Planeten, selbst wenn diese keinen Aspekt zueinander bilden. Sie besteht immer dann, wenn zwei Planeten das Zeichen besetzen, das vom jeweils anderen regiert wird, wie es z. B. der Fall ist, wenn Mars im Schützen steht und Jupiter im Widder.

Ein weiteres Beispiel für gegenseitige Verstärkung ist Sonne im Skorpion und Pluto im Löwen. Auch hier besetzen die beiden Planeten das Zeichen, das vom jeweils anderen beherrscht wird. Merkur im Wassermann kann, aufgrund der doppelten Herrschaft des Merkur, mit Uranus sowohl in den Zwillingen als auch in der Jungfrau kombiniert werden. Für Venus gilt wegen ihrer Doppelherrschaft Ähnliches.

Leider gibt es keine allgemeine Suchhilfe, die das Aufspüren gegenseitiger Verstärkungen in einem Horoskop erleichtern könnte. Arbeiten Sie die Planeten beginnend bei der Sonne am Besten nach und nach durch, um eventuelle gegenseitige Verstärkungen zu finden. Manche Horoskope weisen gar keine gegenseitigen Verstärkungen auf, andere haben eine, einige wenige zwei, und nur in ganz seltenen Fällen werden drei zu finden sein.

NOTIZEN

In diesem Feld können Sie Ihre Chiron- und Glückspunktaspekte notieren. Nachdem Sie dies getan haben, ist Ihr Horoskop fertig.

Herzlichen Glückwunsch! Sie gehören nun zu der nicht gerade großen Gruppe von Menschen, die Horoskope sowohl berechnen als auch aufzeichnen können. Gewiss haben Sie während der Arbeit mit diesem Buch tiefe Einsichten in astrologische Techniken und Planetenbewegungen erworben. Auf dieser Grundlage können Sie sich nun der Horoskopinterpretation zuwenden.

LISAS HOROSKOP

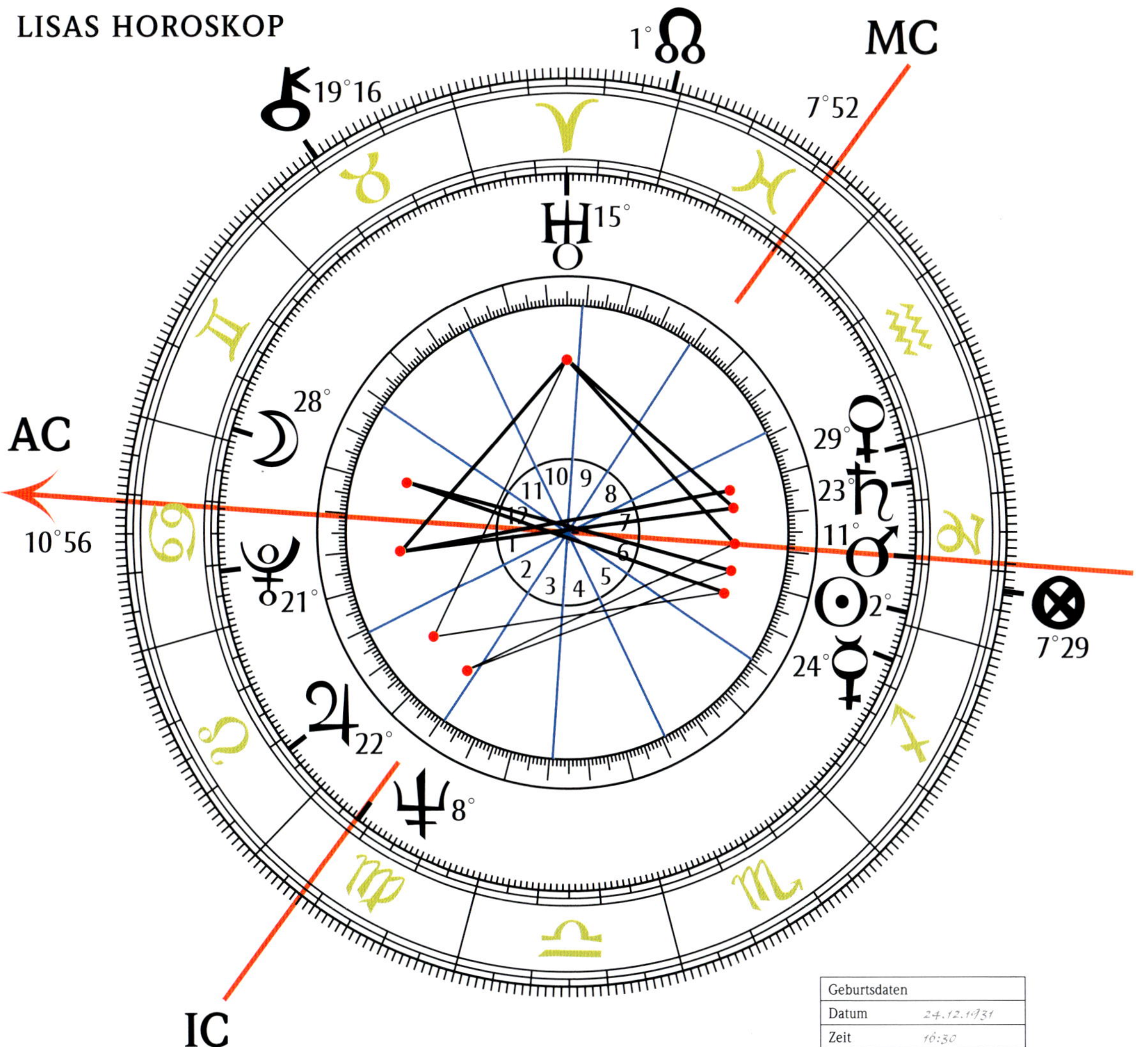

Geburtsdaten	
Datum	24.12.1931
Zeit	16:30
GMT	16:30
Ort	Wimbledon
Breitengrad	51°25N
Längengrad	0°12W

Horoskopart	Geburtshoroskop
Häusersystem	äqual

Grad	Zeichen	R	Planeten	Aspekte ☉	☽	☿	♀	♂	♃	♄	♅	♆	♇	AC	MC	nK
1°55	♑		Sonne	☉	☍	☌						△				□
28°28	♊		Mond		☽	☍										□
24°15	♐	℞	Merkur			☿			△							□
28°36	♑		Venus				♀			☌			☍			✱
11°07	♑		Mars					♂			□	△		☍	✱	
22°16	♌	℞	Jupiter						♃		△					
22°55	♑		Saturn							♄	□		☍			
15°26	♈	℞	Uranus								♅		□	□		
7°56	♍	℞	Neptun									♆		✱	☍	
21°27	♋	℞	Pluto										♇			
10°56	♋		AC	Horoskopherrscher ☽										AC	MC	n. Knoten
7°52	♊		MC	Haus des Horoskopherrschers 12.												
0°40	♈		n. Knoten	aufsteigender Planet --												

Qualitäten		Elemente	
kardinal	6	Feuer	3
fix	1	Erde	5
beweglich	3	Luft	1
Planeten an Eckpunkten	♂♆	Wasser	1
		Domizil	♄
gegenseitige Verstärkung	--	Fall	--
		Erhöhung	♂
NOTIZEN		Exil	☿♆

NOTIZEN:
⊕☌☉☌♂△♆☍AC✱MC□☊
⚷℞□♃△♄✱♇

Planeten in positiven Zeichen	4
Planeten in negativen Zeichen	6

TEIL 2

GEBURTS-HOROSKOPE DEUTEN

Zur Interpretation Ihres Geburtshoroskops können Sie all Ihre Horoskopfaktoren einzeln betrachten, erst die Planeten, dann die Häuser und Sternzeichen und schließlich die Aspekte. Sie werden so zu guten Ergebnisse kommen, allerdings wird Ihnen auch manches wichtige Merkmal entgehen oder erst später auffallen. Folgen Sie hingegen in drei Schritten einigen wenigen, durchaus flexiblen Deutungsrichtlinien, werden Sie schon in kürzester Zeit die entscheidenden Horoskopmerkmale in der Reihenfolge ihrer Bedeutsamkeit entschlüsselt haben. Auf diese Weise wird es Ihnen auch viel leichter fallen, die oft widersprüchlichen Merkmale in einen geordneten Zusammenhang zu bringen.

KAPITEL 3

DEUTUNGS-GRUNDLAGEN

INTERPRETATION DES HOROSKOPS

Astrologische Deutungstechniken sind eine Welt für sich. Ebenso wie Ihre DNA ist auch Ihr Geburtshoroskop ein komplexes, einzigartiges Gebilde, an dem sich Ihr wahres Ich ablesen lässt. Obwohl sie aus lediglich vier verschiedenen Molekülen besteht, stattet die DNA uns mit ganz individuellen Eigenschaften aus, und es sind nur feinste Unterschiede in der Zusammensetzung der einzelnen Komponenten, die jeden von uns zu etwas Einzigartigem machen.

Mit einem Geburtshoroskop verhält es sich ähnlich: Auch dieses charakterisiert einen komplexen und einzigartigen Menschen, allerdings setzt es sich aus einfacheren Komponenten zusammen als eine DNA, als da sind:

- die Häuser
- die Sternzeichen
- die Planeten und die Achsen
- die Aspekte

Zunächst brauchen wir für die astrologische Interpretation ein Basiswissen, das für alles Weitere unverzichtbar ist. Alles, was Sie wissen müssen, um Ihr zuvor erstelltes Geburtshoroskop analysieren und verstehen zu können, erfahren Sie auf den nächsten Seiten.

Als Erstes sollten Sie die Häuser näher betrachten, in denen sich besonders viele Energien sammeln, sowie die Zeichen, die Ihnen zeigen, wie sich diese Energie äußert. Die Planeten, Achsen und Kardinalpunkte weisen darauf hin, um welche Energien es sich handelt, während die Aspekte schließlich signalisieren, wie effektiv diese Energien mit den restlichen Horoskopfaktoren zusammenwirken.

HÄUSER

Die zwölf Häuser im Zentrum Ihres Geburtshoroskops repräsentieren zwölf Bereiche des Alltaglebens und somit die gesamte Bandbreite menschlicher Erfahrungen. Planeten entfalten Ihre Wirkung in dem Haus, und also für den Lebensbereich, in dem sie stehen – wie stark diese ist, hängt von der jeweiligen Konstellation ab. Die Bedeutung und der symbolische Gehalt der einzelnen Häuser werden auf den folgenden Seiten eingehend erläutert.

STERNZEICHEN

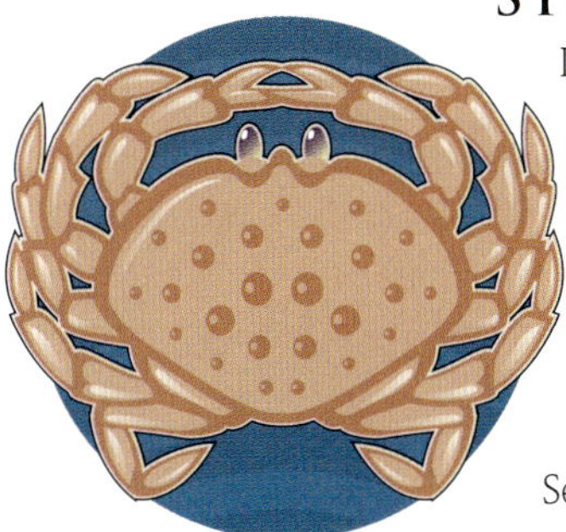

Das Zeichen, in dem sich ein Planet befindet, zeigt an, wie die Wirkung des jeweiligen Planeten zum Ausdruck kommt. Jedes Sternzeichen impliziert eine bestimmte Art des Seins und des Verhaltens, und ein Planet wird seine Wirkung immer in Bezug auf diese Eigenschaften entfalten. Da kein Zeichen besser ist als ein anderes, sind mit jedem sowohl günstige als auch ungünstige Eigenschaften verbunden. Einige kurze Erläuterungen zur Wirkung der Planeten in den einzlenen Zeichen auf den Seiten 72–83 sollen Ihnen bei Ihren ersten Deutungsversuchen helfen.

PLANETEN

Planeten entfalten ihre Wirkung in dem Lebensbereich, der durch das Haus bestimmt wird, in dem sie stehen, und in

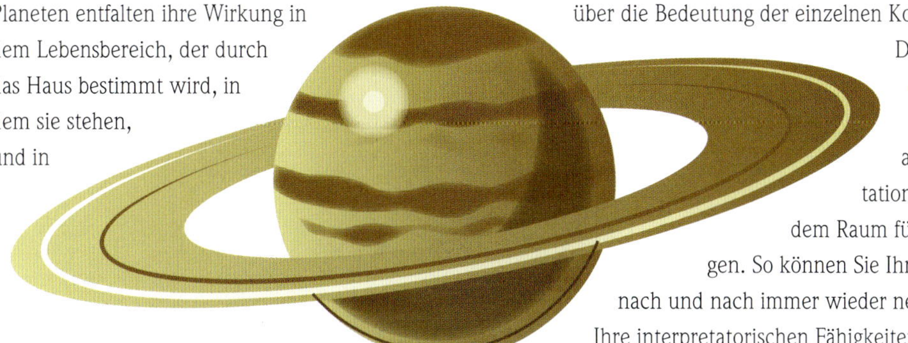

einer Weise, die dem Sternzeichen ihrer Position entspricht. Jeder Planet steht für einen anderen Teil der vielschichtigen, menschlichen Persönlichkeit. Der Symbolgehalt der Planeten wird erläutert, und Sie erhalten Hinweise darauf, wann die verschiedenen Gestirne günstig und wann sie eher ungünstig platziert sind.

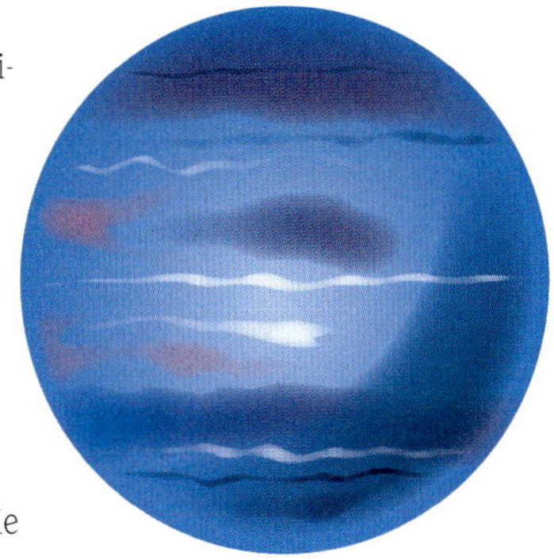

ACHSEN

Die beiden Hauptachsen Ihres Horoskops – die Aszendent-Deszendent-Achse und die MC-IC-Achse – sind für die Horoskopinterpretation ebenso wichtig wie die Planeten. Sie liefern wichtige Hinweise zu Ihrer Kommunikation mit anderen, Ihren Beziehungen, Ihrem Gefühlsleben, Ihrem familiären Hintergrund und Ihrem zukünftigen Lebensweg. Die Bedeutung der einzelnen Kardinalpunktkombinationen wird auf den Seiten 88 und 89 knapp umrissen.

ASPEKTE

Aspekte beeinflussen die Wirkung der durch sie verbundenen Planeten. Sie helfen, Ihre Stärken herauszustellen und auf Ihre Schwächen aufmerksam zu machen. Sie zeigen, wo bestimmte Energien günstig bzw. weniger günstig aufeinander treffen, wo sie sich unterstützen oder einander eventuell hemmen – zumindest so lange, bis Sie ein besseres Verständnis für sich selbst entwickelt haben.

Da es unendlich viele mögliche Kombinationen gibt, können die folgenden Seiten nur einen groben Überblick über die Bedeutung der einzelnen Konstellationen bieten. Dafür kann man sich die knappen Darstellungen viel einfacher merken als detaillierte Interpretationen, und sie lassen zudem Raum für individuelle Deutungen. So können Sie Ihr eigenes Horoskop nach und nach immer wieder neu entdecken und Ihre interpretatorischen Fähigkeiten weiter ausbilden.

ERSTES HAUS

Das erste Haus zeigt Ihnen, was andere als Erstes an Ihnen wahrnehmen. In einem wirklichen Haus gliche es der Fassade. Sie erfahren hier etwas über Ihre nach außen gerichtete Persönlichkeit und den ersten Eindruck, den Sie hinterlassen.

DIE PLANETEN IM ERSTEN HAUS

SONNE

☉ Ihr wahrer Charakter scheint durch. Ihr Charisma macht es anderen schwer, Sie zu übersehen. Je nach dem Zeichen, das der Sonne in Ihrem Horoskop zugeordnet ist, sind Sie vertrauensvoll und extrovertiert oder reserviert und tiefgründig.

MOND

☽ Sie verbergen Ihre Gefühle nicht. Sie besitzen ein natürliches Einfühlungsvermögen und stehen Ihrer Mutter sehr nahe. Ihre Gefühle schwanken stark, wodurch Sie oft launisch wirken.

MERKUR

☿ Sie lieben es, sich zu unterhalten, zu singen und mit Freunden zu telefonieren. Sie sind schnell gelangweilt und verabscheuen Routine jeder Art. Am liebsten widmen Sie sich nur interessanten Dingen.

VENUS

♀ Sie sind ein harmonischer Mensch. Sie verabscheuen jede Art von Streit, und so lassen Sie sich vieles gefallen, anstatt Ihre Meinung zu vertreten, selbst wenn das besser für Sie wäre.

MARS

♂ Sie sind energisch, direkt und zielstrebig. Es tut Ihnen gut, beschäftigt zu sein. Entweder leben Sie diesen Drang im Berufsleben aus, oder – besser noch – im Sport.

JUPITER

♃ Sie sind optimistisch, enthusiastisch, humorvoll und tolerant. Möglicherweise reisen Sie gern. Einige Menschen mit dieser Konstellation zeichnen sich durch Geisteskraft, ein großes Herz und eine starke Persönlichkeit aus.

SATURN

♄ Sie nehmen das Leben ernst und können sich nur schwer amüsieren. Die größte Befriedigung verschaffen Ihnen Ihre Arbeit sowie die Pflichten und die Verantwortung, die Sie sich selbst auferlegen.

URANUS

♅ Sie benötigen Freiheit, um zu atmen und Sie selbst zu sein. Sie sind ein ungewöhnlicher Mensch mit einem fesselnden Wesen. Möglicherweise kleiden Sie sich auffällig und zeichnen sich durch einen unverkennbaren persönlichen Stil aus.

NEPTUN

♆ Sie sind kreativ und besitzen eine künstlerische oder musische Neigung. Sie sind sehr empfänglich für die Gedanken und Gefühle anderer und schätzen ein friedvolles, häusliches Leben.

PLUTO

♇ Sie sind ein selbstgenügsamer und verschlossener Mensch. Sie sind zielstrebig, entschlossen und besitzen große Charakterstärke. Empfindsame Menschen werden die unterschwellig brodelnde Intensität Ihrer Persönlichkeit möglicherweise deutlicher erkennen, als Ihnen lieb ist.

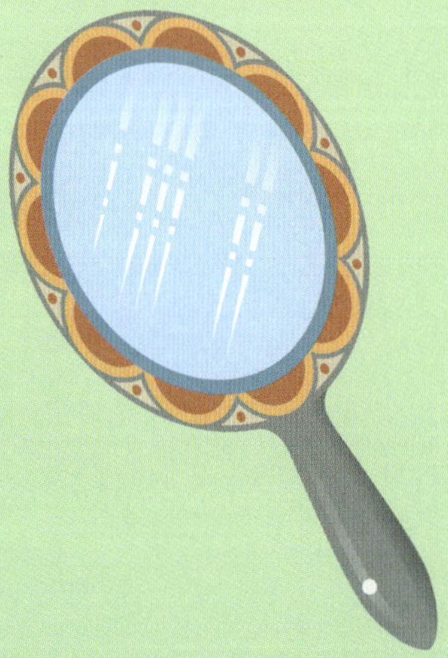

ZWEITES HAUS

Wofür Sie Ihr Geld ausgeben, ist ein deutlicher Indikator für das, was Ihnen wichtig ist, und gibt somit Hinweise auf Ihr gesamtes Wertesystem. Im zweiten Haus erfahren Sie etwas über Beruf, Finanzen, Besitz und Ihr Sicherheitsbedürfnis.

DIE PLANETEN IM ZWEITEN HAUS

SONNE

☉ Das Materielle ist sehr wichtig für Sie. Dennoch würden Sie sich eher mit einer finanziell schlechteren Situation abfinden, als etwas zu riskieren. Sie können sehr besitzergreifend sein.

MOND

☽ Sie haben ein starkes Sicherheitsbedürfnis, das sich nicht unbedingt bemerkbar macht. Zuweilen können Sie materielle Dinge nicht recht zufriedenstellen.

MERKUR

☿ Sie rechnen immer mit einer Gelegenheit, Geld zu verdienen. Es lohnt sich, in Ihre Ausbildung und die Weiterentwicklung Ihrer Kommunikationsfähigkeit zu investieren. Beruflich können Sie gut in der Reise-, Transport- oder Kommunikationsbranche Fuß fassen.

VENUS

♀ Venus wirft ein günstiges Licht auf Ihre Finanzen. Obwohl Sie in Geldangelegenheiten nicht sonderlich gewandt sind, sind Sie immer flüssig, wenn es darauf ankommt. Ein betuchter Partner ist für Sie ideal!

MARS

♂ Streit lässt sich in Ihrem Leben immer wieder auf das Thema Geld zurückführen. Sie schaffen enorme materielle Sicherheiten, neigen unter Umständen aber auch dazu, alles auf eine Karte zu setzen.

JUPITER

♃ Wie gewonnen, so zerronnen lautet Ihr Leitspruch. Jupiter sorgt dafür, dass Ihnen unzählige Möglichkeiten offen stehen, was Sie daraus machen, hängt allerdings größtenteils von Ihnen selbst ab. Ein mäßigender Einfluss ist oft hilfreich.

SATURN

♄ Der als Unheilbringer geltende Planet wurde lange mit Armut assoziiert. Doch Sie handeln besonnen und zielstrebig genug, um zu einem gewissen Wohlstand kommen zu können.

URANUS

♅ Finanziell geht es bei Ihnen ständig auf und ab. Sie leben nach Ihren eigenen Wertvorstellungen, denen zufolge Ihnen mehr an persönlicher Freiheit denn an materiellen Gütern gelegen ist. Selbstständige Arbeit und der Umgang mit neuen Technologien passen gut zu Ihnen.

NEPTUN

♆ In Geldangelegenheiten kann bei Ihnen einiges durcheinander geraten, obschon Sie Klarheit und Korrektheit diesbezüglich schätzen. Attraktiv könnte für Sie ein Job in der Musik-, Mode-, Film- oder Kunstbranche sein.

PLUTO

♇ Im Hinblick auf Ihre finanziellen Angelegenheiten und Ihr Eigentum sind Sie geradezu bessen davon, alles zu kontrollieren. Sie streben nicht unbedingt nach Reichtum, aber Sie fürchten sich davor, Ihren Einfluss zu verlieren.

DRITTES HAUS

Das von Merkur regierte dritte Haus steuert Ihre Gedankengänge, Ihre Sprach- und Schreibkompetenz sowie andere kommunikative Fähigkeiten. Zudem steht es in Beziehung zu Erziehung, Geschwistern und gesellschaftlichem Leben.

DIE PLANETEN IM DRITTEN HAUS

SONNE

Ihre Intelligenz ist überdurchschnittlich, und Sie versuchen, sich intellektuell zu beweisen. Sie haben ein kommunikatives und literarisches Talent und können leicht fremde Sprachen lernen. Eventuelle Geschwister spielen eine große Rolle.

MOND

Gedanken- und Gefühlswelt sind bei Ihnen untrennbar verbunden. Das hilft Ihnen, die eigenen Gefühle zu verstehen und mit anderen darüber zu sprechen, erschwert es Ihnen aber gleichzeitig, eine objektive Sichtweise zu erlangen.

MERKUR

Sie sind immer unterwegs, vielleicht nicht allzu weit von zu Hause entfernt, doch es ist definitiv Ihre Lieblingsbeschäftigung.

VENUS

Ihr Herz läst sich leicht rühren. Sie sind auf der Suche nach einem redseligen Partner, der Smalltalk schätzt. Eventuell begegnen Sie diesem Menschen durch eine Partnerschaftsannonce.

MARS

Sie haben zu vielem eine eigene Meinung und verschweigen diese nicht. Es kränkt oder verärgert Sie, wenn jemand Ihren Standpunkt infrage stellt.

JUPITER

Dank Ihrer Menschenfreundlichkeit, Toleranz und Neugier möchten Sie alles über die Welt erfahren; das gelingt Ihnen entweder durch Lektüre oder auf Reisen.

SATURN

Sie halten sich für einen Realisten, sind in Wahrheit aber ein Pessimist. Ihr Rechtsempfinden ist stark ausgeprägt und basiert auf eigenen Erfahrungen, die Sie in jungen Jahren gemacht haben.

URANUS

Sie sind jemand, der Konventionen nicht immer achtet. Sie können sie gelten lassen, wenn Sie Ihnen nützlich erscheinen, doch Menschen, die sie lediglich als Kontrollmittel einsetzen, geraten bei Ihnen an den Falschen.

NEPTUN

Sie sind kreativ, fantasievoll und künstlerisch begabt. Am besten können Sie Ihr Innenleben durch Musik, Tanz oder andere nonverbale Kommunikationsformen zum Ausdruck bringen. Ihre Intuition ist sehr ausgeprägt, Sie stoßen aber oft auf Schwierigkeiten, wenn Sie Ihre Eindrücke in Worte fassen wollen.

PLUTO

Aus Ihnen könnte ein hervorragender Politiker werden, denn niemand kann Ihre Überzeugungen ins Wanken bringen. Sie mögen zwar Ihre Meinungen des Öfteren ändern, doch Sie lassen sich von niemandem dazu zwingen.

VIERTES HAUS

Im vierten Haus erfahren Sie alles über Ihr Heim und Ihr Privatleben. Außerdem steht es in enger Verbindung zu dem Ihnen am nächsten stehenden Elternteil oder dem Menschen, der diese Rolle für Sie übernommen hat.

DIE PLANETEN IM VIERTEN HAUS

SONNE

☉ Die Privatsphäre ist Ihnen wichtig, Ihr Heim bildet den Kernbereich Ihres Lebens. Ab den mittleren Jahren verbessert sich Ihr Leben. Sie haben starke Gefühle, die Sie allerdings oft für sich behalten.

MOND

☽ Ihre Beziehung zu Ihrem engsten Elternteil ist sehr wichtig für Sie. Weder während der Kindheit noch in späteren Jahren werden Sie ohne die Unterstützung einer Familie leben können. Als Erwachsener brauchen Sie ein eigenes Heim.

MERKUR

☿ Sie müssen auch zu Hause stets geistig aktiv sein. Vielleicht legen Sie eine Bibliothek oder eine umfangreiche Zeitschriftensammlung an. Sie sind freundlich zu Ihren Nachbarn und interessieren sich eventuell für Ahnenforschung.

VENUS

♀ Für Sie ist ein gemütlicher Abend zu Hause das Schönste. Wenn es bei Ihnen nicht aufgeräumt und ordentlich ist, werden Sie leicht nervös oder sogar ärgerlich.

MARS

♂ Aufgrund Ihrer Energie müssen Sie sich zu Hause ständig beschäftigen. Renovierungsarbeiten könnten eine hervorragende Betätigung für Sie sein. Mit Ihrer überschüssigen Energie können Sie leicht Auseinandersetzungen anzetteln.

JUPITER

♃ Ihr Traum ist ein großes abgelegenes Haus auf dem Land. Sie unterstützen diejenigen, die Sie lieben, und tun alles, damit sie ihr Potenzial voll ausschöpfen können.

SATURN

♄ Ihr Familienleben ist womöglich unterkühlt. Vielleicht haben Sie eine strenge Erziehung genossen und einiges entbehrt, vor allem emotionale Zuwendung. Heute sind Sie äußerlich tatkräftig, aber emotional zurückhaltend.

URANUS

♅ Ihr häusliches Leben ist ungewöhnlich. Vielleicht leben Sie auf einem Hausboot oder in einer Kommune. Möglicherweise sind Sie schon oft umgezogen; es fällt Ihnen leicht, sich überall wohlzufühlen

NEPTUN

♆ Im Hinblick auf Ihr häusliches Leben sind Sie ein Idealist und müssen vielleicht noch lernen, dass es nirgendwo je perfekt sein kann. In frühen Jahren haben Sie möglicherweise in Verhältnissen gelebt, in denen viel verheimlicht wurde. Ideal wäre ein Leben auf dem Land.

PLUTO

♇ Zu Hause haben Sie das Sagen. Sie hatten vielleicht eine dominante Mutter und sind mit Schuldgefühlen, Manipulationen und unausgesprochenen Feindseligkeiten aufgewachsen. Versuchen Sie, es in Ihrer eigenen Familie besser zu machen.

FÜNFTES HAUS

Freizeit, Ferien, Hobbys, Haustiere, Sport und Spaß sind die Schlagworte für das fünfte Haus. Darüber hinaus erfahren Sie hier mehr über Ihre Kreativität, Ihre Einstellung zu Kindern und welche Rolle Romantik in Ihrem Leben spielt.

DIE PLANETEN IM FÜNFTEN HAUS

SONNE

☉ Ohne Spaß und Romantik fühlen Sie sich verloren. Sie sind sehr kreativ. Kinder sind Ihnen wichtig. Obschon Sie sie über alles lieben, ist es jedoch durchaus denkbar, dass Sie sich entscheiden, selbst keine zu bekommen.

MOND

☽ Sie werden sich persönlich stärker durch Ihre Hobbys und Freizeitaktivitäten entwickeln, als durch die Verpflichtungen und Zwänge des Alltags.

MERKUR

☿ Sie verfügen über einen außerordentlichen Sinn für Humor und lieben es, Ihre intellektuellen Fähigkeiten voll auszuschöpfen. Sie schätzen Kreuzworträtsel, Wort- und Ratespiele sowie Menschen, die Sie gut unterhalten und zum Lachen bringen.

VENUS

♀ Romantik ist für Sie unverzichtbar. Ohne Liebe und Lachen erschiene Ihnen Ihr Leben leer. Sie sind kreativ und allem Schönen besonders zugetan.

MARS

♂ Sie sind selbstbewusst und energisch und achten dieselben Eigenschaften bei anderen. Leistungsorientiert wie Sie sind, können Sie ein guter Sportler sein. Gewinnen steht dabei an erster Stelle.

JUPITER

♃ Für Sie ist das Leben ein großes, ewiges Fest. Ihr Verlangen nach sinnlichen Erfahrungen ist überdurchschnittlich. Ihre Risikofreude zahlt sich in der Regel aus.

SATURN

♄ Sie arbeiten gerne. Auf einer Party fühlen Sie sich indes verloren. Für die Romantik brauchen Sie einen ernsten, erwachsenen Menschen, der eine ähnliche Arbeitsmoral besitzt wie Sie.

URANUS

♅ Entweder sind Sie selbst ein Freak, oder Sie haben verrückte Freunde. Sie widmen sich ungewöhnlichen Hobbys oder gehen Extremsportarten nach. Vielleicht halten Sie gefährliche Haustiere oder beschäftigen sich mit Computern und den allerneuesten PC-Spielen.

NEPTUN

♆ In romantischer Hinsicht sind Sie ein Idealist. Ihre getrübte Sichtweise versperrt Ihnen einen klaren Blick auf das Objekt Ihrer Begierde. Könnte dies nun endlich der ideale Partner sein, oder haben Sie nur einen weiteren Frosch geküsst?

PLUTO

♇ Sieger oder Bezwungener: Ein Spiel ist für Sie nicht vorbei, bevor Ihr Gegner völlig vernichtet ist. Spielen um zu gewinnen ist eine noch recht euphemistische Umschreibung Ihrer Devise.

SECHSTES HAUS

Das sechste Haus zeigt, wie Sie mit Arbeit, Verpflichtungen, Verantwortung und den kleinen Dingen des Alltags umgehen. Zudem sagt es viel über Ihre Gesundheit, Ihre Einstellung zu Routinearbeiten und Ihre Hilfsbereitschaft aus.

DIE PLANETEN IM SECHSTEN HAUS

SONNE

☉ Ihr Glück hängt davon ab, wie nützlich Sie zu sein glauben. Ihre Gesundheit steht für Sie erst an zweiter Stelle.

MOND

☽ Sie müssen in Ihrer Arbeit aufgehen, ansonsten fühlen Sie sich ausgelaugt und träge. Sie können lange und hart arbeiten, ohne klares Ziel fällt es Ihnen jedoch mitunter schwer, sich zu konzentrieren.

MERKUR

☿ Sie lieben ein geordnetes Umfeld und können gut mit Routinearbeiten umgehen. Die Konstellation steht in enger Verbindung zu erlernten Fähigkeiten und Handarbeiten, auf jeden Fall aber zu Arbeiten, die eine präzise Koordination von Hand und Auge erfordern.

VENUS

♀ Wahrscheinlich werden Sie Ihren Lebenspartner während der Arbeit kennenlernen, denn Sie pflegen in der Regel gute Beziehungen zu Ihren Kollegen und Untergebenen. Vielleicht verlieben Sie sich aber auch in Ihre Arbeit …

MARS

♂ Sie sind fleißig, enthusiastisch und lieben Herausforderungen. Bevormundung durch einen Vorgesetzten können Sie nicht ertragen. Am glücklichsten macht Sie eine selbstständige Beschäftigung.

JUPITER

♃ Grundsätzlich sind Sie zu beneiden, denn Sie sind gesund, kräftig und vital. Leider neigen Sie fast immer dazu, sich zu übernehmen, ob nun auf der Arbeit, beim Essen oder beim Trinken.

SATURN

♄ Sie arbeiten hart und brillieren überall dort, wo Konzentration auf Details gefragt ist. Sie nehmen das Leben ernst und sind leicht gestresst, daher müssen Sie Ihre Aufgaben mit Bedacht organisieren.

URANUS

♅ Selbstständigkeit liegt Ihnen am meisten. Eine Alternative wäre ein mit mehr Sicherheiten verbundener unabhängiger Posten in einem großen Unternehmen, allerdings nur, wenn Sie Ihren Arbeitsablauf dort selbst bestimmen können.

NEPTUN

♆ Sie sind ein mitfühlender Mensch und helfen dort, wo es nötig ist, immer gern, wenn Ihre Zeit es erlaubt. Zudem interessieren Sie sich für gesunde Ernährung und alternative Heilmethoden. Möglicherweise leiden Sie unter Allergien.

PLUTO

♇ Sie werden stark von Ihrer Arbeit vereinnahmt. Sie müssen völlig gebannt sein, um eine Aufgabe anzugehen und sie mit dem größtmöglichen Einsatz zu Ende zu bringen. Ist das nicht der Fall, empfinden Sie sie wahrscheinlich als lästig.

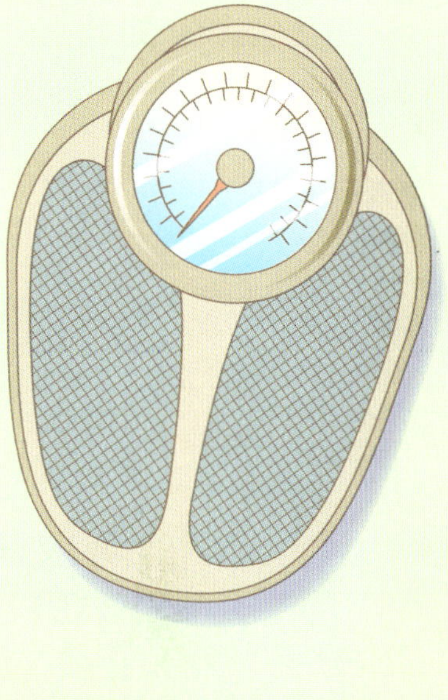

SIEBTES HAUS

Die Planeten in diesem Haus treffen Aussagen über Ihre partnerschaftlichen Beziehungen oder Ihre Einstellung zur Ehe. Auch enge berufliche Bindungen sowie Beziehungen zu Konkurrenten und Widersachern werden hier beleuchtet.

DIE PLANETEN IM SIEBTEN HAUS

SONNE

Um sich ganz zu entfalten, brauchen Sie den richtigen Menschen an Ihrer Seite. Diesen müssen Sie bewundern können, er darf aber nicht so selbstherrlich sein, dass Sie daneben verblassen.

MOND

Eine enge Partnerschaft ist Ihnen wichtig. Sie fühlen sich erst dann eins mit sich, wenn Sie jemanden gefunden haben, mit dem Sie Ihr Leben teilen möchten. Allerdings kann es dauern, bis Sie erkennen, dass dies bereits der Fall ist.

MERKUR

Ihr Partner muss geistreich sein und Sie unterhalten können. Da Sie selbst sehr kommunikativ sind, suchen Sie engeren Kontakt zu Menschen, mit denen Sie sich intellektuell austauschen können.

VENUS

Der Liebesplanet im Partnerschaftshaus zeigt, wie wichtig eine enge, intime Beziehung für Sie ist. Sie sind so sehr auf Zuwendung angewiesen, dass Sie manchmal sogar Ihren Ärger runterschlucken.

MARS

Sie sind ein feuriger und herausfordernder Mensch. Daher sind es Eigenschaften wie Mut und Tapferkeit, die Sie besonders anziehen. Sie benötigen einen Partner, der zu Ihnen hält.

JUPITER

Sie sind schnell gelangweilt. Es muss immer etwas los sein, das gilt auch für Ihre Partnerschaften. Besonders attraktiv erscheinen Ihnen Menschen anderer Altersstufen, Herkunft und Nationalitäten.

SATURN

Im Hinblick auf Ihre Beziehungen sind Sie alles andere als unbekümmert. Sie erwärmen sich nur langsam für andere, doch wenn Sie es einmal getan haben, stehen Sie schwierige Situationen auch bis zum bitteren Ende durch. Eventuell bleiben Sie aber auch Single.

URANUS

Sie sind stets auf der Suche nach lockeren und unkonventionellen Beziehungen. Enge Partnerschaften sind vor allem dann erfolgreich, wenn sie in irgendeiner Weise ungewöhnlich sind. Lassen Sie sich ausreichend Zeit, bevor Sie sich endgültig festlegen.

NEPTUN

Manchen wird es leichtfallen, Sie aufgrund Ihrer mitfühlenden, verständnisvollen Art auszunutzen. Für Menschen, die Sie lieben, ist Ihnen kein Opfer zu groß. Wenn Sie sich vor schmerzlichen Erfahrungen hüten wollen, sollten Sie bei der Partnerwahl vorsichtig sein.

PLUTO

Beziehungen sind Ihr persönliches Schlachtfeld, sie beeinflussen Ihren Lebensweg mehr als alles andere. Selbst den idealsten Partnern nötigen Sie Machtkämpfe und ständige Diskussionen darüber auf, wer das Sagen hat.

ACHTES HAUS

Das achte Haus beleuchtet Ihren Umgang mit dem Eigentum anderer sowie Ihre Einstellung zu finanziellen Dingen wie Versicherungen und Steuern. Auf einer tieferen Ebene zeigt es, wie Sie zu eher spirituellen Aspekten des Lebens stehen.

DIE PLANETEN IM ACHTEN HAUS

SONNE

☉ Sie haben im Leben so viele Veränderungen durchgemacht, dass Sie sich, wenn Sie zurückblicken, manchmal selbst nicht wiedererkennen. Letzen Endes waren aber alle Änderngen zu Ihrem Besten.

MOND

☽ Als komplexe Persönlichkeit mit einem tiefen Gefühlsleben sind Ihnen intimie Beziehungen wichtig. Sie werden Ihr Leben daher nie allein verbringen, sondern stets mit einem anderen teilen wollen.

MERKUR

☿ Sie sind ein großer Grübler und machen vieles mit sich selbst aus. Es fällt Ihnen nicht leicht, Ihre Gedanken zu äußern, was aber oftmals wünschenswert wäre.

VENUS

♀ Die Liebe ist in Ihren Augen eine komplizierte Angelegenheit, die ein großes Maß an strategischer Planung und Raffinessen erfordert und die mit zahlreichen Dramen und nervlichen Prüfungen einhergeht. Andere werden Ihre Einstellung teilen – oder gründlich verdammen.

MARS

♂ Sie besitzen eine unternehmerische Ader, was im Geschäftsleben von Vorteil ist. Im Privatleben fallen indes vor allem Ihre Eifersucht und Ihr Besitzanspruch auf; hier müssen Sie noch einiges lernen.

JUPITER

♃ Finanziell gesehen sind Sie ein Glückspilz. In heiklen Situationen helfen Ihnen oft andere. Obwohl es Ihnen eventuell nicht leicht fällt zu sparen, haben Sie immer etwas auf der hohen Kante.

SATURN

♄ Ein einschneidendes Ereignis in Ihrem Leben hat Sie gelehrt, dass sich von einem auf den anderen Tag alles ändern kann. Unbewusst fürchten Sie sich davor, obwohl Sie wissen, dass ein Wandel auch Verbesserungen zur Folge haben kann.

URANUS

♅ Veränderungen treten in Ihrem Leben plötzlich und ohne Vorwarnung ein. Oft sind Sie selbst der heimliche Auslöser. In gewisser Weise blühen Sie durch solche extremen Entwicklungen auf.

NEPTUN

♆ Auf andere haben Sie oft eine übersinnliche, mediale Wirkung, die recht nachhaltig ist und kaum ignoriert werden kann. Um dies auszubalancieren, ist es wichtig, dass Sie sich im materiellen, realen Leben eine starke Basis schaffen.

PLUTO

♇ In Krisenzeiten und wenn Veränderungen bevorstehen sind Sie in Ihrem Element. Wenn es um gemeinschaftliches Handeln geht, sollte jeder, der mit Ihnen zu tun hat, wissen, wo er steht, denn Einmischung ist etwas, was Sie in solchen Situationen überhaupt nicht zu schätzen wissen.

NEUNTES HAUS

Dieses Haus zeugt von unserer Gedanken- und Ideenwelt. Es zeigt, wie unsere Vorstellungen in unserem Umfeld zum Ausdruck kommen. Konkret geht es um unsere Einstellung zu Themen wie Religion, Philosophie und persönliche Freiheit.

DIE PLANETEN IM NEUNTEN HAUS

SONNE

☉ Sie wollen mehr über die Welt erfahren, in der wir leben. Diesen Wunsch können Sie sich auf zwei Wegen erfüllen, durch Reisen oder durch Studium.

MOND

☽ Wahrscheinlich werden Sie eine Zeit Ihres Lebens im Ausland verbringen. Viele Ihrer Ansichten als Erwachsener haben Sie sich schon in frühen Jahren angeeignet. Ihre Mutter oder eine vergleichbare Person hat Sie dabei stark beeinflusst.

MERKUR

☿ Sie versuchen, stets tolerant zu sein, und verachten Engherzigkeit. Obwohl Sie die Gelegenheit zu Reisen interessiert, könnte Sie die Möglichkeit zur Weiterbildung mehr reizen.

VENUS

♀ Sie werden sich in einen Menschen anderen Alters, anderer Herkunft oder Nationalität verlieben. Sie treffen ihn während Ihres Studiums oder eines Auslandsaufenthalts. Es ist möglich, dass Sie sich für einen Lehrberuf entscheiden.

MARS

♂ Sie haben rigorose philosophische und religiöse Prinzipien, wobei Ihnen das selbst vielleicht gar nicht bewusst ist. Sie wissen einfach genau, was Sie für richtig erachten, und das vertreten Sie auch.

JUPITER

♃ Glaube und Vertrauen sind sehr wichtig für Sie. Möglicherweise vertreten Sie starke religiöse Überzeugungen. Besondere Erfahrungen werden Sie auf Reisen machen oder im Zusammenhang mit Menschen aus einem anderen Land.

SATURN

♄ Sie sind stets vernünftig und schätzen Sitte und Anstand. Das Erprobte ziehen Sie dem Unbekannten vor. Durch übertriebene Vorsicht kann Ihnen vieles entgehen.

URANUS

♅ Sie vertreten vehement eigenwillige Ansichten. Sie schätzen humanitäre und egalitäre Philosophien, setzen sich aber gleichzeitig für die Auszeichnung des Einzelnen ein, wenn es ihm gelingt, durch eigene Kraft voranzukommen.

NEPTUN

♆ Sie sind ein mitfühlender Mensch, der sich auch für Spirituelles begeistern kann. Ihr Glaube beeinflusst Ihre Weltsicht, die sehr differenziert und durch vielerlei Einflüsse geprägt ist, unter anderem auch durch eine leichte Neigung zum Mystizismus.

PLUTO

♇ Sie denken oft in strengen Schwarz-Weiß-Kategorien und können sehr hartnäckig sein, wenn es darum geht, Ihren Standpunkt in irgendeiner Weise aufzugeben. Ihre Ansichten werden sich mehrfach grundlegend verändern, allerdings niemals aufgrund eines äußeren Zwangs.

ZEHNTES HAUS

Das zehnte Haus zeigt uns unseren Platz in der Gesellschaft, zeugt von unserem sozialen Status und der Achtung, die andere unseren Leistungen entgegenbringen. Es steht zudem in enger Relation zu unseren Ambitionen und Karriereplänen.

DIE PLANETEN IM ZEHNTEN HAUS

SONNE

☉ Ihr Vater oder eine vergleichbare Person hat Sie stark beeinflusst. Sie achten Menschen sehr, deren Fähigkeiten und Ziele Sie beeindrucken.

MOND

☽ Ihre Ambitionen lassen sich stark auf den Einfluss Ihrer Eltern zurückführen. Sie können sehr gut in der Öffentlichkeit stehen oder beruflich mit Landbesitz oder Haushaltsprodukten zu tun haben.

MERKUR

☿ Eine Karriere im Kommunikationssektor würde zu Ihnen passen. Abhängig von Ihren anderen Konstellationen können Sie in diesem Bereich jeden denkbaren Beruf ergreifen, vom Schriftsteller bis hin zum Telekommunikationstechniker.

VENUS

♀ Sie wollen Ihren Vorgesetzten heiraten. Es ist Ihnen wichtig, auf Ihren Partner stolz sein zu können. Sie schätzen Autorität. Harmonie ist Ihnen in Ihrer Beziehung besonders wichtig, daher spüren Sie bereits kleinste Dissonanzen deutlich.

MARS

♂ Sie verfolgen Ihre Ziele unermüdlich und empfinden jede Infragestellung als persönliche Beleidigung. Entweder gründen Sie Ihr eigenes Geschäftsimperium oder Sie vergeuden wertvolle Zeit, indem Sie sich gegen Ihre Vorgesetzen auflehnen.

JUPITER

♃ Im Hinblick auf Ihren Berufsweg und Ihre Lebensziele ist das Glück auf Ihrer Seite. Um zu erreichen, was Sie sich wünschen, müssen Sie sich nicht einmal besonders anstrengen; Sie werden allerdings noch erfolgreicher sein, wenn Sie es tun.

SATURN

♄ Das Leben ist für Sie ein einziger Kampf. Während einige Menschen mit dieser Konstellation den Ehrgeiz entwickeln, sich zu beweisen, empfinden andere Ihr Versagen als verdienten Lohn.

URANUS

♅ Einer Ihrer Elternteile hegt sehr individualistische Ansichten und Ziele. Dies ein Ideal, dem sie nacheifern und an dem Sie sich messen wollen.

NEPTUN

♆ Oft wissen Sie gar nicht so genau, in welche Richtung Ihr Leben Sie gerade führt. Möglicherweise verachten Sie Ehrgeiz. Sie könnten sich der Musik verschreiben, sich im Wohltätigkeitssektor engagieren oder Ihre kreativen Interessen fördern.

PLUTO

♇ Sie verfolgen Ihre Ziele eifrig, bestimmt und enthusiastisch. Gegenüber Menschen, die Ihnen dabei im Weg stehen, lassen Sie keine Rücksicht walten. Ihre Lebenseinstellung wird sich im Lauf der Jahre mehrmals ändern, was sich auch in Ihrem Karriereweg niederschlagen wird.

ELFTES HAUS

Im elften Haus erfahren wir etwas über unsere Einstellung zur Gesellschaft, zu Freunden und Menschen, mit denen wir regelmäßig in Kontakt stehen. Es zeigt zudem unsere Hoffnungen und Wünsche konkreter auf als das zehnte Haus.

DIE PLANETEN IM ELFTEN HAUS

SONNE

☉ Ihre Persönlichkeit zeigt sich in den Gruppen und Organisationen, denen Sie angehören. Werfen Sie einen Blick auf Ihre Freunde, und Sie erkennen, wer Sie sind. Abhängig von Ihren anderen Einflüssen, können Ihre Partnerschaften harmonisch, aber auch kompliziert sein.

MOND

☽ Sie sind alles andere als ein Einzelgänger und schätzen die Gesellschaft Ihrer Freunde sehr. Sie genießen es, mit Menschen zusammen zu sein, deren Interessen Sie teilen. Ihre Ambitionen können vielfältig sein, sowohl was Intensität als auch Ausrichtung anbelangt.

MERKUR

☿ Der Austausch mit anderen ist Ihnen wichtig, und Sie können Ihre eigenen Vorstellungen gut vermitteln. Sie können ein mitreißender Anführer sein, aber vielleicht halten Sie sich auch eher im Hintergrund.

VENUS

♀ Ihre Freundschaften sind eng und warmherzig. Sie sind im Allgemeinen recht beliebt und schaffen es, anderen das Gefühl zu geben, etwas Besonderes zu sein.

MARS

♂ Ihre Freunde sind idealerweise energische und selbstbewusste Menschen, denn Sie selbst können hin und wieder recht aggressiv werden. Treffen und Feste organisieren Sie immer wieder, zudem können Sie im Mannschaftsport aktiv sein.

JUPITER

♃ Sie ziehen von Natur aus Menschen an, die Ihnen gut gesonnen sind. Sie machen Sie glücklich und stehen Ihnen mit Rat und Tat zur Seite, wenn es sein muss auch finanziell. Im Gegenzug halten auch Ihre Freunde immer zu Ihnen.

SATURN

♄ Sie verhalten sich anderen gegenüber eher distanziert, solange Sie keine spezielle Aufgabe zu erfüllen haben. Als Lehrer, Gruppenleiter oder in vergleichbaren Positionen handeln Sie verlässlich und verantwortungsbewusst.

URANUS

♅ Sie fühlen sich zu fortschrittlichen, progressiven und esoterischen Leuten hingezogen. Sie selbst mögen ein eher durchschnittlicher Mensch sein, umgeben sich aber mit vergleichsweise unkonventionellen Freunden. Sie chatten gerne im Netz.

NEPTUN

♆ Sie sind ein sehr sympathischer, herzlicher und freigiebiger Mensch. Leider wird Ihnen das, was Sie geben, nicht immer zurückgezahlt. Dadurch lernen Sie aber, wer Ihre Hilfe wert ist.

PLUTO

♇ Die Menschen, denen Sie sich anschließen, beeinflussen Sie sehr. Sie bewundern Stärke und sollten sich daher vor allem Menschen mit klaren Anliegen zuwenden.

ZWÖLFTES HAUS

Dies ist das Haus des Unbewussten, der Träume, der Mystik, der Intuition und der Selbstaufopferung. Hierin stehende Planeten können sowohl eine latente Stärke als auch eine unbewusste Schwäche zum Ausdruck bringen.

DIE PLANETEN IM ZWÖLFTEN HAUS

SONNE

☉ Möglicherweise sind Sie ein eher schüchterner Mensch, der sich am liebsten mit sich selbst beschäftigt, oder Sie verstecken Ihr wahres Ich hinter einer Maske.

MOND

☽ Sie verbergen Ihre Gefühle sowohl vor anderen als auch vor sich selbst. Sie sind ein warmherziger und aufopfernder Mensch, doch schmerzhafte Erfahrungen haben Sie gelehrt, nicht allzu viel von sich selbst preiszugeben.

MERKUR

☿ Sie reden möglicherweise nicht viel. Dass heißt nicht, dass Sie nicht über vieles nachdenken – ganz im Gegenteil. Allerdings liegen Ihnen nonverbale Kommunikationsformen mehr.

VENUS

Diese Konstellation deutet auf aussichtslose Affären und unerwiderte Liebe hin. Das kann sich konkret in heimlichen Beziehungen oder heimlicher Liebe äußern.

MARS

♂ Alleine arbeiten Sie am besten. Sie versuchen, sich den Blicken der Öffentlichkeit zu entziehen. Andere können Sie leicht entmutigen, aber Sie brauchen deren Unterstützung nicht, um weiterzumachen.

JUPITER

♃ Sie sind ein Optimist. Egal was passiert, Sie landen immer weich. Ihr Erfolg hängt stark von Ihrer positiven Einstellung ab: Rechnen Sie damit, stellt er sich in der Regel auch ein!

SATURN

♄ In frühen Jahren haben Sie große Unsicherheit erfahren, daher streben Sie jetzt nach einem gefestigten, sicheren Lebenswandel. Ihr logisches Vorgehen und Ihre Selbstkontrolle werden Sie zum Ziel führen. Gehen Sie nicht zu streng mit sich selbst ins Gericht.

URANUS

♅ Tief in Ihnen schlummert eine Persönlichkeit, die nur darauf wartet, ans Licht zu kommen. In frühen Jahren sind Sie nicht sehr ermutigt worden, Ihr eigentliches Potenzial voll auszubilden. Heute halten nur noch Sie selbst sich zurück.

NEPTUN

♆ Neptun, der Planet der Nächstenliebe, steht hier in dem Haus, in dem er herrscht. Sie sind ein mitfühlender, aufopfernder, wohltätiger und fantasievoller Mensch. Sie sind sehr empfänglich für äußere Einflüsse und benötigen ab und an etwas Ruhe und Abgeschiedenheit.

PLUTO

♇ Sie unterdrücken einen Teil Ihrer Persönlichkeit, der nach stärkerer Kontrolle strebt. Deshalb zeigen Sie hin und wieder ein seltsames Verhalten, das Ihre unterschwelligen Gefühle offenbart. Seien Sie nicht so hart zu sich selbst.

WIDDER

GÜNSTIGE EIGENSCHAFTEN unternehmungslustig, abenteuerlustig, mutig, direkt, enthusiastisch, selbstständig
UNGÜNSTIGE EIGENSCHAFTEN ungeduldig, impulsiv, voreilig, aggressiv, egoistisch, rücksichtslos, launisch

DIE PLANETEN IM WIDDER

SONNE

☉ Die kreative Kraft der Sonne strahlt im Widder besonders intensiv. Sie sind entsprechend stark und temperamentvoll. Zudem sind Sie optimistisch, enthusiastisch und gradlinig und gehen das Leben direkt und offen an.

MOND

☽ Sie hegen leidenschaftliche Gefühle, die Sie offen zum Ausdruck bringen. Wenn Sie die Beherrschung verlieren, knallt es gewaltig, doch Sie sind nicht nachtragend. Anderen fällt es allerdings nicht immer leicht, ihren Groll gegen Sie nach einem Streit rasch zu begraben.

MERKUR

☿ Sie sind ein entschlussfreudiger Mensch, der meist spontane Entscheidungen trifft. Es fällt Ihnen schwer, sich länger nur auf eine Sache oder ein Thema zu konzentrieren, daher wirken Sie oft ungeduldig und Ihr Handeln voreilig.

VENUS

♀ Sie sind naiv und romantisch. Sie verlieben sich nur um der Liebe willen aus einer reinen Laune heraus. Sie tragen Ihr Herz auf der Zunge und lassen sich leicht von anderen Menschen manipulieren.

MARS

♂ Sie mobilisieren erstaunliche Energien für ambitionierte Projekte, die in kurzer Zeit viel Arbeit und Einsatz erfordern. Längerfristige Arbeiten erledigen Sie weniger beispielhaft, stattdessen widmen Sie sich lieber aufregenderen Dingen.

JUPITER

♃ Sie können viel Zeit damit verbringen, sich anderen anzupassen, doch das wird Sie nur Ihre gute Laune kosten. Viel besser können Sie sich entfalten, wenn Sie auf sich selbst gestellt sind, ein außergewöhnliches Beispiel setzen oder anderen zeigen, wo es langgeht.

SATURN

♄ Sie wollen Ihren Willen durchsetzen und kämpfen hart darum, auch auf Kosten von Pflichten, die Sie übernommen haben, und der Erwartungen, die andere in Sie setzen. Achten Sie darauf, dabei nicht abzustumpfen, zu verbittern oder humanistische Werte zu missachten.

URANUS

♅ Der Uranus bewegt sich langsam voran, daher ist seine Wirkung immer allgemein und auf längere Sicht hin zu betrachten. Sie werden mit revolutionären Tendenzen konfrontiert, was die Pflichten des Einzelnen anbelangt. Das Konzept der persönlichen Freiheit wird mit dieser Konstellation besonders betont.

NEPTUN

♆ Neptun besitzt eine ganze Generationen prägende Wirkung. Sein letzter Aufenthalt im Widder war 1875, der nächste Durchgang wird erst wieder im Jahr 2025 stattfinden. Er wird das herrschende Individualismuskonzept in Frage stellen und Mitgefühl sowie spirituelle Energien fördern.

PLUTO

♇ Auch Plutos Einfluss ist von längerer Dauer. Er wird einer ganzen Generation die Bedeutung von Bescheidenheit und Mäßigung ins Gedächtnis rufen. Zum letzten Mal durchlief Pluto den Widder 1853, 2066 wird er erneut dort sein.

STIER

GÜNSTIGE EIGENSCHAFTEN praktisch, geduldig, zuverlässig, hartnäckig, liebevoll, vorsichtig, entschlossen
UNGÜNSTIGE EIGENSCHAFTEN besitzergreifend, faul, unflexibel, stur, nachtragend, langweilig, maßlos, geizig

DIE PLANETEN IM STIER

SONNE

☉ Sie sind standhaft, resolut, verlässlich und entschlossen, außerdem anhänglich, zärtlich und gemütlich. Hübsche Kleidung, gutes Essen und ein behagliches Heim bedeuten Ihnen viel. Sie schätzen Alltagsroutinen und planen Wichtiges lange im Voraus.

MOND

☽ Dies ist eine starke Konstellation. Ihre Gefühle erwachen nur langsam, doch einmal geweckt, haben sie Bestand. Sie sind loyal, liebevoll und gutherzig, ein treuer Lebenspartner und ein verlässlicher Freund.

MERKUR

☿ Sie lassen sich nicht drängen, wenn es um Entscheidungen geht. Sie durchdenken die Möglichkeiten, die Ihnen offen stehen, gründlich und fassen Ihren Entschluss erst nach reiflicher Überlegung. Sie sind bedächtig, risikoscheu und hartnäckig.

VENUS

♀ Die Liebe ist bei Ihnen eine Sache, Ihre persönliche und materielle Sicherheit eine andere. So liebevoll und anhänglich Sie auch sind, sobald sich eine ernsthafte Beziehung anbahnt, gehen Sie kein Risiko ein.

MARS

♂ Spontanität ist nicht Ihre Sache. Sie benötigen Zeit zum Nachdenken und zum Vorbereiten, ebenso wie Zeit, sich aufzuraffen und anschließend wieder zu entspannen. Was soll die ganze Hektik?

JUPITER

♃ Sie müssen abwägen, was Ihnen wirklich etwas bedeutet. Eine rein materielle Sichtweise kann reizvoll erscheinen, bietet allerdings keinen Ersatz für innere Zufriedenheit.

SATURN

♄ Sie neigen dazu, Vorsorge für eventuelle Notzeiten zu treffen. Schlechte Erfahrungen in frühen Jahren können diese Neigung verstärken. Als hinderlich erweist sie sich allerdings nur dann, wenn sie maßlos übersteigert wird.

URANUS

♅ Uranus benötigt zum Durchlauf eines Zeichens etwa sieben Jahre, seine Wirkung ist daher eher allgemein und auf längere Sicht hin zu betrachten. Das Sternzeichen Stier durchlief er zuletzt im Kriegsjahr 1942. Damals zeigte er eine Zeit an, in der das Sicherheitsgefühl vieler extrem erschüttert wurde.

NEPTUN

♆ Neptun hat eine Generationen prägende Wirkung. Während er im Stier steht wird die Frage nach einer gerechten und humanen Verteilung materieller Ressourcen wichtige philosophische, religiöse und moralische Debatten bestimmen. Neptun durchlief den Stier zuletzt im Jahr 1889 und wird erst 2038 wieder dorthin zurückkehren.

PLUTO

♇ Pluto verbleibt über 30 Jahre im Sternzeichen Stier. In dieser Konstellation zeigt er eine Phase an, in der die Werte überall auf der Welt auf den Kopf gestellt werden. Seinen letzten Aufenthalt im Stier hatte Pluto 1884, der nächste Durchlauf wird 2095 beginnen.

ZWILLINGE

GÜNSTIGE EIGENSCHAFTEN
vielseitig, anpassungsfähig, lebhaft, intelligent, mitteilsam, emsig, spontan, gewitzt

UNGÜNSTIGE EIGENSCHAFTEN
ängstlich, nervös, oberflächlich, unstet, verschlagen, unentschlossen

DIE PLANETEN IN DEN ZWILLINGEN

SONNE

☉ Sie ähneln einem Schmetterling, der immer in Bewegung ist. Sie sind gesellig, aktiv und brauchen intellektuelle Anregung, um sich nicht zu langweilen. Deshalb beschäftigen Sie sich nicht gerne zu lange mit ein und derselben Sache.

MOND

☽ An einem Tag fühlen Sie sich so, am nächsten wieder anders. Ihre Leidenschaften sind nie intensiv und Ihre Gefühle unterliegen starken Schwankungen. Sie analysieren gern Ihr Gefühlsleben.

MERKUR

☿ Sie sind lebhaft, gewitzt, eloquent, aber auch schnell gelangweilt. Sie müssen Geist und Körper immer in Bewegung halten, um Ihr Bestes geben zu können.

VENUS

♀ Sie können sich niemandem körperlich hingeben, der Sie geistig nicht fasziniert. Sie fühlen sich vor allem zu Menschen hingezogen, die Sie mit ihren Worten verzaubern. Ein reiches Vokabular würden Sie einem strahlenden Äußeren immer vorziehen.

MARS

♂ Sie haben ein starkes Mitteilungsbedürfnis, das Sie schriftlich, verbal oder auf eher individuelle, nonverbale Weise befriedigen. Tun Sie dies nicht, sind Sie gereizt und streitbar. Ihr Ausdruck überzeugt und Sie debattieren leidenschaftlich.

JUPITER

♃ Sie sind wissbegierig anpassungsfähig und einfallsreich und versuchen, immer ein wenig hinzuzulernen. Mitunter wäre allerdings ein fundierteres Wissen von Vorteil.

SATURN

♄ Sie verfügen über große Vorstellungskraft, sind verständnisvoll und optimistisch, doch Sie unterschätzen den Wert dieser Eigenschaften leicht. Vielleicht versuchen Sie, Ihren Hang dazu mit einer rein praktischen Beschäftigung zu zügeln.

URANUS

♅ Diese Konstellation fördert Erfindungen, frische Ideen und neue philosophische Konzepte. Der letzte Durchlauf des Uranus durch die Zwillinge fiel in die 1940er-Jahre, eine Zeit zahlreicher technologischer Neuerungen. Viele andere solcher Innovationen sind von Menschen eingeführt worden, die unter dieser Konstellation geboren wurden.

NEPTUN

♆ Neptun verließ die Zwillinge im Jahr 1901 und wird nicht vor 2051 zurückkehren. Diese Konstellation wird das künstlerische und musikalische Potenzial auf der Welt vergrößern. Ebenso ist ein Wiederaufleben religiöser und spiritueller Vorstellungen möglich.

PLUTO

♇ Pluto verließ das Zeichen Zwillinge im Jahr 1914. Zuvor hatte er 32 Jahre lang die weltweite Entwicklung der Transportmittel nachhaltig beeinflusst. In diesem Jahrhundert wird es keine Pluto-Zwillinge-Konstellation mehr geben.

KREBS

GÜNSTIGE EIGENSCHAFTEN fürsorglich, häuslich, liebevoll, mitfühlend, hartnäckig, sparsam, scharfsinnig **UNGÜNSTIGE EIGENSCHAFTEN** übersensibel, nachtragend, starrsinnig, feige, launisch, empfindlich

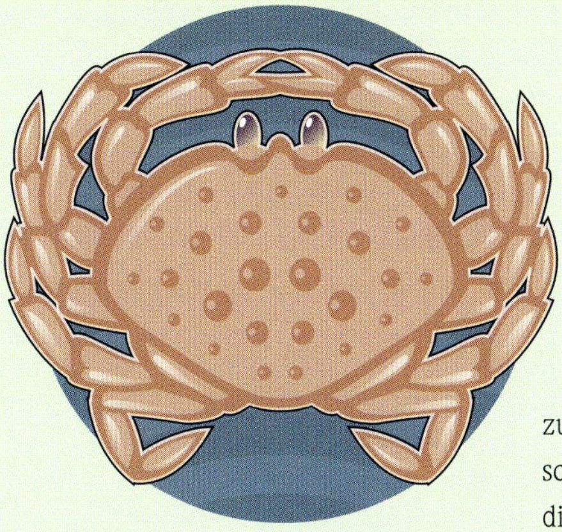

DIE PLANETEN IM KREBS

SONNE

☉ Sie sind häuslich und legen Wert auf Ihr Privatleben. Ihre Beziehung zu Ihrer Mutter ist intensiv. Sie mag nicht immer harmonisch verlaufen, doch sie ist äußerst prägend, sowohl während Ihrer Kindheit als auch in späteren Jahren.

MOND

☽ Ungeachtet aller Argumente, die Sie vielleicht vom Gegenteil überzeugen, werden Sie ohne eigenes Heim und die Liebe einer Familie nie wirklich glücklich sein.

MERKUR

☿ Die Lebensanschauung, die Ihre Kindheit geprägt hat, vor allem die Ansicht Ihrer Mutter, beeinflusst Sie noch immer stark. Neues werden Sie daher womöglich nur sehr zaghaft und ängstlich angehen.

VENUS

♀ Ehe und Familienleben können Ihnen viel Freude bereiten. Im Idealfall lieben Sie Ihr derzeitiges Zuhause und denken gern an Ihre Kindheit zurück. Wohin auch immer es Sie verschlagen wird, suchen Sie nach Orten, die Sie an daheim erinnern.

MARS

♂ Ihr Gefühlsleben bestimmt Ihre innere Antriebskraft. Sie sind schwungvoll und energisch, wenn Sie sich glücklich und sicher fühlen, aber wenn Sie traurig und niedergeschlagen sind, werden Sie träge und empfindlich.

JUPITER

♃ Sie wachsen durch die Fürsorge, die Sie anderen angedeihen lassen, und die Hilfe, die Sie von anderen annehmen. Eine derartige Atmosphäre gibt es am ehesten im Umfeld einer einander ermutigenden und helfenden Familie.

SATURN

♄ Emotionale Sicherheit beginnt in der Familie. Sie benötigen davon so viel, dass Sie aus Angst vor Enttäuschungen vorgeben, auch ohne auszukommen. Sich eine Maske der Undurchdringlichkeit aufzusetzen hilft allerdings nur so lange weiter, wie dies nicht zu Einsamkeit und Isolation führt.

URANUS

♅ Seinen letzten Durchlauf durch den Krebs hatte der Uranus in den Jahren 1949 bis 1956. Die damals Geborenen haben zu einer grundlegenden Erneuerung häuslicher Gewohnheiten, familiärer Traditionen und sozialer Erwartungen beigetragen. Erst 2032 wird Uranus in das Sternzeichen Krebs zurückkehren.

NEPTUN

♆ Neptun befindet sich im Krebs in seiner Erhöhung und steht dort also günstig. Er fördert hier das, was ein altes englisches Sprichwort sagt: Nächstenliebe beginnt daheim. Seinen letzten Durchlauf durch das Sternzeichen Krebs beendete er im Jahr 1916, der nächste Ingressus wird 2065 sein.

PLUTO

♇ Die letzte Pluto-Krebs-Konstellation sahen wir zwischen 1914 und 1939. Die Menschen erlebten damals den Ausbruch zweier Weltkriege und ein ungeahntes Ausmaß an Tod und Zerstörung. Viel davon geschah unter dem Vorwand der Vaterlandsliebe, eine Idee die in engem Zusammenhang mit der von Familie und Häuslichkeit steht.

LÖWE

GÜNSTIGE EIGENSCHAFTEN großmütig, freigiebig, hochherzig, ritterlich, kreativ, offen, herzlich
UNGÜNSTIGE EIGENSCHAFTEN großspurig, dünkelhaft, eingebildet, verzogen, starrsinnig, schwülstig, affektiert

DIE PLANETEN IM LÖWEN

SONNE

Die Sonne steht hier in dem Zeichen, das sie regiert, ihre Eigenschaften werden somit verstärkt. Menschen mit dieser Konstellation sind oft extrovertiert. Vielleicht wirken Sie ruhiger, als zu erwarten wäre, doch Sie werden trotz allem stets Aufmerksamkeit auf sich lenken.

MOND

Sie möchten geschätzt und beachtet werden, und wenn Sie keine Anerkennung erhalten, verlieren Sie das Interesse an dem, was Sie tun. Sie können hart arbeiten, amüsieren sich jedoch lieber beim Spiel.

MERKUR

Sie sind dickköpfig, und es dauert ewig, bis Sie sich eine eigene Meinung bilden oder eine alte Ansicht ändern. Sich des eigenen Standpunkts gewiss zu sein ist rühmlich. Bedenken Sie aber, dass Menschen, die anders denken, denselben Respekt verdienen wie Sie.

VENUS

Sie suchen den perfekten Partner. Doch selbst wenn Sie jemanden finden, der Ihren hohen Ansprüchen zunächst gerecht wird, wird er oder sie es kaum für immer bleiben. Wenn Sie nicht aufpassen, werden wechselnde Partnerschaften bei Ihnen zur Norm.

MARS

Erfolg wirkt berauschend auf Sie. Sie sehnen sich nach einer heroischen Beschäftigung. Sie sind ein idealer Anführer, ein stolzer und leidenschaftlicher Mensch mit einer Abneigung gegen alles Profane.

JUPITER

Pomp und Glamour ziehen Sie unwiderstehlich an. Alles, was sie tun, soll beeindrucken. Sie profitieren am meisten davon, Sie selbst zu sein und Ihre kreative Ader zu kultivieren.

SATURN

Sie sind reserviert und halten sich, besonders bei gesellschaftlichen Anlässen, von anderen Menschen fern. Zurückhaltung ist eine lobenswerte Eigenschaft, aber meinen Sie nicht, dass sie manchmal nur Ihren Dünkel zum Ausdruck bringt?

URANUS

Uranus durchlief das Sternzeichen Löwe zwischen 1955 und 1962. Während dieser Zeit kam das Phänomen des Teenagers auf, mit dem das Streben nach individueller Differenzierung eine neue Qualität erlangte. Im Jahr 2039 wird der Uranus wieder in den Löwen eintreten.

NEPTUN

Neptun durchlief das Sternzeichen Löwe zwischen 1914 und 1929. Diese Epoche war geprägt von Idealismus, aber auch von großer Unsicherheit in Bezug auf das menschliche Miteinander sowie neuen Ideen im Bereich der Künste und der Musik.

PLUTO

Zwischen 1937 und 1958 durchlief Pluto das Sternzeichen Löwe. Während dieser Zeit hat sich die Erwartungshaltung des Einzelnen in Bezug auf das eigene Leben grundlegend geändert. Besonders das Bewusstsein, eigene kreative Energien zu besitzen, führte für viele zu bereichernden Tätigkeiten.

JUNGFRAU

GÜNSTIGE EIGENSCHAFTEN
analytisch, bescheiden, hilfsbereit, pflichtbewusst, gewissenhaft, sorgfältig, fleißig, reinlich
UNGÜNSTIGE EIGENSCHAFTEN
sorgenvoll, kritisch, verspannt, übereifrig, pingelig, gehemmt

DIE PLANETEN IN DER JUNGFRAU

SONNE

Sie meistern Aufgaben, die so schwierig sind, dass viele andere sie für unerfüllbar halten. Sie stehen in dem Ruf, sehr kritisch zu sein, dabei gehen Sie mit sich selbst am schärfsten ins Gericht.

MOND

Sie analysieren und sezieren all Ihre Gefühle und Leidenschaften genau. In Krisensituationen können Sie daher rational handeln, der Zauber der Liebe erschließt sich Ihnen allerdings nicht unbedingt.

MERKUR

Es fällt Ihnen leicht, sich spezielle Fähigkeiten und Methoden anzueignen, die Sie möglicherweise auch beruflich nutzen. Darüber hinaus achten Sie sehr auf Ihre Gesundheit und Ihre Ernährung.

VENUS

Ein potenzieller Partner muss hohen Ansprüchen gerecht werden. Er sollte fleißig, reinlich, praktisch, eloquent und einiges mehr sein. Sollten Sie Ihre Erwartungen nicht relativieren können, wäre es vielleicht ratsam, Single zu bleiben.

MARS

Sie achten Menschen, die sich nützlich machen, und praktische Arbeiten sind für Sie ein Teil des Lebens. Die nötige Energie und Vitalität dazu besitzen Sie. Beruflich wäre Handwerk oder Kunsthandwerk das Richtige für Sie.

JUPITER

Verantwortung zu übernehmen, liegt in Ihrer Natur. Sie stellen Ihre Pflichten stets vor Ihr Vergnügen und haben keine Probleme damit, Prioritäten zu setzen. Schwerer fällt es Ihnen, zu entspannen, was aber auch wichtig ist.

SATURN

Der Saturn in der Jungfrau weist auf Disziplin, Perfektionismus und ein hohes Arbeitsethos hin. Wunderbare Eigenschaften, wenn sie in Maßen zum Tragen kommen, wer es damit aber übertreibt, riskiert Hemmungen, Sorgen, Ängste und in der Folge gesundheitliche Probleme.

URANUS

Die letzte mit Uranus in der Jungfrau geborene Generation wurde während der 1960er-Jahre geboren und hat seitdem grundlegende Veränderungen in den Bereichen Arbeitswelt und Gesundheitswesen erfahren: Die eine lebenslange Anstellung gibt es nicht mehr und alternative Medizin wird immer populärer.

NEPTUN

Neptun durchlief das Sternzeichen Jungfrau zwischen 1928 und 1943. Einige in diesem Zeitraum geborene Menschen denken sehr praktisch, stehen mit beiden Beinen auf dem Boden und halten Träume für unnütze Fantasiegespinste.

PLUTO

Plutos letzter Aufenthalt in der Jungfrau endete im Jahr 1972. Während seines Durchgangs gesellte sich auch der Uranus in dieses Zeichen, was einen noch grundlegenderen Umbruch des Gesundheitswesens und Berufslebens implizierte.

WAAGE

GÜNSTIGE EIGENSCHAFTEN diplomatisch, gesellig, ungezwungen scharfsinnig, harmonisch, charmant, kultiviert
UNGÜNSTIGE EIGENSCHAFTEN unentschlossen, leichtgläubig, frivol, wankelmütig, schwach, falsch, streitlustig

DIE PLANETEN IN DER WAAGE

SONNE

☉ Sie sind unentschlossen und bedürfen der Hilfe anderer, um sich eine Meinung zu bilden. Sie können sowohl im Team als auch in Wettbewerbssituationen arbeiten, wobei Sie wahrscheinlich zufriedener sind, wenn jeder für sich klarkommt.

MOND

☽ Diese Konstellation kann ein Segen oder eine Prüfung sein. Sie brauchen enge Partnerschaften. Wenn Sie das erkennen, kann alles gut gehen, falls nicht, können Probleme entstehen. Genaueres lässt sich aber nur im Vergleich mit anderen Konstellationen sagen.

MERKUR

☿ Früher war ich unentschlossen, heute bin ich mir nicht so sicher. Diese scherzhafte Sentenz beschreibt recht gut, was Sie denken, während Sie sich glücklich auf dem Weg des geringsten Widerstands dahintreiben lassen.

VENUS

♀ Sie haben eine Schwäche für Luxus und können sich leicht übernehmen. Sie sind kreativ, vielleicht auch künstlerisch begabt, doch im Zentrum Ihres Lebens steht die Liebe. Sie können sich nicht vorstellen, allein zu sein, und können Kummer nicht ertragen.

MARS

♂ Irgendetwas allein zu tun, fällt Ihnen schwer. Sie ergreifen jede Gelegenheit, andere in Ihre Arbeit einzubeziehen. Selbst eine kleine Reiberei kann Ihnen helfen, Dinge in Gang zu setzen.

JUPITER

♃ Ihre charakterliche Entwicklung befördert ein Blick auf Ihre engsten Beziehungen, insbesondere auf all jene Probleme, die darin immer wieder zum Tragen kommen, am besten. Durch andere erfahren Sie über sich das Meiste.

SATURN

♄ Für den Saturn ist dies eine günstige Stellung, da er Eigenschaften wie Vorsicht, Gerechtigkeit und Loyalität ins Gleichgewicht bringt. Die groben Merkmale dieses Planeten werden durch die Gewandtheit und den Takt der Waage recht sanft abgerundet.

URANUS

♅ Uranus' letzter Durchgang durch das Sternzeichen Waage fand zwischen 1968 und 1975 statt. Diese Konstellation steht für eine Generation, die traditionelle Beziehungsmuster revidiert. Manch einer mag dies als störend empfinden, andere begrüßen den frischen Wind.

NEPTUN

♆ Sie selbst sind Zeuge für die Auflösung traditioneller Beziehungsstrukturen und althergebrachter Erwartungshaltungen geworden. In den letzten Jahren haben sich diesbezüglich neue Vorstellungen etabliert. Waren diese zunächst idealistisch geprägt, so wurden sie später durch Erfahrungswerte modifiziert.

PLUTO

♇ Sollte nicht bereits die Wirkung von Uranus und Neptun während der letzten Jahrzehnte Ihre Ansichten über persönliche Beziehungen ziemlich geändert haben, so werden dies spätestens die Lebensentwürfe jener tun, die mit Pluto in der Waage geboren wurden.

SKORPION

GÜNSTIGE EIGENSCHAFTEN
tiefgründig, leidenschaftlich, loyal, entschieden, überzeugend, kritisch, intuitiv, feinsinnig, raffiniert

UNGÜNSTIGE EIGENSCHAFTEN
eifersüchtig, nachtragend, rachsüchtig, verschlossen, misstrauisch, unbarmherzig, böswillig

DIE PLANETEN IM SKORPION

SONNE

☉ Sie haben eine starke Persönlichkeit, einige fixe Ideen und ein faszinierendes Seelenleben. Vieles, was in Ihrem Inneren vorgeht, bleibt anderen verborgen, da Sie das Meiste für sich behalten.

MOND

☽ Gefühle sind da, um empfunden und dann rasch vergessen zu werden. Ihre Gabe, die eigenen Gefühle zu unterdrücken, ist in Krisensituationen bewundernswert. Wer dies generell tut, kann ein sich selbst verleugnender Grübler werden.

MERKUR

☿ Sie sind ein hervorragender Menschenkenner. Ihr Erinnerungsvermögen ist beeindruckend. Sie können andere genau da treffen, wo es am meisten schmerzt.

VENUS

♀ Wenn Sie lieben, lieben Sie ganz und gar. Große Risiken eingehen, wäre etwas, das der Mensch, den Sie lieben, nie tun dürfte. Womöglich gehen Sie Beziehungen deshalb nur sehr vorsichtig an.

MARS

♂ Diese Konstellation steht in besonderer Relation zum Thema Sex. Allerdings sind Sie im Hinblick auf vieles andere ähnlich leidenschaftlich veranlagt. Normalerweise widmen Sie sich allem, was Sie in Angriff nehmen, voll und ganz.

JUPITER

♃ Je mehr Sie sich Ihrer eigenen Komplexität bewusst werden, indem Sie Ihre innersten Gedanken hinterfragen und die Einfühlungsversuche anderer anerkennen, desto glücklicher werden Sie.

SATURN

♄ Ihre Fähigkeit zur Selbstkontrolle ist enorm, und das ist gut so, denn Sie müssen im Leben einige grundlegende Veränderungen durchmachen. Von Zeit zu Zeit sollten Sie Ihren engen Griff allerdings ein wenig lockern, nur so können Sie emotional reifen.

URANUS

♅ Die Konstellation ist günstig, da beide Faktoren einen Bezug zu Wandel und Kommunikation besitzen. Menschen, die unter dieser Konstellation geboren werden, müssen einen Sinn für die richtige Perspektive entwickeln, da die kombinierte Wirkung von Uranus und Skorpion sehr extrem sein kann.

NEPTUN

♆ Die unter dieser Konstellation geborene Generation fördert ein neues spirituelles Interesse. Viele, die das ganzheitliche Denken propagierten und etablierten, wurden zwischen 1956 und 1970 geboren, als Neptun den Skorpion durchlief.

PLUTO

♇ Pluto stand zwischen 1983 und 1995 im Skorpion. Während dieser Zeit geborene werden zu Zeugen und Initiatoren zahlreicher Veränderungen. Ihre Herausforderung besteht darin, diese nur zuzulassen, wenn sie absolut notwendig sind.

SCHÜTZE

GÜNSTIGE EIGENSCHAFTEN heiter, optimistisch, ehrlich, aufrichtig, tolerant, freiheitsliebend, abenteuerlustig
UNGÜNSTIGE EIGENSCHAFTEN taktlos, unbesonnen, unverblümt, schwerfällig, rücksichtslos, unordentlich, übertrieben, übersteigert

DIE PLANETEN IM SCHÜTZEN

SONNE

☉ Sie sind herzlich, ausgelassen, kontaktfreudig und lebhaft, immer bereit dazu, Späße und neue Erfahrungen zu machen. Sie nehmen große Risiken in Kauf und sind damit erfolgreich.

MOND

☽ Sie sind optimistisch und unbekümmert. Es verletzt Sie, wenn andere Ihren Erwartungen nicht entsprechen, doch Sie sind in der Regel tolerant genug, ihnen diese Schönheitsfehler nachzusehen.

MERKUR

☿ Sie laufen Gefahr, mehr zu versprechen, als Sie halten können. Zeit- und Detailmanagement sind nicht Ihre Stärke, wohl aber können Sie gut einen allgemeinen Überblick halten.

VENUS

♀ Sie betrachten Ihre Beziehungen als Erlebnisreisen, Ihr endgültiges Ziel ist dabei eher zweitrangig für Sie. Sobald Sie glauben, dass Sie nichts mehr zu erwarten haben, beginnen Sie sich zu langweilen und werden bockig.

MARS

♂ Sie benötigen viel Freiraum und müssen hin und wieder Dampf ablassen können. Sie hassen es, eingeschränkt zu werden, sowohl räumlich als auch emotional. In engen Räumen wirken Ihre Bewegungen leicht unbeholfen.

JUPITER

♃ Sie führen Ihr Leben gemäß Ihren eigenen religiösen und philosophischen Prinzipien. Dabei sind Sie Philanthrop, was sich in der Jugend eher radikal, in späteren Jahren moderater äußert.

SATURN

♄ Sie entwickeln gerne eigene Ideen, schätzen aber leicht jene gering, die Ihren strengen Kriterien in Bezug auf Nützlichkeit nicht entsprechen. Es wäre jedoch bedauerlich, wenn Sie unkonventionellere Konzepte deswegen rundheraus ablehnen würden.

URANUS

♅ Meinungs- und Religionsfreiheit wird für die zwischen den Jahren 1981 und 1988 unter dieser Konstellation geborene Generation ein wichtiges Thema sein. Die enorm polarisierenden Aspekte können ziemlich leicht zu radikalen Ansichten führen. Das Abdriften in Fanatismus und Extremismus sind daher lauernde Gefahren.

NEPTUN

♆ Neptun durchlief das Sternzeichen Schütze zuletzt zwischen den Jahren 1970 und 1984. In vieler Hinsicht kann diese Stellung als Fortführung der Neptun-Skorpion-Konstellation angesehen werden. Sie verweist auf neue spirituelle Vorstellungen, die nach und nach allgemein anerkannt und übernommen werden.

PLUTO

♇ Seiner äußerst weiten Umlaufbahn und also seines langsamen Voranschreitens im Tierkreis wegen stellt Pluto in den Zeichen normalerweise allgemeine gesellschaftliche Anliegen in den Vordergrund. Zwischen den Jahren 1995 und 2008 kreisen diese um die Themen Philosophie, Nationalität, Immigration und Religion.

STEINBOCK

GÜNSTIGE EIGENSCHAFTEN
ehrgeizig, gewissenhaft, konservativ, einfühlsam, standhaft, diszipliniert, verantwortungsvoll, realistisch

UNGÜNSTIGE EIGENSCHAFTEN
pessimistisch, berechnend, gemein, untröstlich, gehemmt, unbeugsam

DIE PLANETEN IM STEINBOCK

SONNE

☉ Sie sind ehrgeizig, verantwortungsvoll, bescheiden und womöglich sehr karrierebewusst. Sie sind gerne beschäftigt und haben bereits in jungen Jahren eine sehr erwachsene Art zu denken. In der Regel werden Sie das Leben daher erst im Alter wirklich angenehm finden.

MOND

☽ Ihre Ziele ehrgeizig zu verfolgen, macht Sie glücklich und zufrieden. Das Praktische steht bei Ihnen immer an erster Stelle, und Sie beweisen sich durch Ihre Leistungen. Ihr emotionales Wohl haben Sie leider nicht Blick.

MERKUR

☿ Sie sind ein talentierter Geschäftsmensch und erkennen rasch günstige Gelegenheiten. Sie planen sorgfältig und durchdenken Ihre Strategien gut. Achten Sie darauf, nicht übervorsichtig und zurückhaltend zu werden.

VENUS

♀ Im Hinblick auf Ihre Gefühle geben Sie sich reserviert; Sie brauchen Zeit, jemanden richtig kennenzulernen, und haben nur wenige, dafür aber sehr gute Freunde.

MARS

♂ Sie nehmen sich Zeit, Dinge zu überdenken, denen Sie sich anschließend längerfristig widmen werden. Sie wissen um den Lohn harter Arbeit.

JUPITER

♃ Diese Konstellation ergibt sich alle zwölf Jahre während eines Zeitraums von zwölf Monaten. Solange Sie Ihr Privatleben nicht vernachlässigen, kann sie sich günstig auf Ihr Berufsleben auswirken.

SATURN

♄ Sie empfinden vollkommene Zufriedenheit, wenn Sie arbeiten können. Bedenken Sie allerdings, dass rücksichtsloses und berechnendes Verhalten, wenn überhaupt, in die Geschäftswelt gehört. Es gilt, auch emotionale Bedürfnisse anzuerkennen und zu befriedigen.

URANUS

♅ Die zwischen 1988 und 1995 mit dem Uranus im Steinbock Geborenen sind dazu bestimmt, die gesellschaftliche Ordnung zu erneuern. Während dieser Zeit lösten sich viele soziale Strukturen auf.

NEPTUN

♆ Neptun stand zwischen 1984 und 1998 im Steinbock. Während dieser Zeit waren selbst stabile, etablierte Regierungen gezwungen, sich spirituellen Tendenzen wie dem Mitgefühl für unseren Planeten und allgemeinen humanitären Fragen zu widmen.

PLUTO

♇ Plutos nächster Ingressus in den Steinbock wird im Jahr 2008 stattfinden; sein Durchlauf wird 16 Jahre dauern. Während dieser Zeit können wir ähnlich große Veränderungen und bahnbrechende Fortschritte erwarten, wie zur Zeit der industriellen Revolution, deren Beginn durch die letzte Pluto-Steinbock-Konstellation markiert wurde

WASSERMANN

GÜNSTIGE EIGENSCHAFTEN
fortschrittlich, philanthropisch, egalitär, unabhängig, freundlich, unkonventionell, fair, rational
UNGÜNSTIGE EIGENSCHAFTEN
widerspenstig, rebellisch, exzentrisch, bockig, eigensinnig, sprunghaft, labil, gefühlskalt

DIE PLANETEN IM WASSERMANN

SONNE

☉ Sie sind ein Individualist mit eigenem Stil. Ihr Interesse gilt weltbewegenden Themen, etwa der Zukunft der Menschheit. Freundschaften sind wichtig für Sie, engere Beziehungen können Sie jedoch als einschränkend empfinden.

MOND

☽ Sie sind sehr selbstständig und drängen darauf, Ihren eigenen Weg zu gehen. Wenn Sie Ihre Leidenschaften im Griff haben, können Sie äußerst erfolgreich sein.

MERKUR

☿ Sie haben einen scharfen Verstand. Sie schätzen innovative Ideen und progressive Methoden, haben ein Faible für neue Technologien und ein großes Kommunikationstalent.

VENUS

♀ Sie lieben Ihre Freiheit und Ihre Freunde, doch engere Beziehungen werden bei Ihnen leicht kompliziert. Am besten kommen Sie mit Menschen klar, die Ihnen ähneln und eigene Interessen haben.

MARS

♂ Sie sind ein geselliger Mensch mit Teamgeist, fürchten sich aber auch nicht, Ihren eigenen Weg zu gehen. Ihre Ansichten sind zum Teil ungewöhnlich, doch Sie sind stolz auf Ihre Eigenheiten.

JUPITER

♃ Jupiter steht für Glück, Erfolg und Persönlichkeitsentwicklung. Der Wassermann repräsentiert Einzigartigkeit, Individualität und Neuartigkeit. Nutzen Sie also die Eigenschaften des Wassermanns und sind Sie erfolgreich dank eigener Interessen und ungewöhnlicher Ideen.

SATURN

♄ Saturn steht hier im am engsten mit Gesellschaft und sozialen Gruppen verbundenen Zeichen. Dies deutet darauf hin, dass das, was immer Sie glauben erreichen zu müssen, bedeutungslos ist, wenn es nicht auch anderen Menschen nutzt.

URANUS

♅ Menschen mit dem Uranus im Wassermann haben die Gabe, die Prinzipien des Wassermannzeichens in ihrer reinsten Form nach außen zu tragen. Es ist eine Frage kollektiver Verantwortung, ob die daraus resultierenden bahnbrechenden Konzepte maßvoll umgesetzt werden.

NEPTUN

♆ Neptun trat 1998 in das Sternzeichen Wassermann ein und wird bis 2012 darin verbleiben. Dies deutet auf eine seltene Periode der Entwicklung wissenschaftlicher Techniken hin, eine Zeit, in der wir alle mehr über die Geheimnisse des Lebens erfahren.

PLUTO

♇ Pluto wird den Wassermann wieder ab 2023 durchlaufen. Zuletzt gab es diese Konstellation im letzten Viertel des 18. Jahrhunderts. Dies war eine Blütezeit der technologischen Entwicklung, und es wäre nicht überraschend, wenn diese bald übertroffen werden würde.

FISCHE

GÜNSTIGE EIGENSCHAFTEN mitfühlend, fürsorglich, wohltätig, aufgeschlossen, idealistisch, medial veranlagt, fantasievoll, bescheiden
UNGÜNSTIGE EIGENSCHAFTEN unpraktisch, unkonzentriert, hilflos, konfus, unzuverlässig, unorganisiert, manipulativ, weltfremd

DIE PLANETEN IN DEN FISCHEN

SONNE

☉ Sie sind freundlich, hilfsbereit, bescheiden und unprätentiös. Obwohl Sie oft nachlässig wirken, entwickeln Sie mit der Zeit ein Gespür dafür, was gut für Sie ist.

MOND

☽ Sie sind ein unverbesserlicher Romantiker. Während Ihrer täglichen Arbeit träumen Sie von edlen Rittern auf stolzen Rössern, die holden Jungfrauen in der Not zu Hilfe eilen. Sie sind ein fantasievoller, kreativer und sensibler Mensch.

MERKUR

☿ Sie können sich an Eindrücke und Gefühle besser erinnern als an Daten und Zeiten. Sie sollten versuchen, sich kreativ zu betätigen. Musik hilft in Zeiten von Stress und Niedergeschlagenheit sehr.

VENUS

♀ Fast alle Religionsgemeinschaften loben die Liebe, die ihr Stifter der Welt entgegenbrachte. Diese Art der universellen, spirituellen Liebe findet sich in dieser Konstellation wieder. Es ist die Liebe der Wohltäter und Philanthropen, die sich selbst für andere aufopfern.

MARS

♂ Mars und Fische vertragen sich nicht wirklich gut. Zwar ist es eine hervorragende Konstellation im Hinblick auf die selbstlose Unterstützung anderer, doch vergessen Menschen mit Mars in den Fischen meist, sich um sich selbst zu kümmern.

JUPITER

♃ Zwischen dem Planeten Jupiter und dem Sternzeichen Fische besteht eine Affinität, da ersterer in letzterem herrschte, bevor Neptun entdeckt wurde. In der Regel handelt es sich um eine günstige Konstellation, vorausgesetzt Sie stellen das Wohl anderer nicht ständig über das eigene.

SATURN

♄ Diese Konstellation wirkt auf die unter ihr Geborenen in erster Linie beunruhigend. Der unscharfe Blick durch die Augen der Fische macht es ihnen schwer, klare Grenzen zu erkennen und zu ziehen.

URANUS

♅ Uranus trat im Verlauf des Jahres 2003 in das Sternzeichen Fische ein und wird bis 2011 darin verbleiben. Diese Platzierung wird durch die aktuelle Neptun-Wassermann-Konstellation verstärkt und eröffnet eine günstige Gelegenheit, das globale Wertesystem zu fördern.

NEPTUN

♆ Ab 2011 wird Neptun 15 Jahre lang das Sternzeichen Fische durchlaufen. Während der letzten Neptun-Fische-Konstellation zur Mitte des 19. Jahrhunderts kam es verstärkt zu wohltätigen Aktivitäten in den reicheren Staaten der Welt.

PLUTO

♇ 1823 stand Pluto zum letzten Mal in den Fischen, und es wird noch einige Jahrzehnte dauern, bis es wieder zu dieser Konstellation kommt. Wir können davon ausgehen, dass es dann zu einer grundlegenden Erneuerung unserer Überzeugungen und unseres Glaubens kommt und eine experimentellere Herangehensweise gefördert wird.

DIE ZEHN PLANETEN

Die Planeten gewähren Einblick in unterschiedliche Bereiche der Psyche. Jeder von ihnen repräsentiert einen anderen Aspekt Ihrer Persönlichkeit.

DIE SONNE – CHARAKTER

Als Mittelpunkt unseres Sonnensystems besitzt die Sonne für die astrologische Deutung eine zentrale Bedeutung. Die Solarastrologie ist leicht nachzuvollziehen. Die Sonne verweist auf Ihre grundlegenden Charakteristika, Ihre Vorstellung von sich selbst, Ihr psychologisches Ich, die Persönlichkeitsmerkmale, die Sie bewusst nach außen tragen. Man selbst zu sein ist ein kreativer Akt, und wer die Eigenschaften herausstellt, die mit dem eigenen Sonnenzeichen einhergehen, ist glücklich.

GÜNSTIGE EIGENSCHAFTEN kreativ, kontaktfreudig, zuversichtlich, dynamisch, würdevoll, charismatisch, großmütig, ausdrucksstark
UNGÜNSTIGE EIGENSCHAFTEN arrogant, egoistisch, herablassend, herrisch, selbstgefällig, exaltiert, gestelzt

DER MOND – GEFÜHLE

Auch der Mond, der den Tierkreis im Laufe eines Monats durchläuft, besitzt eine Sonderstellung in der Astrologie. Während die Sonne auf jene Eigenschaften verweist, derer Sie sich bewusst sind, steht der Mond für den unbewussten Teil Ihrer selbst. Er gewährt Einsicht in Ihre Gefühle und Leidenschaften, Ihre inneren Bedürfnisse und Motivationen sowie hartnäckige Gewohnheiten, die sich in starren Verhaltensmustern äußern, die oft instinktiv bestehen, anerzogen sind oder vererbt wurden. Auf einer eher gegenwartsbezogenen Ebene zeigt der Mond, was Sie im Leben wirklich brauchen. Er offenbart Ihnen Ihr verborgenes Wesen und Ihre Spontanität.

GÜNSTIGE EIGENSCHAFTEN fantasievoll, einfühlsam, fürsorglich, verständnisvoll, freundlich, liebevoll, aufgeschlossen, scharfsinnig
UNGÜNSTIGE EIGENSCHAFTEN launisch, wankelmütig, schwach, leichtgläubig, bissig, irrational, labil

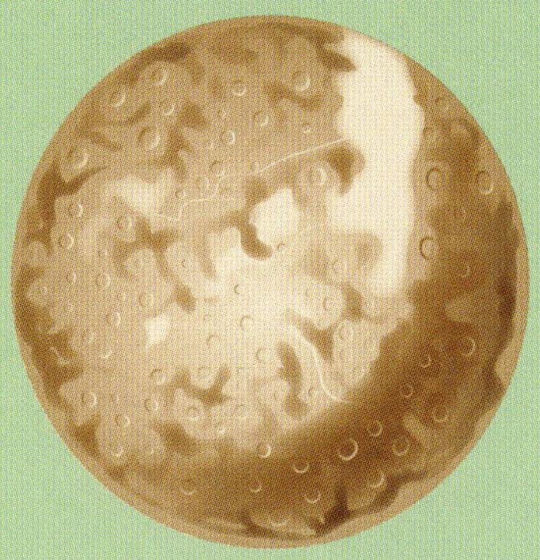

VENUS – LIEBE & ZUNEIGUNG

Auch Venus ist ein persönlicher Planet. Sie steht nie mehr als zwei Zeichen von der Sonne entfernt und verrät als Planet der Liebe viel über Ihre Einstellung zu Beziehungen. Sie lässt erkennen, wie sich Ihre Zuneigung gewinnen lässt und wie Sie Ihre Liebe zum Ausdruck bringen. Dadurch, dass Venus auch mit Geld, Komfort, Besitz und Vergnügen in Zusammenhang gebracht wird, verweist sie auch auf Ihre persönlichen Werte und Ihren Sinn für Ästhetik.

GÜNSTIGE EIGENSCHAFTEN harmonisch, taktvoll, liebenswürdig, diplomatisch, kultiviert, attraktiv, gesellig, geschmackvoll
UNGÜNSTIGE EIGENSCHAFTEN faul, unentschieden, unpraktisch, töricht, oberflächlich, konfliktscheu

MERKUR – IDEEN & KOMMUNIKATION

Der Merkur ist das erste der Gestirne, die Astrologen zu den persönlichen Planeten zählen. Das sind jene Planeten, die sich so rasch durch den Tierkreis bewegen, dass sie ihre Wirkung auf einer individuellen Ebene entfalten. Merkur verweist auf den logischen, rationalen Teil Ihres Intellekts. Er zeigt an, wie Sie denken und kommunizieren, ob Sie eher ein Redner oder ein Schreiber sind oder ob Ihnen nonverbale Kommunikation liegt. Zudem fungiert er als Indikator für Ihre Art zu denken und Ihre intellektuellen Fähigkeiten.

GÜNSTIGE EIGENSCHAFTEN wissbegierig, kommunikativ, intelligent, weitsichtig, vielseitig, redegewandt, rational, analytisch
UNGÜNSTIGE EIGENSCHAFTEN widersprüchlich, verschlagen, nervös, streitsüchtig, sarkastisch, gefühllos, gerissen, neurotisch

MARS – ENERGIE & BEGIERDEN

Der Mars, der den Tierkreis in weniger als zwei Jahren durchläuft, ist der letzte der persönlichen Planeten. Mit ihm verbinden wir Aktivität, Initiative, Stärke und Motivation. Neben Ihren physischen Energien legt er Ihre grundlegenden Wünsche und Begierden offen, Ihre Libido, Ihren Drang, sich selbst zu beweisen, und Ihren Rivalitätssinn. Er deutet auf eventuell zu Konflikten führende Situationen hin und hilft, diese zu verstehen. Zudem gewährt er Einsicht in Ihr Sexualleben.

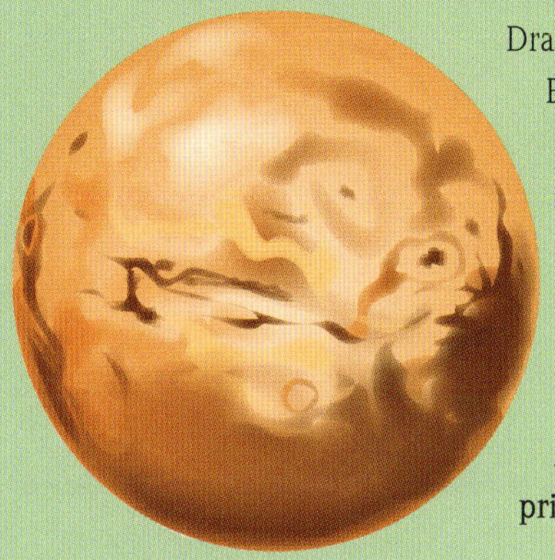

GÜNSTIGE EIGENSCHAFTEN entschieden, energisch, tatkräftig, mutig, positiv, direkt
UNGÜNSTIGE EIGENSCHAFTEN aggressiv, zornig, brutal, töricht, egoistisch, gewalttätig, primitiv, derb

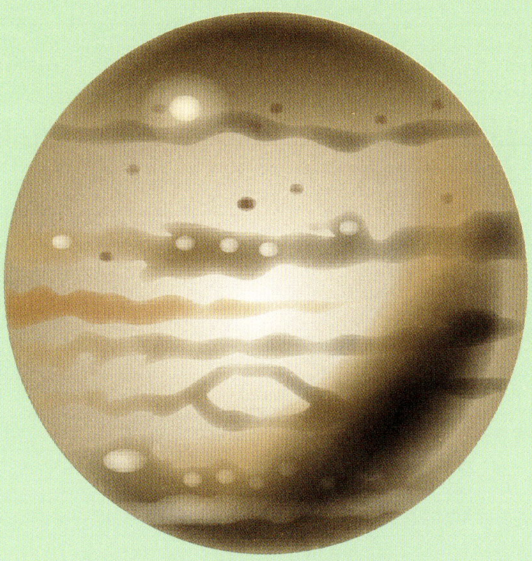

SATURN – STRUKTUR

Saturn, der zweite soziale Planet, weist bei allen Menschen, die in einem Zeitraum von etwa 30 Monaten geboren wurden, dieselbe Konstellation auf, lediglich die Position in den Häusern und eventuelle Aspekte variieren. Er hilft uns, die Lebensbereiche, in denen wir Klarheit und Ordnung am dringendsten benötigen, neu zu definieren. Allerdings verschont er uns dabei nicht vor Problemen, Frustrationen und großer Verantwortung. Saturn steht in enger Relation zum Über-Ich und dem Einfluss, den unsere Eltern auf uns ausüben. Weisheit, Geduld und Reife sind weitere Eigenschaften, die mit ihm in Verbindung gebracht werden.

GÜNSTIGE EIGENSCHAFTEN **ehrgeizig, verantwortungsbewusst, geduldig, praktisch, vorsichtig, sensibel, diszipliniert, realistisch**
UNGÜNSTIGE EIGENSCHAFTEN **streng, raffsüchtig, armselig, grausam, dogmatisch, unfrei, kalt**

JUPITER – ÜBERFLUSS

Jupiter, der etwa ein Jahr lang in jedem Zeichen verbleibt und das Leben aller, die in diesem Zeitraum geboren werden, gleichermaßen beeinflusst, ist der Erste der so genannten sozialen Planeten. Er steht für Wachstum, Expansion, Überfluss, Erfolg und Glück. Von Ihm erfahren Sie, in welchen Bereichen Ihnen das Glück hold sein wird, wie Sie Ihre Erfahrungen erweitern, Ihre Kenntnisse verbessern und Ihren materiellen Erfolg vergrößern können. Der größte Nachteil dieses Planeten besteht darin, dass er dazu beiträgt, Sie leicht die Beherrschung verlieren zu lassen.

GÜNSTIGE EIGENSCHAFTEN **optimistisch, großzügig, herzlich, wohlwollend, tolerant, gelassen, aufgeschlossen, weise**
UNGÜNSTIGE EIGENSCHAFTEN
zu nachgiebig, zu optimistisch, verschwenderisch, unzuverlässig, voreilig, unsensibel, schludrig, schwülstig

URANUS – WANDEL & INDIVIDUALITÄT

Uranus ist der der Erde am nächsten stehende der drei äußeren Planeten, entdeckt wurde er im Jahr 1781. Man beurteilt ihn vorrangig anhand seiner Positionierung in den Häusern sowie der Aspekte, die er bildet. Er steht für das Ungewöhnliche und Neue, für Selbstständigkeit, Originalität und Überraschung. Darüber hinaus verkörpert er Freiheit, Individualität und Selbstbestimmung und kündet meist von Unerwartetem. Uranus beeinflusst auch die Wahl Ihrer Freunde und der Gruppen, denen Sie sich anschließen.

GÜNSTIGE EIGENSCHAFTEN unabhängig, überraschend, originell, einfallsreich, progressiv, objektiv, unvoreingenommen, unparteiisch
UNGÜNSTIGE EIGENSCHAFTEN unbeholfen, schwierig, exzentrisch, rebellisch, stur, reserviert, eigenbrödlerisch, extrem

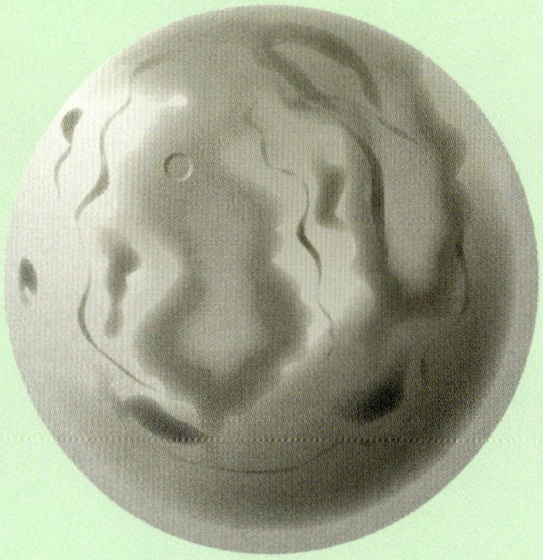

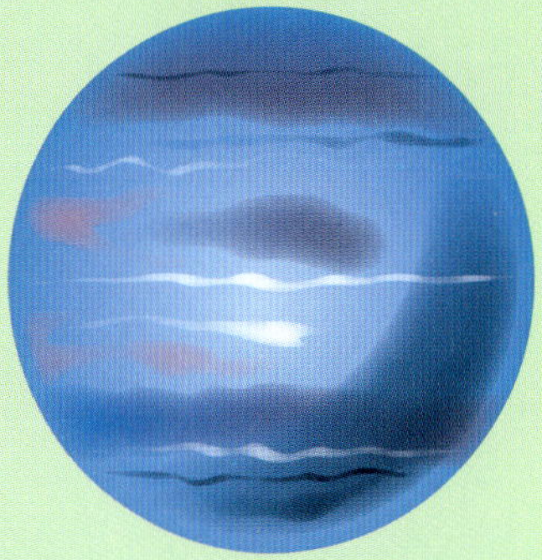

NEPTUN – TRÄUME & INTUITION

Neptun, der zweite der äußeren Planeten, herrscht über alles Unklare, Mysteriöse und schwer zu Bestimmende – selbst die Entdeckung dieses Planeten im Jahr 1846 war lange umstritten. Neptun steht für Vertrauen, Idealismus, Spiritualität, Selbstaufopferung, Intuition und Kreativität, aber auch für überzogenen Idealismus, Selbsttäuschung und die Täuschung anderer. Er deckt die Bereiche auf, in denen Sie besonders einfühlsam, fantasievoll und idealistisch sind, verweist gleichzeitig aber auch auf jene, in denen Sie am ehesten enttäuscht werden.

GÜNSTIGE EIGENSCHAFTEN idealistisch, intuitiv, fantasievoll, mitfühlend, feinsinnig, inspiriert, medial veranlagt
UNGÜNSTIGE EIGENSCHAFTEN hinterhältig, unpraktisch, trügerisch, leichtgläubig, eskapistisch, manipulativ

PLUTO – TIEFE, KRAFT & TRANSFORMATION

Der im Jahr 1930 entdeckte Pluto ist der äußerste Planet unseres Sonnensystems. Er steht für Transformation und Regeneration, für mächtige Gewalten und große Veränderungen. Er verweist auf Ihre Fähigkeit, antrainierte Verhaltensweisen zu erkennen und negative Eigenschaften in konstruktive umzuwandeln. Durch seine Konstellation zeigt Pluto Ihnen, in welchem Lebensbereich er seine Eigenschaften am ehesten entfalten wird und über welchen dieser Bereiche Sie am wenigsten die Kontrolle verlieren möchten.

GÜNSTIGE EIGENSCHAFTEN bestimmt, hartnäckig, hingebungsvoll, tiefgründig, loyal, intensiv
UNGÜNSTIGE EIGENSCHAFTEN eifersüchtig, besitzergreifend, verbittert, pervers, kontrollbesessen, zwanghaft, sadistisch, zerstörerisch

DIE ACHSEN

Durch die Achsen, die sie verbinden, rücken die Kardinalpunkte eng zusammen. Sie sind daher eher als Ganzes, denn als einzelne Punkte zu betrachten.

DIE KARDINALPUNKTE

ASZENDENT (AC) Offenbart Ihr Image, Ihre nach außen gerichtete Persönlichkeit.

DESZENDENT (DC) Verweist auf Ihre engsten Beziehungen, vor allem auf intime Partnerschaften.

MEDIUM COELI (MC) Zeigt Ihr ideales Selbstbildnis. Steht insofern auch in Zusammenhang mit Ihren Zielen und Karriereplänen.

IMUM COELI (IC) Gibt zusätzliche Informationen über Ihre emotionalen Bedürfnisse, Ihre Herkunft sowie Ihr Privat- und Familienleben.

DIE AC-DC-ACHSE IN DEN ZEICHEN

♈ ♎ WIDDER/WAAGE

Sie wirken optimistisch und lebensfroh, selbst wenn Sie sich nicht danach fühlen. Sie brauchen die Gesellschaft anderer, denn wie sonst könnten Sie immer an erster Stelle stehen?

♉ ♏ STIER/SKORPION

Sie erwecken den Eindruck, sich in Ihrer Haut wohl zu fühlen, und sind der Regel gut gekleidet. Sie wirken gefestigt und gelassen, sind in engen Beziehungen jedoch eifersüchtig und besitzergreifend.

♊ ♐ ZWILLINGE/SCHÜTZE

Sie hegen eine Abneigung gegen Menschen, die Sie einengen wollen. Sie brauchen immer viel Abwechslung und intellektuelle Stimulation. Sie schätzen es durchaus nicht, still zu sitzen, und fühlen sich sehr schnell gelangweilt.

♋ ♑ KREBS/STEINBOCK

Sie erscheinen einfühlsam und fürsorglich. Sie sind völlig von Ihrem Partner abhängig. Sie lassen sich nur langsam auf etwas ein, sind dann aber sehr engagiert.

♌ ♒ LÖWE/WASSERMANN

Sie sind sehr charismatisch. Sie neigen dazu, unpassende Partnerschaften einzugehen, mit Menschen, die Ihnen zu rebellisch und selbstständig sind.

♍ ♓ JUNGFRAU/FISCHE

Sie wirken bescheiden, zurückhaltend und schüchtern. Was Beziehungen anbelangt, sind Sie ein Idealist. Sie helfen den Menschen, die Sie lieben, gern.

♎ ♈ WAAGE/WIDDER

Nach außen hin erscheinen Sie gesellig und diplomatisch. Harmonische zwischenmenschliche Beziehungen sind Ihnen wichtig.

♏ ♉ SKORPION/STIER

Sie sind leidenschaftlich und besitzergreifend, was die Menschen anbelangt, die sie lieben. Sie versuchen, nicht zuviel von Ihren Gefühlen preiszugeben, dennoch sind sie für viele gut erkennbar.

♐ ♊ SCHÜTZE/ZWILLINGE

Sie bevorzugen, die Dinge optimistisch zu sehen. Einschränkungen mögen Sie gar nicht. Sie haben eine besondere Affinität zu Landschaften und offenen Plätzen.

♑ ♋ STEINBOCK/KREBS

Sie wollen stets das Richtige sagen und tun. Sie besitzen viel Sinn für Anstand und Sitte sowie ein angeborenes Feingefühl für die Nöte und Erwartungen anderer.

♒ ♌ WASSERMANN/LÖWE
Wenn Sie Ihr Herz verlieren, dann richtig. Sie sind stolz und in Beziehungen loyal. Sie wirken nicht übermäßig auffällig, aber ein wenig anders als andere.

♓ ♍ FISCHE/JUNGFRAU
Sie sind sehr idealistisch und können Ihr Leben als einsame, verlorene Seele fristen. In engen Beziehungen sind Sie kritischer, als Sie zunächst scheinen.

DIE MC-IC-ACHSE IN DEN ZEICHEN

♈ ♎ WIDDER/WAAGE
Sie können Ihre Ziele und Karrierepläne besser verfolgen, wenn Ihnen eine harmonische Partnerschaft und ein friedliches Privatleben den Rücken stärken.

♉ ♏ STIER/SKORPION
Sie fühlen sich zu einer soliden, klassischen Stellung in der Gesellschaft hingezogen. Ihr Privatleben soll allerdings nicht öffentlich stattfinden; zwischen Beruf und Familie ziehen Sie eine deutliche Grenze.

♊ ♐ ZWILLINGE/SCHÜTZE
Sie können sich zwischen all den interessanten Möglichkeiten, die sich Ihnen bieten, nur schwer entscheiden. Eines ist allerdings sicher: Niemand darf Ihnen vorschreiben, zu welcher Zeit Sie zu Hause sein sollen.

♋ ♑ KREBS/STEINBOCK
Sie suchen Zuneigung und Akzeptanz. Sie möchten einen Ort finden, an dem Sie sich wirklich zu Hause fühlen. Wenn Sie mit sich selbst im Reinen sind, werden Sie auch anderen Sicherheit bieten können.

♌ ♒ LÖWE/WASSERMANN
Sie sind ein Star, eine ganz besondere Persönlichkeit, und Sie möchten glänzen. Mittelmäßigkeit kann Sie nicht zufriedenstellen, daher sind Sie eifrig bestrebt, sich von anderen abzuheben.

♍ ♓ JUNGFRAU/FISCHE
Sie sind ein äußerlich praktischer, hart arbeitender und beharrlicher Mensch. Innerlich sind Sie einfühlsam und idealistisch. Aus Angst enttäuscht zu werden, stecken Sie Ihre Ziele nicht gerne allzu hoch.

♎ ♈ WAAGE/WIDDER
In Ihnen schlummert eine Menge Energie, die der rechten Führung bedarf. Sie sollten eine friedvolle und ausgeglichene Zukunft anstreben, am besten in einer Partnerschaft.

♏ ♉ SKORPION/STIER
Ihr Heim muss sicher und behaglich sein. Sie sind sich Ihrer Ziele gewiss und verfolgen sie eifrig und elanvoll. Dennoch ändern Sie mehrmals im Leben Ihre Richtung.

♐ ♊ SCHÜTZE/ZWILLINGE
Ihr Horizont ist enorm und Ihre Möglichkeiten sind endlos. Zu Hause herumzusitzen empfiehlt sich für Sie nicht, es sein denn, es gibt etwas Interessantes zu tun, zu lernen oder zu besprechen.

♑ ♋ STEINBOCK/KREBS
Ihre Lebensziele und Karrierepläne sind klassisch. Ihre Aussichten sind dementsprechend konventionell. Sie planen längerfristig und geben sich auch im Privatleben konservativ.

♒ ♌ WASSERMANN/LÖWE
Sie möchten stets ein Teil von allem sein, aber auch Ihre Andersartigkeit herausstellen. Sie streben nach persönlicher Anerkennung, möchten anderen aber nicht das Gefühl geben, vernachlässigt zu werden.

♓ ♍ FISCHE/JUNGFRAU
Es wäre hilfreich, wenn Sie deutlich machen könnten, welche Art von persönlicher Sicherheit Sie anstreben. Das Leben bietet unermessliche Möglichkeiten, persönlicher Ehrgeiz erscheint Ihnen angesichts dessen keine angemessene Haltung zu sein.

DIE HAUPTASPEKTE IM DETAIL

Die astrologische Deutung von Aspekten erfolgt in zwei Schritten: Im ersten wird untersucht, welche Faktoren eines Geburtshoroskops aufgrund der Aspekte harmonieren und welche sich im Zusammenspiel als problematisch erweisen. Im zweiten Schritt muss berücksichtigt werden, dass die Wirkung aller aspektierenden Faktoren durch den Aspekt mehr oder weniger modifiziert oder gar völlig verändert wird.

Spannungsreiche Aspekte sind von Natur aus konfliktträchtig, während harmonische Aspekte günstig zu bewerten sind. Wir dürfen aber nicht vergessen, dass unsere Persönlichkeitsentwicklung vorrangig durch spannungsreiche Aspekte bestimmt wird. Eine eher negative Eigenschaft, die wir in eine positive verwandeln, besitzt oft mehr Wirkung als ein von Anfang an positiver Charakterzug.

Es sind hunderte verschiedener Aspektkombinationen und zahlreiche Häuser-Zeichen-Kombinationen in einem Horoskop möglich. Angesichts dieser Vielzahl ist es wichtig, sich eine eigene Interpretationsstrategie zu erarbeiten.

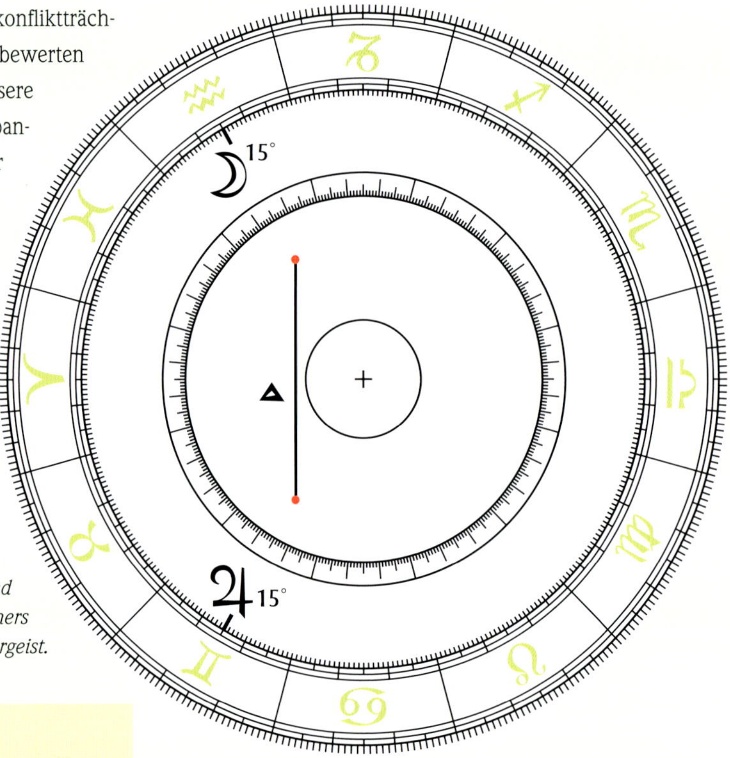

Der Mond im Wassermann bildet ein Trigon zum Jupiter in den Zwillingen: Das unabhängige und individualistische Gefühlsleben des Horoskopeigners passt von Natur aus bestens zu seinem Forschergeist.

DIE ASPEKTE VERSTEHEN

Aspekt	Art	Wirkung
Konjunktion	spannungsreich	vereint sich
Sextil	harmonisch	versteht sich
Quadrat	spannungsreich	gerät in Konflikt
Trigon	harmonisch	versteht sich hervorragend
Opposition	spannungsreich	steht im Gegensatz

Hilfreich ist, sich in Kombination mit den zuvor vorgestellten Planeten- und Sternzeicheneigenschaften markante Merksätze für die einzelnen Aspekte einzuprägen, z. B.:

- Sonne-Mond-Sextil – bewusstes Ich und Gefühlswelt harmonieren.
- Sonne-Mond-Quadrat – bewusstes Ich und Gefühlswelt stehen in Konflikt zueinander.

SCHRITT EINS

Zunächst betrachten wir den Bedeutungsgehalt aller betroffenen Faktoren genauer und stellen fest, auf welcher Grundlage sie miteinander harmonieren bzw. welche Spannungen zwischen ihnen bestehen könnten. Werfen Sie einmal einen Blick auf das nebenstehende Horoskop, in dem der Mond im zweiten Haus mit Jupiter im fünften Haus ein Quadrat bildet. Dies lässt darauf schließen, dass das emotionale Bedürfnis des Horoskopeigners nach Sicherheit mit dessen Risikofreude in Konflikt gerät. Stünde der Mond im zehnten Haus und würde ein Quadrat zu Jupiter im siebten bilden, sähe die Deutung anders aus. Es müsste geschlossen werden, dass der Horoskopeigner wegen seine intensiven Beziehungen seine Karriere vernachlässigt.

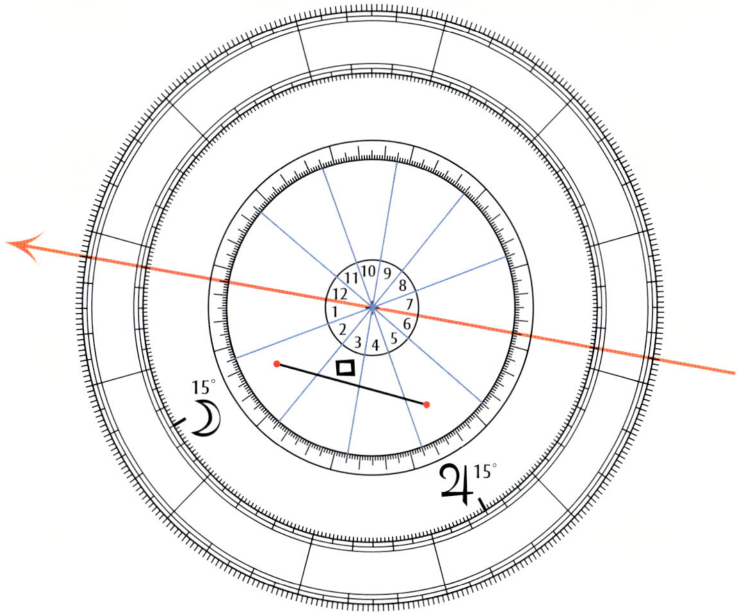

Der Mond im zweiten Haus steht im Quadrat zu Jupiter im fünften: Es ergeben sich Probleme, wenn die Sicherheit des Horoskopeigners durch dessen Risikofreude grundlegend erschüttert wird.

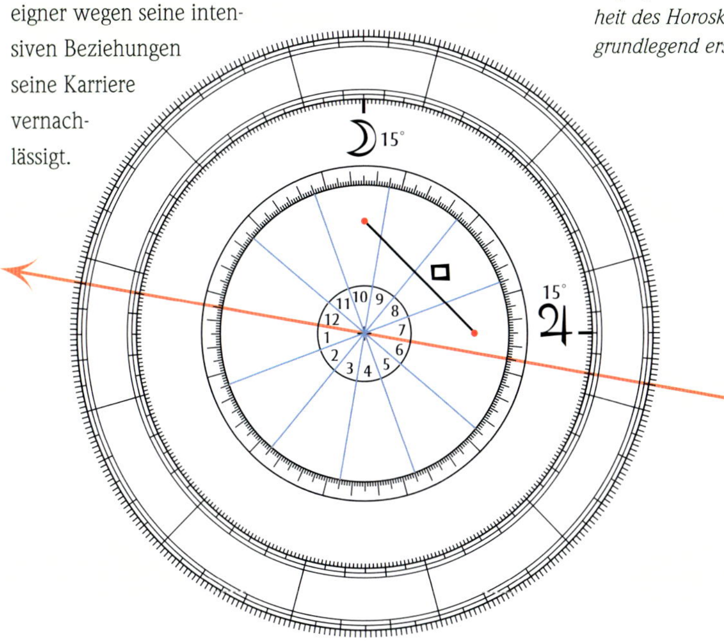

Der Mond im zehnten Haus bildet ein Quadrat mit Jupiter im siebten: Es entstehen Konflikte, wenn die engsten Vertrauten des Horoskopeigners nicht mit dessen persönlichen Zielen konform gehen.

Ein Mond-Jupiter-Quadrat deutet immer auf einen Überschwang der Gefühle hin: Die unvorteilhafteren Eigenschaften des Jupiters werden durch das spannungsreiche Quadrat akzentuiert und wirken sich ungünstig auf die durch den Mond symbolisierte Gefühlswelt aus. Es gibt positiv nutzbare Leidenschaften, doch fällt es schwer, die Gefühle im Zaum zu halten. Der spannungsreiche Aspekt veranschaulicht den Prozess, der zur Entwicklung der Persönlichkeit beiträgt.

Harmonische Aspekte verweisen auf ein leichteres Zusammenspiel der Planeten, deren Wirkung sich daher auf einer eher unbewussten Ebene äußert. Sextile sind eher etwas problematisch, während Trigone einfach zeigen wer und was wir sind.

SCHRITT ZWEI

Wenn die Lichter und die persönlichen Planeten aspektieren, sollte die Deutung der jeweiligen Aspekte noch gründlicher ausfallen. Wählen Sie ein aussagekräftiges Stichwort für jeden Planeten (Tabelle rechts) und arbeiten Sie Ihre Aspektetabelle in der korrekten Reihenfolge durch, von oben nach unten und von rechts nach links.

Der erste Planet in dieser Aufzählung ist der aspektierte, der zweite ist jener, der den Aspekt erwirkt bzw. aspektiert. Der Charakterzug, der durch den aspektierten Planeten zum Ausdruck kommt – sofern es sich um eines der Lichter oder einen persönlichen Planeten handelt –, wird durch den aspektierenden Planeten günstig oder ungünstig beeinflusst, je nachdem, ob ein harmonischer oder spannungsreicher Aspekt vorliegt.

Venus in einem spannungsreichen Aspekt mit Uranus kann z. B. darauf hinweisen, dass die ungünstigen Eigenschaften des Uranus in Ihrem Liebesleben allzu deutlich hervortreten: Viele Beziehungen werden in die Brüche gehen, da Sie sich immer wieder an unzuverlässige Menschen binden.

Venus in einem harmonischen Aspekt mit Uranus hingegen zieht Nutzen aus den günstigen Eigenschaften des Uranus: Sie lieben außergewöhnliche Menschen, sorgen allerdings dafür, sich auch in Ihren engsten Bindungen frei fühlen zu können. Wer sich seiner selbst bewusst ist, wird diesen Weg auch gehen können, wenn er einen spannungsreichen Venus-Uranus-Aspekt besitzt, er wird allerdings um einiges mühsamer sein. Auch hierbei werden Wachstum und persönliche Entwicklung betont.

STICHWORTE ZU DEN PLANETEN

Planet	Stichworte
Sonne	Ihr Charakter
Mond	Ihre Gefühle
Merkur	Ideen und Kommunikation
Venus	Liebe und Zuneigung
Mars	Energie und Begierden
Jupiter	Überfluss
Saturn	Struktur
Uranus	Wandel und Individualität
Neptun	Träume und Intuition
Pluto	Tiefe, Kraft und Transformation

REIHENFOLGE DER ASPEKTANALYSE ↓

	Aspekte												
Planeten	☉	☽	☿	♀	♂	♃	♄	♅	♆	♇	AC	MC	nK
Sonne	☉												
Mond		☽											
Merkur			☿										
Venus				♀									
Mars					♂								
Jupiter						♃							
Saturn							♄						
Uranus								♅					
Neptun									♆				
Pluto										♇			
AC	Horoskopherrscher										AC	MC	n. Knoten
MC	Haus des Horoskopherrschers												
nK	aufsteigender Planet												

BEISPIELE

Nebenstehend sehen Sie Beispiele für die Bedeutung verschiedener Aspekte zwischen zwei Planetenpaaren. Die Deutungstexte sind zum Teil ein wenig überspitzt, um die Wirkung des jeweiligen Aspekts deutlich hervorzuheben. Sie werden rasch sehen, dass jedes Planetenpaar günstige und ungünstige Eigenschaften betonen kann, je nachdem welcher Aspekt zwischen den beiden Gestirnen besteht. (Eine vollständige Liste aller günstigen und weniger günstigen Eigenschaften der einzelnen Planeten finden Sie auf Seite 84–87.)

Innerhalb der spannungsreichen Aspekte können Konjunktionen eine mehr oder weniger konstruktive Außenwirkung entfalten. Quadrate deuten auf einen inneren Konflikt des Horoskopeigners hin, Oppositionen hingegen äußern sich als direkte Konflikte mit der Außenwelt, die vom Horoskopeigner in der Regel den Fehlern anderer zugeschrieben werden. Bedingt durch persönliche Entwicklung und charakterliche Reife können spannungsreiche Aspekte nach außen hin allerdings denselben konstruktiven Ausdruck finden wie die harmonischen. Innerlich ist dabei aber stets eine bewusste Steuerung vonseiten des Horoskopeigners erforderlich.

Sonnenaspekte beeinflussen den Charakter und das bewusste Ich, Merkuraspekte nehmen Einfluss auf die Gedanken und die Kommunikationsweise eines Menschen. Die mit Mars und Saturn auch im Hinblick auf Ihre aspektierende Wirkung einhergehenden Eigenschaften können Sie dem Kapitel über die Planeten entnehmen.

MARS IM ASPEKT ZU EINEM PLANETEN

harmonische Aspekte	spannungsreiche Aspekte
tatkräftig	ungestüm
mutig	aggressiv
entschieden	konfliktsüchtig
führungsstark	gewalttätig
enthusiastisch	primitiv

SONNE/MARS

☌ Konjunktion (spannungsreich)
Sie sollten in Bewegung bleiben, sonst werden Sie unruhig und ungehalten.

⚹ Sextil (harmonisch)
Sie sind lebhaft und aktiv. Sie wissen, dass Sie mehr Energie besitzen als viele andere.

□ Quadrat (spannungsreich)
Sie sind selbstbewusst und herausfordernd und schrecken nicht davor zurück, Konflikte zu provozieren.

△ Trigon (harmonisch)
Sie sind mutig und verfügen über ein großes Maß an Energie. Viele Menschen staunen über das, was Sie zuwege bringen.

☍ Opposition (spannungsreich)
Das Leben ist reich an Konflikten. Sie fragen sich oft, warum andere Menschen so kompliziert sind.

SATURN IM ASPEKT ZU EINEM PLANETEN

harmonische Aspekte	spannungsreiche Aspekte
ehrgeizig	armselig
verantwortlich	dogmatisch
geduldig	streng
praktisch	gehemmt
einfühlsam	kalt
zuverlässig	pessimistisch

MERKUR/SATURN

☌ Konjunktion (spannungsreich)
Sie sind Realist, neigen allerdings zu einer eher pessimistischen Haltung.

⚹ Sextil (harmonisch)
Sie handeln vorsichtig, geduldig und methodisch und lassen sich nicht von Hirngespinsten leiten.

□ Quadrat (spannungsreich)
Sie betrachten das Leben von seiner dunklen Seite. Sie sprechen zwar nicht oft darüber, beklagen sich dafür umso häufiger.

△ Trigon (harmonisch)
Planungen und Detailarbeiten entsprechen Ihren Talenten. Sie versprechen nur, was Sie halten können.

☍ Opposition (spannungsreich)
Sie fühlen sich ausgenutzt. Irgendwie schaffen es andere immer wieder, Ihre Pläne durcheinander zu bringen.

KAPITEL 4

DER ERSTE EINDRUCK

PLANETENMUSTER

Viele Anfänger glauben, dass in einem Horoskop immer alle zehn Planeten gleichmäßig verteilt sind, ohne besondere Gruppen zu formen, hervorgehobene Bereiche zu bilden, kleinere Lücken oder größere freie Stellen zu hinterlassen. Tatsächlich ist dies allerdings nur selten der Fall. Vielmehr bilden die Planeten in den meisten Horoskopen Gruppen, die sich zu speziellen Mustern zusammenfügen.

Es ist empfehlenswert, die Horoskopinterpretation mit der Betrachtung dieser Muster und aller dadurch eventuell hervorstechenden Einzelplaneten zu beginnen. Obwohl die gleichmäßige Planetenverteilung im so genannten Spritzer oft als ideal bezeichnet wird, findet man dieses Muster in den Horoskopen herausragender Persönlichkeiten nur äußerst selten. Vielmehr scheint gerade eine eher weniger ausgewogene Planetenverteilung für den nötigen Antrieb und die Zielgerichtetheit zu sorgen, die für ein erfolgreiches öffentliches Wirken nötig sind. Denken Sie, sobald Sie in Ihrem Horoskop oder dem einer anderen Person ein Muster entdecken, immer daran, dass dieses nie anders als günstig bewertet werden kann.

Marc Edmund Jones war der Erste, der sich in der ersten Hälfte des 20. Jahrhunderts mit der Deutung von Planetenmustern beschäftigte. Sein Ansatz wurde seither von vielen Astrologen weiterentwickelt. Es werden allerdings nur die zehn klassischen Planeten bei der Musteranalyse berücksichtigt. Lassen Sie sich also nicht dazu verleiten, Chiron oder den Mondknoten in Ihre Deutung einzubeziehen.

DAS BÜNDEL

Das Bündel ist die konzentrierteste Planetenansammlung, die in einem Horoskop auftreten kann. Alle Gestirne befinden sich innerhalb eines Horoskopdrittels, dies umfasst einen Bereich von 120 Grad oder vier Sternzeichen. Das Bündel vermittelt Konzentrationsfähigkeit und Zielgerichtetheit. Nachteilig kann sich diese Formation insofern erweisen, als dass außerhalb der Planetengruppierung gelegene Lebensbereiche vernachlässigt werden. Sie sollten sich beim Bemessen der Planetenmuster immer einen kleinen Spielraum gestatten. Wenn die Planeten leicht außerhalb der zulässigen Spanne liegen, können Sie bei der Bestimmung eines Musters durchaus nach eigenem Ermessen handeln.

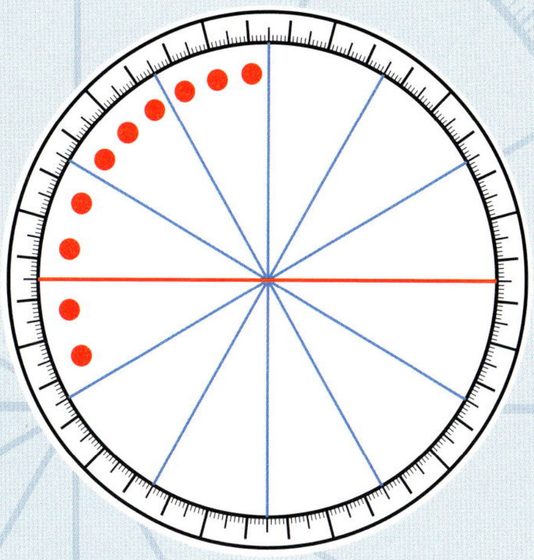

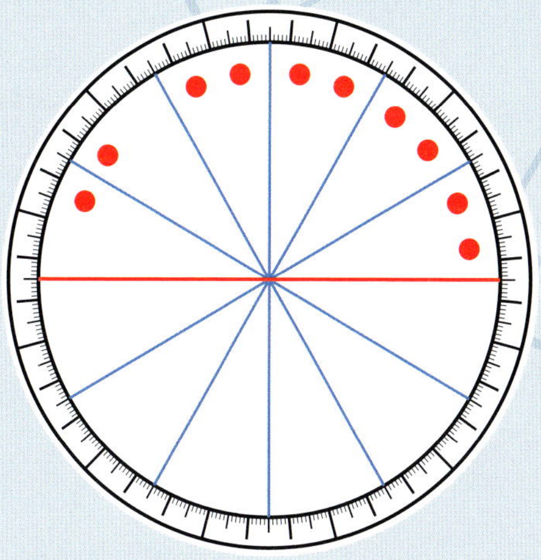

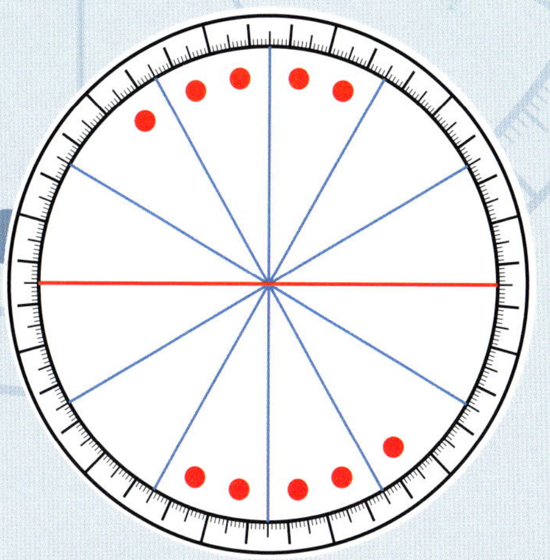

DIE SCHÜSSEL

Etwas ausgedehnter als das Bündel ist die Schüssel. Die Planeten besetzen etwa die Hälfte des Horoskopdiagramms, also 180 Grad oder sechs Sternzeichen. In einem klassischen Schüsselhoroskop findet man am äußeren Rand eine Opposition. Ähnlich wie das Bündel sorgt auch die Schüssel für eine starke Fokussierung auf die hervorgehobenen Bereiche, die durch die entsprechenden Häuser und Sternzeichen gekennzeichnet werden. Im Unterschied zum Bündel besteht ein deutliches Bewusstsein für die nicht besetzten Sphären.

DIE WIPPE

Die Wippe besteht aus zwei ähnlich angelegten Planetengruppen, die einander ungefähr gegenüberliegen. Jede davon erstreckt sich über etwa drei Zeichen und wird zu beiden Seiten von unbesetzten Bereichen von 60 Grad oder mehr flankiert. Es wird kaum verwundern, dass sich Personen mit einem solchen Planetenmuster durch zwei völlig verschiedene Seiten ihrer Persönlichkeit auszeichnen. Diese vermeintliche Spaltung kann von Vorteil sein, wenn es darum geht, objektive Standpunkte zu entwickeln.

DIE SCHLEUDER

Dieses auch unter dem Namen Fächer bekannte Muster basiert auf dem Bündel. Bis auf einen, besetzen alle Planeten einen Bereich von vier Sternzeichen oder 120 Grad. Der isolierte Planet wird als Griff bezeichnet und muss von den beidseitig angrenzenden Gestirnen mindestens 60 Grad entfernt liegen. Der Schlüssel für die Interpretation eines Schleuderhoroskops liegt in der Bedeutung des Griffs. In welchem Bezug steht dieser zu den anderen Planeten und was bedeutet dies für das Gesamthoroskop? Eine ähnliche Frage kann nebenbei bemerkt auch eine isolierte Konjunktion aufwerfen.

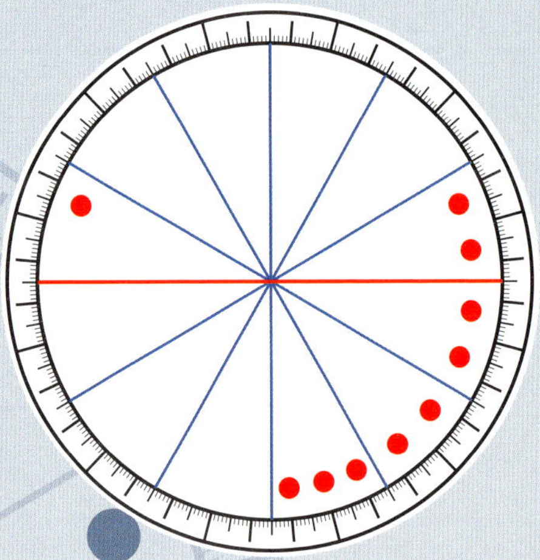

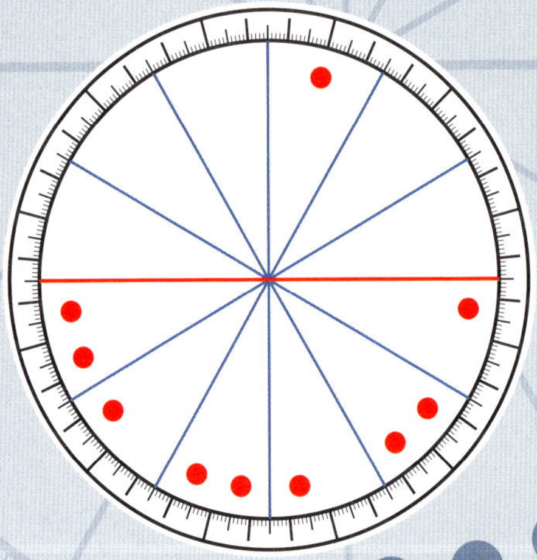

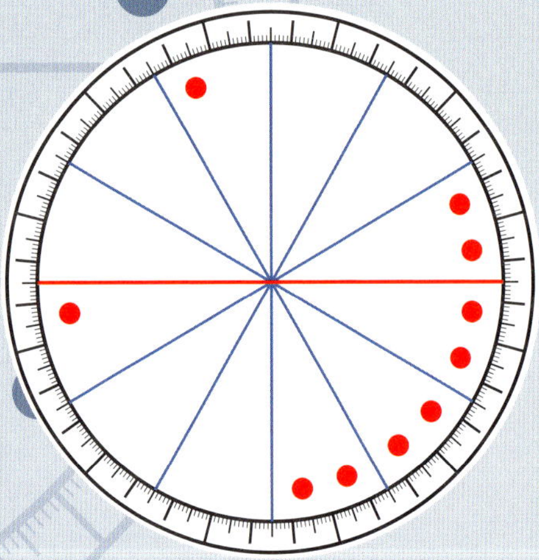

DER EIMER

Für den Eimer gilt Ähnliches wie für die Schleuder, abgesehen davon, dass es sich hier nicht um ein Bündel, sondern um ein Schüsselmuster handelt, dem ein isolierter Planet gegenübersteht. Auch interpretatorisch gesehen ähneln sich die beiden Formationen. In beiden Fällen ist zu überprüfen, wie gut oder schlecht der isolierte Planet mit den ihm gegenüberliegenden harmoniert.

DIE SCHUBKARRE

Dieses Muster wurde den klassischen Formationen erst kürzlich hinzugefügt. Man spricht von einer Schubkarre, wenn einem Bündel- oder Schüsselmuster zwei einzelne isolierte Planeten – die Schubkarrengriffe – gegenüberstehen. Es ergibt sich nur selten, dass beide Planeten exakt denselben Abstand zur Hauptgruppe aufweisen. Eine größere Affinität besteht dann in der Regel zu dem näher gelegenen Gestirn, während die Möglichkeiten, die der weiter abseits gelegene Planet eröffnet, vom Horoskopeigner oft ignoriert werden.

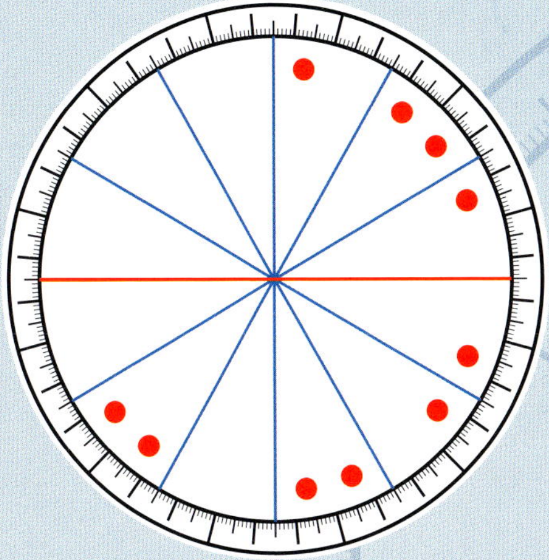

DIE LOKOMOTIVE

Hier besetzen die Planeten zwei Drittel des Horoskopdiagramms und verteilen sich gleichmäßig über etwa acht Sternzeichen. Ein zirka vier Zeichen oder 120 Grad umfassender Bereich bleibt leer. Als Lok in dieser Formation gilt der Planet, der – gemäß der gegen den Uhrzeigersinn verlaufenden Horoskoprichtung – den unbesetzten Bereich als Erster berührt. Das Leben von Menschen mit Lokomotivhoroskopen richtet sich an der Bedeutung dieses Lok-Planeten aus, der daher inklusive seiner Haus- und Zeichenplatzierung sowie seiner Aspekte genau analysiert werden sollte.

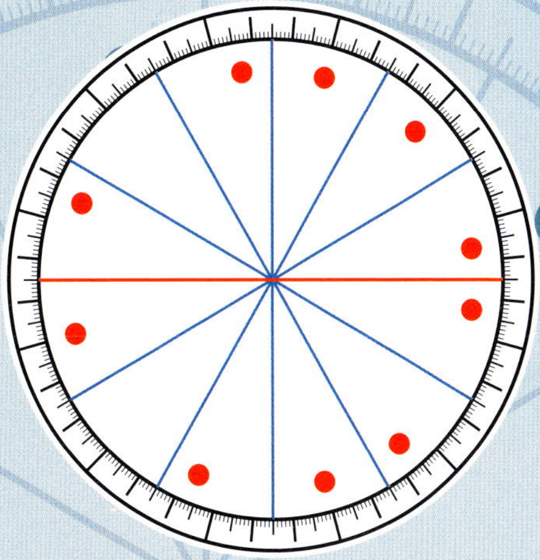

DER SPRITZER

Die gleichmäßige Verteilung der Planeten im Spritzer ist das, was die meisten Menschen wohl als ideal bezeichnen würden. Jeder Quadrant ist hier besetzt und es gibt keine Lücken, die größer als 90 Grad sind. Obwohl Menschen mit einem solchen Planetenmuster sehr facettenreich sind und zahlreiche Talente besitzen, fällt es ihnen in der Regel schwer sich auf einen dieser Bereiche zu konzentrieren und ihre Ziele darauf auszurichten.

DIE SPREIZUNG

Die Spreizung weist, dem Spritzer ähnlich, eine recht gleichmäßige Planetenverteilung auf. Allerdings sticht hier immer mindestens eine enger zusammenstehende Gruppe hervor, auf die sich die Deutung konzentrieren sollte. Da Spreizungshoroskope von Natur aus immer wieder anders aussehen, ist Individualität ein besonderes Merkmal ihrer Horoskopeigner. Manchmal ergibt sich auch eine dreibeinähnliche Formation, die dann sowohl auf grundlegende Stabilität, als auch auf breit gefächerte Talente verweist. Falls Sie ein Horoskop vor sich haben, das keines der anderen hier vorgestellten Muster aufweist, ist es wahrscheinlich ein Spreizungshoroskop.

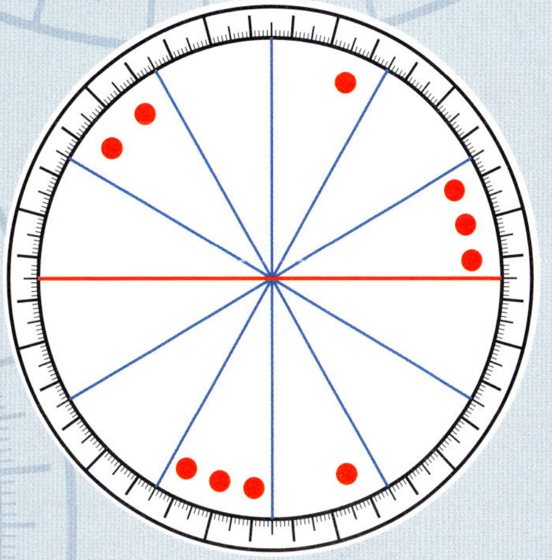

PLANETENVERTEILUNG

Nachdem Sie Ihr Planetenmuster bestimmt haben, sollten Sie die ebenfalls sehr aussagekräftige Verteilung der Planeten innerhalb der verschiedenen Regionen Ihres Horoskops genauer betrachten.

Die jeweilige Ausrichtung eines Planetenmusters – z. B. ob sich die Planeten hauptsächlich in der oberen Hemisphäre oder in den ersten sechs Häusern sammeln – ist für die Deutung relevant. Die Verteilung der Planeten wird auf zwei Weisen beurteilt: zum einen anhand Ihrer Platzierung in den vier Quadranten, zum anderen aufgrund Ihrer Verteilung in den Hemisphären. Wichtig ist auch die Analyse von Planetengruppen, so genannten Stellien, da diese das Haus und das Sternzeichen, in dem sie stehen, besonders hervorheben.

DIE QUADRANTEN

Die Aszendent-Deszendent-Achse und die Spitzen des vierten und zehnten Hauses teilen das Horoskop in vier Quadranten. Zuweilen wird statt der Häuserspitzen auch die MC-IC-Achse als zweite Teilungsgerade verwendet, was oft unterschiedliche Quadrantengrößen zur Folge hat.

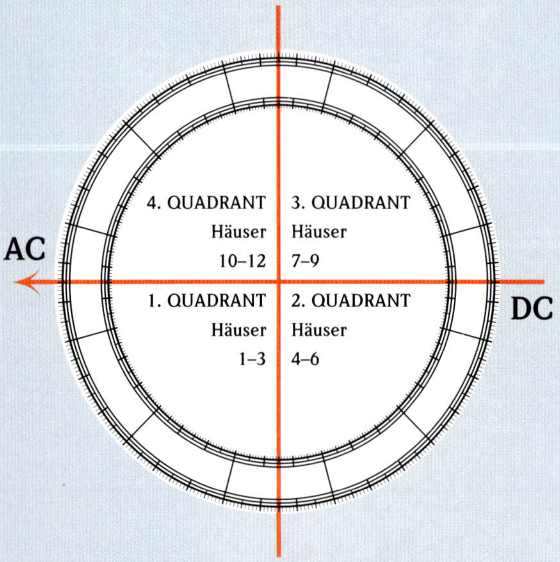

Zur Analyse der Planetenverteilung zählen Sie die Anzahl der Gestirne in jedem Quadranten. Berücksichtigen Sie dabei nur die zehn klassischen Planeten, und stellen Sie fest, welcher Quadrant am stärksten besetzt ist. Im Bereich der geringer besetzten besteht Entwicklungspotenzial.

Eine ausgewogene Planetenverteilung mag auf einen ausgewogenen Charakter hindeuten, doch das ist nicht immer so. Andere Horoskopfaktoren können dies widerlegen.

ERSTER QUADRANT

Befindet sich die Mehrzahl der Planeten im ersten Quadranten, deutet das auf eine starke Selbstfokussierung hin. Obwohl andere Planetenkonstellationen diesen Eindruck modifizieren können, sollte für Ausgleich gesorgt werden.

ZWEITER QUADRANT

Eine Häufung der Planeten im zweiten Quadranten zeugt von einer starken Affinität zu Häuslichkeit, Kindern, Arbeit, Gesundheit und Alltagspflichten. Zudem werden Kreativität, Freizeit und individuelle Lebensgestaltung hervorgehoben.

DRITTER QUADRANT

Für Menschen mit einem Großteil der Planeten im dritten Quadranten ist die Erweiterung des persönlichen Horizonts sehr wichtig. Partnerschaften, Quellenaustausch, Erkenntnissuche, Reisen und die Herausbildung philosophischer oder religiöser Grundsätze spielen dabei eine wichtige Rolle.

VIERTER QUADRANT

Der vierte Quadrant steht für den Bereich der Spiritualität, für höhere Werte, Selbstaufopferung, Intuition und Rückzug. Hier stehen Gemeinschaftssinn und humanitäre Interessen im Vordergrund. Menschen mit vielen Planeten in diesem Quadranten wollen einen gesellschaftlichen Beitrag leisten.

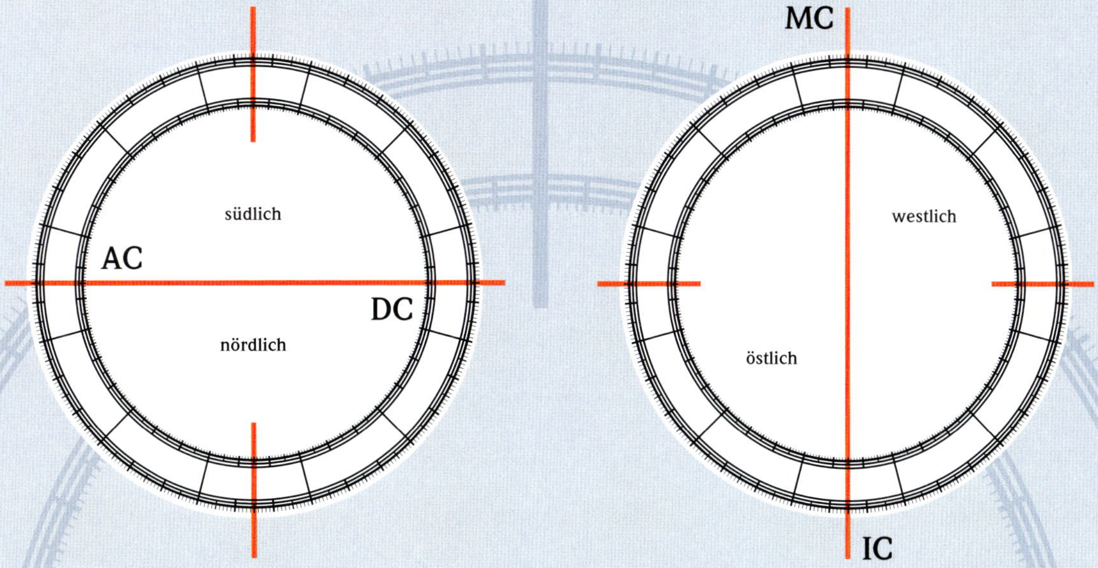

DIE HEMISPHÄREN

Es gibt zwei Möglichkeiten, ein Horoskop in Hemisphären einzuteilen: horizontal, entlang der Aszendent-Deszendent-Achse und vertikal, entlang der imaginären, weil nicht durchgehend eingezeichneten MC-IC-Achse.

Traditionell wird die Hemisphäreneinteilung für Horoskope spiegelbildlich zur üblichen Darstellung der Himmelsrichtungen vorgenommen. Die Planeten sind sichtbar, wenn sie sich in der südlichen Hemisphäre im oberen Teil des Horoskops befinden, und unsichtbar, wenn sie unterhalb des Horizonts in der nördlichen Hemisphäre platziert sind. Sie gehen im Osten (auf der Aszendentenseite) auf und im Westen (auf der Deszendentenseite) unter.

Um sich die Verteilung der Planeten auf die Hemisphären näher anzuschauen, teilen Sie Ihr Diagramm zunächst an den erforderlichen Achsen und zählen Sie dann die Planeten (nur die zehn klassischen!) in jeder Hemisphäre. Eine relativ ausgewogene Planetenverteilung heißt nicht viel, da in diesem Stadium noch nicht von einer ausgeglichenen Persönlichkeit ausgegangen werden kann, aber Verteilungen im Verhältnis 7:3 oder höher verdienen eine genauere Betrachtung.

NORD-SÜD

Befindet sich die Mehrzahl Ihrer Planeten in der südlichen Hemisphäre, kann man Sie als extrovertierte Persönlichkeit bezeichnen. Wenn Sie auf Probleme stoßen, suchen Sie außerhalb Ihrer selbst nach Lösungen. Sie sind kontaktfreudig und versuchen, aus allem das Beste zu machen. Stehen hingegen die meisten Ihrer Planeten in der nördlichen Hemisphäre, sind Sie eher schüchtern und zurückhaltend, ein introvertierter Mensch mit einem regen und faszinierenden Seelenleben. In Krisenzeiten suchen Sie zunächst bei sich selbst Kraft und Lösungen.

OST-WEST

Stehen die meisten Ihrer Planeten in der östlichen Hemisphäre, kreist in Ihrem Leben im Großen und Ganzen alles um Sie selbst; Entscheidungen treffen Sie in der Regel mit Blick auf Ihre eigenen Bedürfnisse. Befindet sich der Großteil der klassischen Planeten allerdings in der westlichen Hemisphäre, handeln Sie selbstloser und beziehen die Bedürfnisse anderer in Ihre Entscheidungen mit ein.

STELLIEN

Ein Stellium liegt immer dann vor, wenn drei oder mehr Planeten zusammen ein Haus oder ein Sternzeichen besetzen. Stellien machen im Falle von Häusern auf Lebensbereiche, im Falle von Sternzeichen auf Eigenschaften aufmerksam, denen ein besonderer Stellenwert im Leben des Horoskopeigners zuzuordnen ist.

ASPEKTFIGUREN

Eine weitere Möglichkeit, sich einen ersten Eindruck von einem Horoskop zu verschaffen, ist die Betrachtung eventueller Aspektfiguren. Fast in der Hälfte aller Geburtshoroskope findet sich mehr als eine Aspektfigur. Obwohl dem Fehlen solcher Figuren keine besondere Bedeutung beizumessen ist, sollte ein Vorkommen stets Ihre Aufmerksamkeit erregen. Aspektfiguren sind in vielerlei Hinsicht bedeutsam. Einige heben z. B. bestimmte Häuser, Planeten oder Sternzeichen hervor.

Viele Astrologen glauben, dass ein Übermaß an harmonischen Aspekten nicht unbedingt positiv zu deuten ist, denn erst Probleme und Schwierigkeiten machen einen Menschen zu einer komplexen und ausgeglichenen Persönlichkeit. Spannungsreiche Konstellationen werden daher oft auch als dynamisch bezeichnet, da sie persönliche Leistungen fordern und fördern, durch die ein Wandel herbeigeführt werden kann, der das Ich positiv formt. Niemand wünscht sich ständigen Stress oder psychische Belastungen, in kleinen Dosen können sie allerdings durchaus motivierend wirken.

T-QUADRAT

Das T-Quadrat ist eine kraftvolle Figur, bei der zwei Planeten in Opposition zueinander stehen und ein weiterer Planet zu beiden ein Quadrat bildet. Da ausnahmslos spannungsreiche Aspekte involviert sind, ist das der Figur innewohnende Potenzial grundlegend konfliktreich. Wie sich dieses Konfliktpotenzial äußerst, hängt von den Planten ab, aus denen sich die Figur zusammensetzt, es kann allerdings durchaus positiv genutzt werden. Zwar werden die weniger günstigen Eigenschaften der einzelnen Planeten und Aspekte im Leben des Horoskopeigners immer eine Rolle spielen, doch sie können – theoretisch zumindest – unterdrückt werden.

Der der Spitze des T-Quadrats gegenüberliegende leere Raum symbolisiert – durch das Haus und das Zeichen, in dem er sich befindet – jenen Lebensbereich, in dem der Horoskopeigner seine besten Leistungen erbringen kann. Wie schwer oder leicht ihm das fallen wird, hängt unter anderem davon ab, ob die Planeten, die das T-Quadrat bilden, in kardinalen, fixen oder beweglichen Zeichen stehen. Mit beweglichen Zeichen können Probleme umschifft werden, und kardinale Zeichen fördern die direkte Konfrontation, mit vorwiegend fixen Zeichen könnte sich der Weg zum Erfolg allerdings beschwerlicher gestalten.

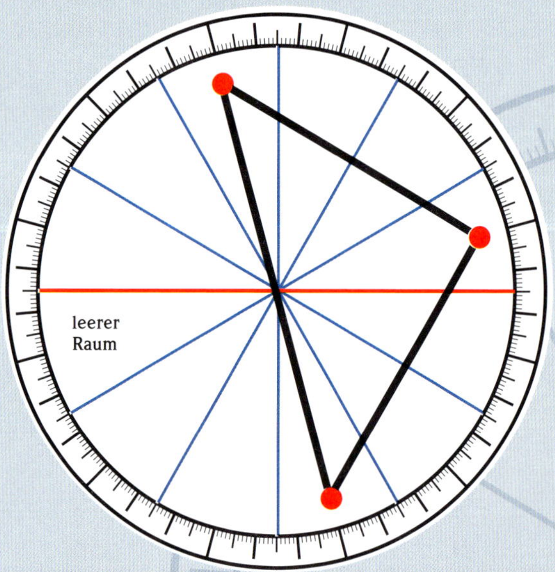

GROSSES KREUZ

Diese mit vielen Spannungen einhergehende Aspektfigur wird im übertragenen Sinne auch als das Kreuz bezeichnet, das ein Mensch zu tragen hat. Sie setzt sich aus vier Planeten zusammen, die untereinander zwei Oppositionen und vier Quadrate bilden. Ebenso wie T-Quadrate werden auch große Kreuze nach den Qualitäten der Zeichen klassifiziert,

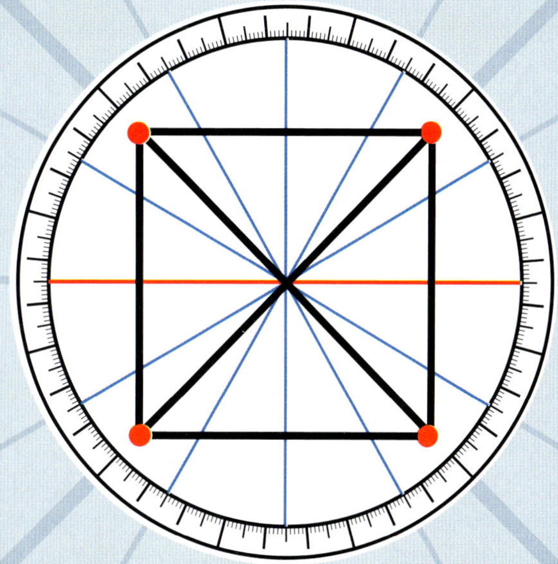

in denen sich die jeweiligen Planeten der Figur befinden. Wieder einmal stellt den Horoskopeigner eine Figur mit Planeten in fixen Zeichen vor die größte Herausforderung.

Obwohl es zahlreiche Menschen gibt, die trotz eines großen Kreuzes in ihrem Geburtshoroskop ein aktives, erfolgreiches und erfülltes Leben genießen, haben viele andere aufgrund dieser Aspektfigur zahlreiche ernste Probleme. Sie müssen nicht unbedingt mit Tragödien konfrontiert werden, doch schwache Leistungen, enttäuschende Beziehungen und persönliche Unzufriedenheit können eine schwere Last für sie sein. Unter einer solchen Konstellation Geborene sind dem ihr ganzes Leben lang ausgesetzt. Die geschlossene Form dieser Aspektfigur kann zwar herausfordernd wirken, doch auch hier werden einigen mehr Auswege eröffnet als anderen.

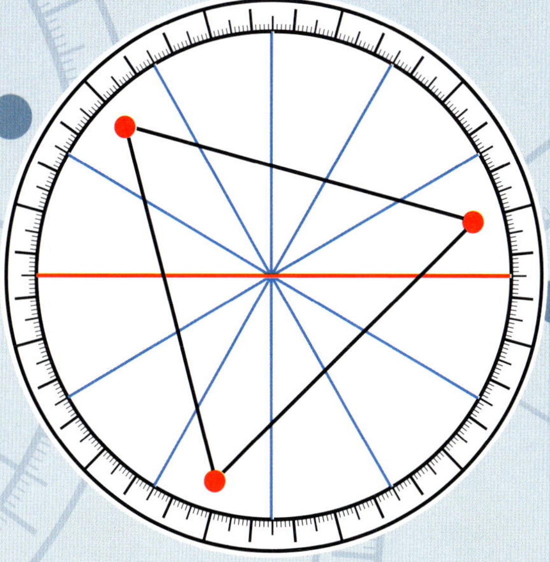

GROSSES TRIGON

Ein großes Trigon setzt sich aus drei Planeten zusammen, die jeweils ein Trigon zu den beiden anderen bilden. Traditionell betrachtet ist dies eine positive Konstellation, die mit Zufriedenheit, Stabilität, Glück und Erfolg einhergeht. Ihre beste Wirkung entfaltet sie allerdings erst, wenn sie durch andere, dynamischere Konstellationen gefordert wird. Ohne diese könnte das Leben zu einfach sein, obwohl gerade Menschen mit einem großen Trigon Probleme, die sich Ihnen stellen, als besonders akut empfinden.

Wird die Wirkung von Quadraten und Kreuzen auf der Grundlage der drei Qualitäten genauer klassifiziert, so beurteilt man den Einfluss von Trigonen im Hinblick auf die vier Elemente: Menschen mit großen Trigonen in Luft- und Feuerzeichen sind erfolgreich aufgrund eigener Anstrengungen, bei jenen mit großen Trigonen in Erd- und Wasserzeichen spielt hingegen das Glück eine größere Rolle.

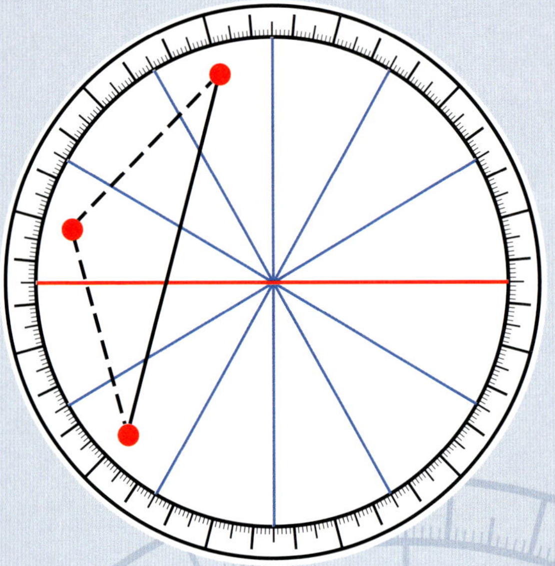

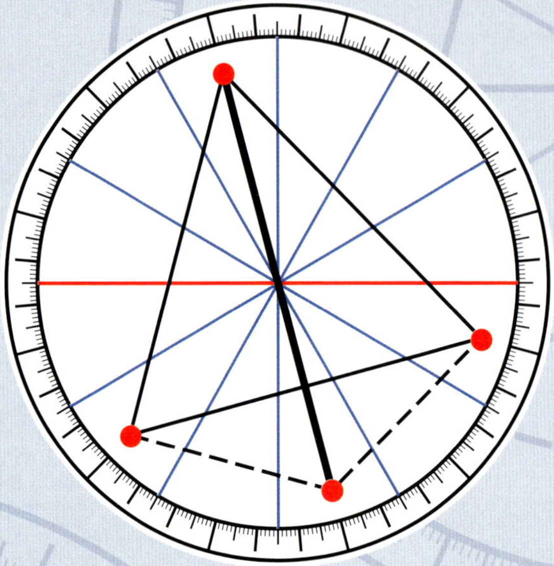

KLEINES TRIGON

Bei dieser Unterart des großen Trigons bilden zwei Planeten ein Trigon zueinander, während ein dritter ein Sextil zu diesen beiden formt. Die Figur besteht in der Regel aus Planeten, die entweder in positiven oder negativen Zeichen stehen. Die Wirkung dieser Aspektfigur ist vergleichbar mit der des großen Trigons, allerdings geringer. Der Horoskopeigner muss im Leben weniger nach Herausforderungen suchen, da die beiden Sextile ihn mit solchen versorgen werden.

DRACHEN

Der Drachen ist die vielleicht positivste Aspektfigur, da sie sowohl ein großes Trigon als auch ein kleines Trigon enthält sowie eine Opposition in der Mitte der Figur, die die nötige Dynamik stiftet. Die Spannungen, die durch die zentrale Opposition hervorgerufen werden, holen das Beste aus der gesamten Konstellation heraus, wobei weitere Herausforderungen durch andere spannungsreiche Aspekte im Horoskop ebenfalls zuträglich sein können. Die Drachenfigur leitet den Horoskopeigner mühelos durch ein glückliches, friedvolles und einfaches Leben, doch er sollte sich immer fragen, ob er das großartige Potenzial, dass ihm sein Geburtshoroskop eröffnet, auch entsprechend nutzt.

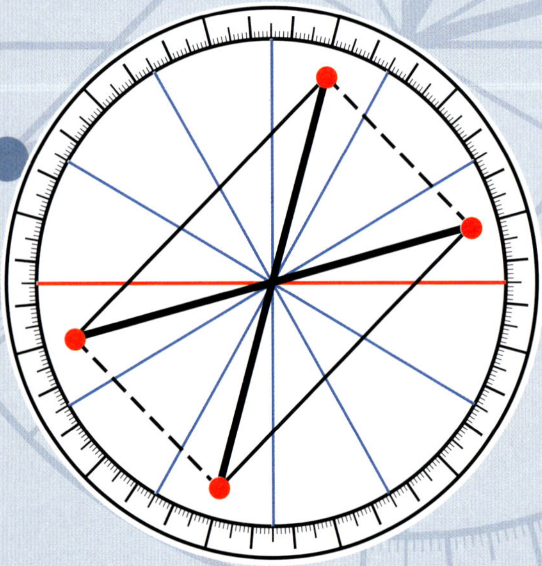

MYSTISCHES RECHTECK

Hier werden vier Planeten durch zwei parallele Trigone, zwei ebenso parallel verlaufende Sextile und zwei sich kreuzende Oppositionen verbunden. Trotz seines Namens verleiht das mystische Rechteck dem Leben nicht unbedingt mystische Tendenzen – obschon das natürlich durch andere Konstellationen der Fall sein kann. Das mystische Rechteck dehnt sich über einen großen Bereich des Horoskops aus und setzt sich aus einem günstigen Mix harmonischer und dynamischer Aspekte zusammen sowie aus Planeten, die vorrangig in positiven oder in negativen Zeichen stehen.

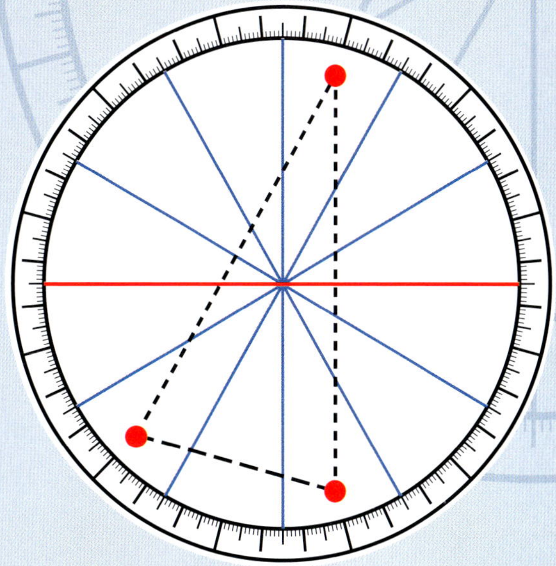

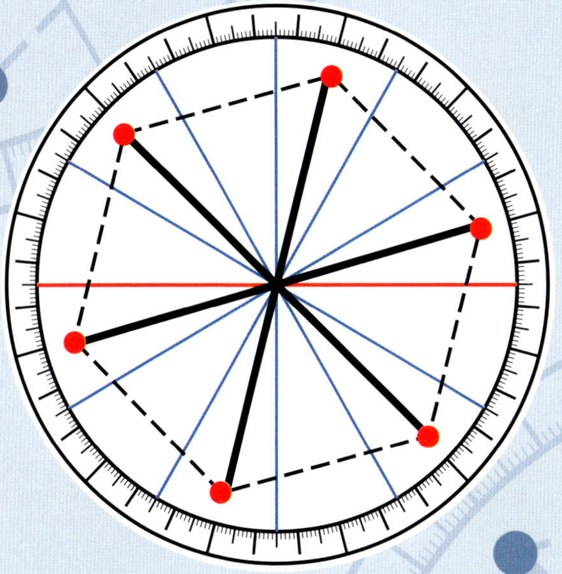

YOD

Bei dieser Figur bilden zwei Planeten ein Sextil und zu einem Dritten jeweils eine Quinkunx. Zwar handelt es sich bei der Quinkunx nur um einen Nebenaspekt, doch die Figur, um die es hier geht, sollte keineswegs als zweitrangig angesehen werden. Sie wird zuweilen auch *Finger des Schicksals* oder *Finger Gottes* genannt und stellt den an der Spitze stehenden Planeten heraus, mitsamt den Eigenschaften und Lebensbereichen, die er durch Haus und Sternzeichen vorgibt. Diesen Eigenschaften und Lebensbereichen gerecht zu werden, ist ein entscheidendes Lebensziel des Horoskopeigners. Zunächst ist ihm dies nur vage bewusst, doch mit der Zeit nimmt dieser Umstand eine immer größere Bedeutung in seinem Leben ein. Es wird zu Krisen und Verzweiflungen kommen, bevor die entscheidende Veränderung eintritt, die letztlich zum Erfolg führt.

GROSSES SEXTIL

Diese seltene, aber unverwechselbare Aspektfigur bildet aus sechs Planeten, die sechs aufeinanderfolgende Sextile formen, ein erkennbares, das gesamte Horoskop umfassende Hexagon. Normalerweise stehen die beteiligten Planeten ausschließlich in positiven oder in negativen Zeichen. Während große Sextile weder herausragende Ambitionen fördern noch großes Glück in materieller Hinsicht versprechen, können Menschen mit einer solchen Aspektfigur ein durchaus erfüllendes Leben führen.

BEISPIELDEUTUNG 1

Lisa wurde am Heiligen Abend des Jahres 1931 um 16:30 Uhr in Wimbledon, Süd-London, geboren. Die Sonne steht im sechsten Haus und im Steinbock, der Mond befindet sich im zwölften Haus und in den Zwillingen. Lisas Aszendent ist Krebs, und Pluto steht im ersten Haus.

PLANETENMUSTER

Das Planetenmuster tendiert zur Wippe. Die fünf um den Deszendenten gruppierten Gestirne weisen auf eine besondere Bedeutung der Partnerschaft hin und stehen in ungefährer Opposition zu den selbstbezüglichen Energien der östlichen Hemisphäre. Dies verweist auf einen Konflikt zwischen Lisa und anderen. Persönliche Interessen und die Bedürfnisse anderer müssen behutsam austariert werden.

PLANETENVERTEILUNG

Die Quadranten sowie die nördliche und südliche Hemisphäre sind zu etwa gleichen Teilen besetzt, mit einer etwas stärkeren Gewichtung der westlichen Hemisphäre, die durch ein Stellium von drei Planeten im siebten Haus zusätzlich betont wird. Enge Beziehungen werden in Lisas Leben demzufolge von herausragender Bedeutung sein. Ein weiteres Stellium von vier Planeten im Steinbock hebt eben dieses Sternzeichen hervor.

ASPEKTFIGUREN

Saturn im Steinbock und im siebten Haus steht in Opposition zu Pluto im ersten Haus und im Krebs, beide bilden ein Quadrat zu Uranus im Widder und im zehnten Haus, woraus sich ein kardinales T-Quadrat ergibt. Lisa besitzt demzufolge eine starke Persönlichkeit und fasst nur langsam Vertrauen zu anderen. Sie kann Kontrolle durch andere nicht ertragen. Neue Beziehungen geht sie nur widerstrebend ein und fühlt sich dann rasch eingeengt. Ohne sich dieses Freiheitsdrangs bewusst zu sein, provoziert sie oft, wodurch ein Bruch beschleunigt wird. Lisas leerer Raum befindet sich im vierten Haus und in der Waage, was darauf hindeutet, dass sie zunächst zu innerem Gleichgewicht finden muss, bevor ihr Privatleben harmonisch wird.

SONNE

Mit der Sonne im sechsten Haus und im Steinbock ist Lisa ein wahres Arbeitstier. Sie arbeitet gern und sorgt sich um ihre Gesundheit. Ihre Zukunftsperspektiven werden durch Merkur im Schützen bestimmt, der ein breites Interessensspektrum fördert. Im sechsten Haus stehend bildet er ein Trigon mit Neptun im zweiten Haus. Lisa wird in einem kreativen oder künstlerischen Beruf leicht Geld verdienen können. Der enge Bezug zwischen Merkur und Schütze zu Schriftstellerei und Publizistik verstärkt diese Neigung, wenngleich sie aufgrund der Rückläufigkeit des Merkurs leicht von einem überzogenen Pflicht- und Verantwortungsgefühl in den Hintergrund gedrängt werden kann.

MOND

Der Mond in den Zwillingen macht Lisas Kommunikationsdrang offenkundig. Lunare Oppositionen zu Sonne und Merkur, den Planeten unseres bewussten Selbst, im Bereich des den Pflichten zugeordneten sechsten Hauses, unterbinden Leichtfertigkeit. Deshalb hält Lisa Gefühle eher verborgen.

ASZENDENT

Lisa Aszendent ist der Krebs, der bei ihr einen großen Teil des ersten Hauses belegt. Der Einfluss Plutos, der ebenfalls im ersten Haus steht, führt dazu, dass Lisa wie jemand wirkt, der Angriff für die beste Verteidigung hält. Mars steht in Konjunktion zum Deszendenten im Steinbock, was auf häufige Konfrontationen hindeutet. Das gleichzeitig mit Uranus gebildete Quadrat fügt dem eine gute Portion Starrsinn und Exzentrizität hinzu. Ein gewisses Maß an Feingefühl erhält Lisa durch das von Neptun mit dem Aszendenten gebildete Sextil, dennoch werden sich andere nicht gerne auf sie einlassen.

LISAS HOROSKOP

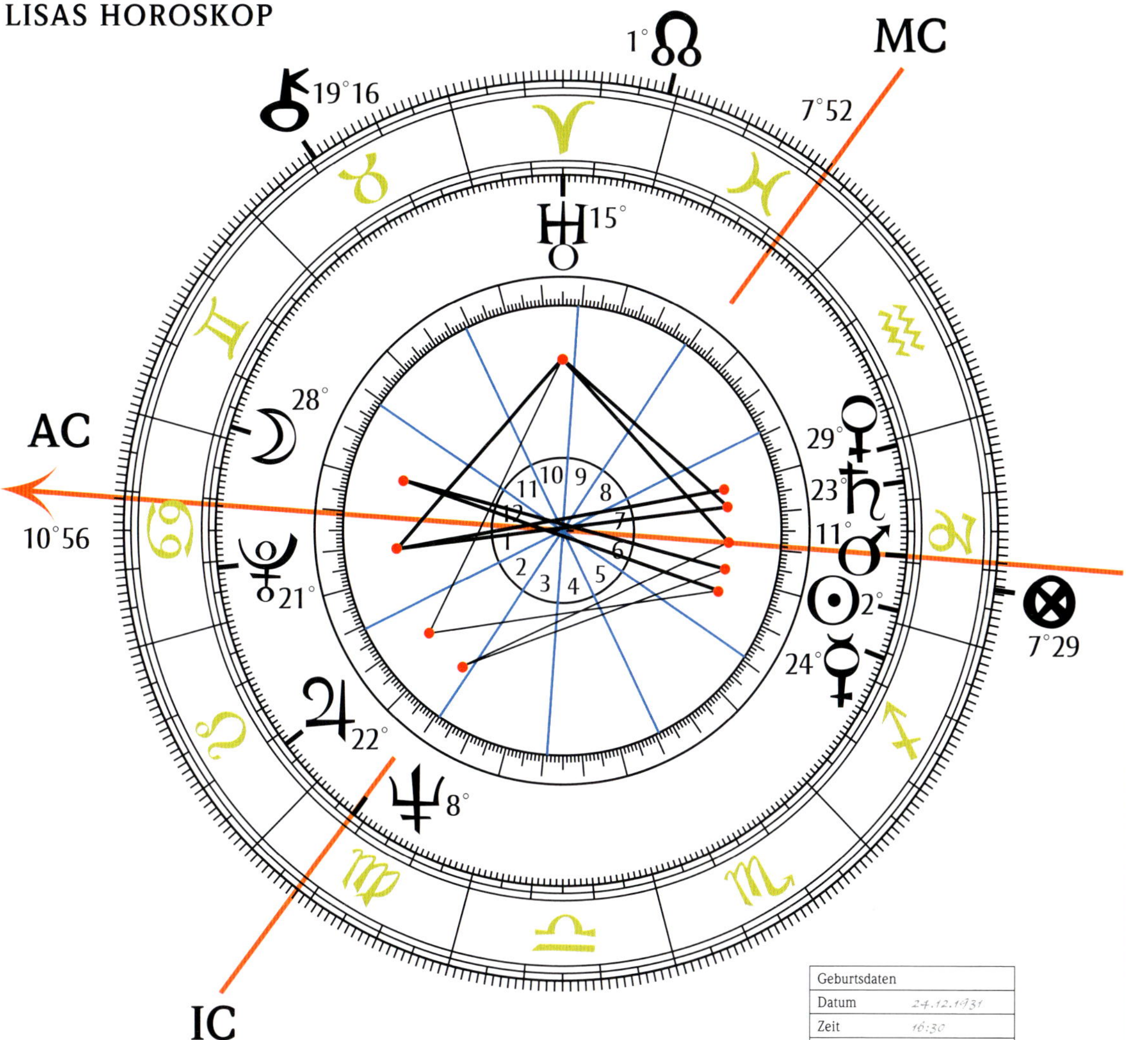

Geburtsdaten	
Datum	24.12.1931
Zeit	16:30
GMT	16:30
Ort	Wimbledon
Breitengrad	51°25N
Längengrad	0°12W

Horoskopart	Geburtshoroskop
Häusersystem	äqual

Grad	Zeichen	R	Planeten	Aspekte ☉	☽	☿	♀	♂	♃	♄	♅	♆	♇	AC	MC	nK
1°55	♑		Sonne	☉	☍	☌						△				□
28°28	♊		Mond		☽	☍										□
24°15	♐	℞	Merkur			☿			△							□
28°36	♑		Venus				♀			☌			☍			✱
11°07	♑		Mars					♂			□	△		☍	✱	
22°16	♌	℞	Jupiter						♃		△					
22°55	♑		Saturn							♄	□		☍			
15°26	♈	℞	Uranus								♅		□	□		
7°56	♍	℞	Neptun									♆		✱	☍	
21°27	♋	℞	Pluto										♇			
10°56	♋		AC	Horoskopherrscher	☽									AC	MC	n. Knoten
7°52	♊		MC	Haus des Horoskopherrschers	12.											
0°40	♈		n. Knoten	aufsteigender Planet	--											

Qualitäten		Elemente	
kardinal	6	Feuer	3
fix	1	Erde	5
beweglich	3	Luft	1
Planeten an Eckpunkten	♂♆	Wasser	1
		Domizil	♄
gegenseitige Verstärkung	--	Fall	--
		Erhöhung	♂
NOTIZEN		Exil	☿♆

NOTIZEN:
+☌☉☌♂△♆☍AC✱MC□☊
⚷℞□♃△♄✱♇

Planeten in positiven Zeichen	4
Planeten in negativen Zeichen	6

KAPITEL 5

GESTIRNSTÄNDE INTERPRETIEREN

AUFSTEIGENDER PLANET & HOROSKOPHERRSCHER

Nicht jeder hat einen aufsteigenden Planeten. Durch das Fehlen ist der Horoskopeigner nicht benachteiligt, doch wer einen besitzt, sollte dessen Bedeutung nicht unterschätzen. Er kann die Wirkung des Aszendenten gänzlich aufheben, modifizieren oder an dessen Stelle treten.

Der aufsteigende Planet muss in Konjunktion zum Aszendenten stehen. Er kann sich im zwölften oder im ersten Haus befinden, wobei er in letzterem Fall Ihre Persönlichkeit entscheidend beeinflusst. Falls in Ihrem Horoskop mehr als ein Planet in Konjunktion zum Aszendenten steht, wird derjenige, der dem Aszendenten am nächsten ist, als aufsteigender Planet betrachtet. Sollten zwei Planeten genau gleichweit vom Aszendenten entfernt stehen, ist der sich schneller bewegende Ihr aufsteigender Planet, denn Sie können, wenn überhaupt, nur einen aufsteigenden Planeten haben. Alle anderen in Konjunktion zum Aszendenten oder einer anderen Horoskopachse stehenden Planeten sind Planeten an Eckpunkten. Falls gar kein Planet in Konjunktion zu Ihrem Aszendenten steht, besitzen Sie keinen aufsteigenden Planeten.

Ihr Horoskopherrscher ist der Planet, der Ihren Aszendenten regiert. Ist beispielsweise Löwe Ihr aufsteigendes Zeichen, so ist Ihr Horoskopherrscher die Sonne, mit dem Aszendenten Krebs wiederum wird der Mond zu Ihrem Horoskopherrscher. Selbst wenn sich die Position Ihres Aszendenten am äußeren Ende eines Zeichens befindet, bestimmt dieses Zeichen Ihren Horoskopherrscher. Venus regiert die Horoskope derer, die den Stier oder die Waage als aufsteigendes Zeichen haben, Merkur herrscht bei jenen, deren Aszendent Jungfrau oder Zwillinge ist.

Stellen Sie, wenn Sie Ihren Horoskopherrscher ermittelt haben, fest, in welchem Haus Ihres Horoskops er sich befindet. Dies deutet auf einen Lebensbereich hin, in dem Sie mit den Eigenschaften, die durch den Horoskopherrscher vorgegeben werden, viel leisten und erfolgreich sein können.

AUFSTEIGENDER PLANET

SONNE

☉ Sie sind charakterstark und haben ein sonniges Gemüt. Wenn Sie einen Raum betreten, kann niemand Sie übersehen.

MOND

☽ Sie sind fürsorglich, geben gerne und stellen emotinale Bindungen her. Zudem sind Sie feinfühlig, offen und reflektiert.

MERKUR

☿ Sie reden gern und langweilen sich rasch. Sie brauchen ständig neue Anregungen.

VENUS

♀ Argumente sind nicht Ihre Sache. Sie kleiden sich gerne gut, sind zugänglich und streben nach einem leichten Leben.

MARS

♂ Sie sind energisch, anspruchsvoll und suchen oft die Konfrontation. Je nach Gemütslage arbeiten Sie gut im Team oder allein.

JUPITER

♃ Sie sind hoch gewachsen oder bestechen durch eine große Persönlichkeit. Sie sind optimistisch, extrovertiert und großherzig.

SATURN

♄ Sie sind stets ernst, auch wenn Sie sich wohlfühlen. Keiner weiß, was in Ihnen vorgeht.

URANUS

♅ Ihr äußeres Erscheinungsbild ist außergewöhnlich. Sie können gut mit Computern umgehen und sind technikbegeistert.

NEPTUN

♆ Glamour und Illusion sind Ihr Metier. Auf einige wirken Sie faszinierend, andere halten Sie für wenig vertrauenswürdig.

PLUTO

♇ Sie versuchen, so wenig wie möglich von sich preiszugeben. Sie besitzen eine starke Persönlichkeit. Ihre Pläne schmieden Sie im stillen Kämmerlein.

HOROSKOP-HERRSCHER

SONNE

☉ Sie gewinnen am meisten, wenn Sie ganz Sie selbst sind, wenn Sie Ihr inneres Licht strahlen und das Kind, das in Ihnen schlummert, spielen lassen.

MOND

☽ Sie sollten sich eine wärmere, gefühlsbetontere Art aneignen und weniger der Logik als Ihren Emotionen vertrauen.

MERKUR

☿ Fördern Sie Ihre analytischen Fähigkeiten, Ihren Intellekt, Ihr logisches Denken, Ihre Beobachtungsgabe und Ihre kommunikative Ader in Diskusionen, wann immer es Ihnen möglich ist.

VENUS

♀ Ihnen ist es wichtig, in dem durch das Haus vorgegebenen Lebensbereich Zufriedenheit und Harmonie zu schaffen. Andere sollten Sie deshalb nicht verspotten.

MARS

♂ Es ist löblich, auch die Bedürfnisse anderer zu berücksichtigen, doch sollten Sie diese nicht über die eigenen stellen.

JUPITER

♃ Lernen, reisen und bewusstseinserweiternde Erfahrungen werden in dem durch das Haus vorgegebenen Lebensbereich für Sie an erster Stelle stehen.

SATURN

♄ Sie müssen Ihren Standpunkt definieren, was Ihnen mit Geduld auch gelingen wird.

URANUS

♅ Sie müssen Ihre Individualität zum Ausdruck bringen, sonst knallt es irgendwann.

NEPTUN

♆ Folgen Sie Ihren Träumen, vor allem in jenem Lebensbereich, der durch das Haus gekennzeichnet ist.

PLUTO

♇ Sie werden viele Veränderungen durchmachen, wollen aber stets die Kontrolle behalten, besonders in dem Lebensbereich, der durch das Haus markiert wird.

UNASPEKTIERTE PLANETEN

Ein unaspektierter Planet bildet keinen Aspekt zu einem anderen Planeten. Er kann zwar die Kardinalpunkte, den Mondknoten, Chiron oder den Glückspunkt aspektieren, doch diese Aspekte sind von eher geringer Bedeutung, solange kein weiterer Planet betroffen ist.

Ein unaspektierter Planet kann auch Nebenaspekte bilden, ohne seinen unaspektierten Status zu verlieren. Das gilt selbst für einen Planeten, der die Spitze einer Yod-Figur bildet und in diesem Zusammenhang von großer Bedeutung ist.

Früher ging man davon aus, dass unaspektierte Planeten grundsätzlich weniger Einfluss besitzen als aspektierte, da ihnen der Kontakt zu anderen Planeten fehlt und sie daher nur unzureichend in das Gesamthoroskop integriert sind. Heute gehen jedoch immer mehr Astrologen davon aus, dass das Potenzial unaspektierter Planeten gerade aufgrund ihrer mangelnden Integration verstärkt wird, allerdings kann der Horoskopeigner selbst dieses Potenzial kaum kontrollieren.

Hier sind Sonne, Mond und Saturn unaspektiert. Da die meisten Menschen keine unaspektierten Planeten haben, ist eine solche Ballung unaspektierter Planeten eine beachtenswerte Seltenheit.

Abgesehen davon, dass die Wirkung unaspektierter Planeten mehr oder weniger konstruktiv sein kann, lässt sich beobachten, dass diese Wirkung, obschon sie in der Regel immer präsent ist, manchmal ganz plötzlich aussetzt.

Neben den einfachen unaspektierten Planeten stößt man hin und wieder auf Planetenpaare, die sich zwar gegenseitig aspektieren, zu den anderen Planeten ansonsten aber keine Verbindung mehr haben. In diesem Fall spricht man von einem unaspektierten Duett. Beide Planeten sorgen für ausgeprägte Wesensmerkmale des Horoskopeigners, über die dieser allerdings keinerlei Kontrolle besitzt.

Nicht zuletzt deshalb sollten Sie bestrebt sein, alle unaspektierten Faktoren in Ihrem Horoskop zu finden, zu verstehen und anzunehmen. Es kann sich dahinter ein bisher ungekanntes Talent verbergen, in der Regel in dem Bereich, der durch die Position des Planeten angezeigt wird.

Mars und Uranus stehen hier in Konjunktion, bilden ansonsten aber keine weiteren Aspekte zu anderen Planeten. In diesem Fall spricht man von einem unaspektierten Duett.

UNASPEKTIERTE PLANETEN

SONNE

☉ Sie verbringen die meiste Zeit damit herauszufinden, wer Sie sind. Auf andere wirken Sie zuversichtlich und kreativ, sie selbst sehen sich überhaupt nicht so. Frauen können von Kindesbeinen an immer wieder Probleme mit den Männern in ihrem Leben haben, sei es der Vater oder der Lebenspartner. Es wird einige Zeit dauern, bis Sie denjenigen gefunden haben, der ebenso viel Stärke wie Einfühlungsvermögen besitzt.

MOND

☽ Ihren intensiven, bestätigungsfordernden Gefühlen steht eine kalte, berechnende Seite gegenüber. Problematische Erfahrungen mit Ihrer Mutter oder einer gleichwertigen Person werfen Fragen im häuslichen und fürsorglichen Bereich auf. Beziehungen zu Frauen können, vor allem für Männer, konfliktreich sein.

MERKUR

☿ Sie sind ziemlich intelligent, laufen dadurch allerdings Gefahr, sich von Gleichgestellten abzusondern und zum Außenseiter zu werden. Als in der Regel rational denkender und vernünftig handelnder Mensch, verblüffen Sie Ihr Umfeld gelegentlich mit erstaunlich irrationalen Entscheidungen. Ähnlich unerwartet ist es, wenn Sie sich als gewöhnlich kommunikative und redebegeisterte Person hin und wieder völlig zurückhalten.

VENUS

♀ Venus ist der Planet der Liebe und der Sicherheit. Ist er bei Ihnen unaspektiert, schwankt Ihre Einstellung zu diesen beiden Punkten stetig. Dreht sich für Sie in einem Moment alles nur um die Liebe, scheren Sie sich im nächsten Augenblick überhaupt nicht mehr darum. Aus einer bloßen Laune heraus können Sie Dinge zerstören, deren Aufbau Jahre in Anspruch genommen haben. Konfliktsituationen und jegliche Formen von Streit sind Ihnen ein Gräuel, nichtsdestotrotz scheinen Sie sie regelmäßig anzuziehen.

MARS

♂ Energisch und aggressiv wie Sie sind, sollten Sie Ihre Talente in der Geschäftswelt nutzen, wo Ihre Neigung, sich mit anderen zu messen, von Vorteil ist. Ihre Energien sind Schwankungen ausgesetzt, obschon Sie in der Regel mehr Durchhaltevermögen besitzen als andere. Wenn Sie bei einer Sache den Ton angeben, können Sie leicht intolerant und ungeduldig werden.

JUPITER

♃ Der Bereich Ihrer Interessen ist weit gespannt. Sie möchten alles über die Welt und Ihre Mitmenschen erfahren und sind wahrscheinlich überall sehr beliebt. Normalerweise strahlen Sie Optimismus, Toleranz und Lebensfreude aus, doch zuweilen lösen sich Ihre Zuversicht und Ihr Enthusiasmus in Luft auf, und Sie fühlen sich auf unerklärliche Weise niedergeschlagen.

SATURN

♄ Äußerlich wirken Sie ruhig und kontrolliert, doch innerlich sieht es bei Ihnen anders aus. Saturn steht für Organisation und Selbstdisziplin, ist er unaspektiert verwandelt er Sie in einen unverbesserlichen Pedanten, was Dinge geringerer Bedeutung anbelangt, bei größeren Projekten lassen Sie hingegen wenig Sorgfalt walten. Ratschläge erbitten Sie zwar von anderen, hören dann aber nicht zu, wenn Sie sie bekommen.

URANUS

♅ Sie sind sehr auf Individualität bedacht und machen in der Regel, was Sie wollen. Niemand kann verstehen, wie sich jemand mit Ihrer Veranlagung durch übertriebene Kompromisse in peinliche Situationen bringen kann.

NEPTUN

♆ Sie sind in der Regel idealistisch, handeln intuitiv, sind spirituell veranlagt und kreativ. Manchmal wirken Sie allerdings auch konfus und unbeholfen oder stellen schlichtes Schwarz-Weiß-Denken unter Beweis.

PLUTO

♇ Sie sind ein Kontrollfanatiker. Ihnen entgeht nichts, da Sie alles und jeden scharf beobachten. Sie schätzen einen guten Kampf und respektieren einen stärkeren Willen. Menschen gegenüber, die Sie fürchten, können Sie ein bemerkenswert unterwürfiges Verhalten an den Tag legen.

WEITERE GESTIRNSTÄNDE

Nun sollten Sie sich jenen Planeten zuwenden, die sich bisher noch nicht sonderlich hervorgetan haben, um Ihre Aufmerksamkeit zu erregen. Jetzt geht es darum, alle Planeten im Detail zu betrachten.

Eine gute Horoskopinterpretation zeichnet sich nicht zuletzt dadurch aus, dass sie die in einem Horoskop verborgenen Informationen Ihrer Relevanz nach beurteilt. Die signifikantesten Faktoren sind in der Regel die, die als Erste ins Auge springen. Daher betrachtet man zunächst Planetenmuster, Aspektfiguren und eventuell herausragende Einzelplaneten. Anschließend beschäftigt man sich mit jenen Planeten, die einen Aspekt zu Sonne, Mond und Aszendenten bilden. Gehen Sie bei der Deutung vor wie gewohnt, berücksichtigen Sie die Eigenschaften der einzelnen Planeten ebenso wie ihre Haus- und Zeichenposition sowie die Aspekte, die sie bilden.

RÜCKLÄUFIGE PLANETEN DEUTEN

Rückläufigkeiten sind immer dann beachtenswert, wenn sie persönliche Planeten oder mehr als drei Planeten im Gesamthorkoskop betreffen. In letzterem Fall lässt sich unabhängig von den involvierten Planeten auf einen gefühlsbetonten, intuitiven Charakter schließen. Ist einer der persönlichen Planeten rückläufig, so wirkt er weniger nach außen als vielmehr nach innen. Ein rückläufiger Merkur wird z. B. eher einen guten Strategen und Denker aus Ihnen machen als einen gesprächigen Zeitgenossen. Mit einer rückläufigen Venus mögen Sie äußerlich schüchtern wirken, die innere Selbstgewissheit ist Ihnen jedoch sehr wichtig.

SONSTIGE PLANETEN

Mittlerweile wird es nur noch wenige Planeten geben, die Sie nicht eingehender betrachtet haben. Sie werden vielleicht noch jene genauer analysieren wollen, die in dem Zeichen stehen, in dem sie herrschen, die sich im Exil, im Fall oder in ihrer Erhöhung befinden, die sich gegenseitig verstärken oder die einen Aspekt zum MC oder IC bilden.

PLANETENSTÄNDE DEUTEN

Die Interpretation von Gestirnständen ist eine komplexe Angelegenheit, aber jeder Mensch besitzt ja auch eine komplexe Persönlichkeit. In gewisser Weise lässt sich ein Horoskop mit einem DNA-Strang vergleichen, der ein ebenso komplexes und einzigartiges Gebilde darstellt und – wenn wir seine einzelnen Komponenten in ihrer individuellen Zusammensetzung genau zu lesen verstehen – uns zeigen kann, was einmal aus uns werden mag.

Chemisch gesehen besteht jede DNA aus vier verschiedenen Molekülen, den Basen. Zu etwas Einzigartigem werden wir erst durch die individuelle Abfolge dieser Moleküle im DNA-Strang, die bei jedem Menschen verschieden ist. Eine ganz ähnliche Struktur besitzt ein Horoskop, wobei hier anstelle der Basen die Faktoren Haus, Sternzeichen, Planet und Aspekt stehen.

- **Häuser** repräsentieren verschiedene Lebensbereiche. Sie geben an, wo eine bestimmte Energie freigesetzt wird.

- **Sternzeichen** repräsentieren Wege des Seins. Sie zeigen uns, wie die jeweilige Energie ihren Ausdruck findet.

- **Planeten und Kardinalpunkte** stehen für die Ihnen innewohnenden Energien. Sie legen fest, um welche Energien es geht.

- **Aspekte** sind für die Feinabstimmung zuständig. Sie verweisen auf eventuelle Modifikationen einzelner Energien.

Sobald Sie die Bedeutung der einzelnen Gestirnstände ermittelt haben, sollten Sie Ihren Blickwinkel wieder erweitern und überlegen, wie die Planeten auf der Grundlage ihrer Positionierung im Gesamthoroskop miteinander korrelieren.

EINIGE BEISPIELE

Werfen wir ein Blick auf eine einfache Konstellation, Mars im sechsten Haus:

***Mars** repräsentiert Energie, Handlung, Antrieb, Selbstbehauptung und Initiative sowie zuweilen Wut, Aggression und Zwietracht.*

*Das **sechste Haus** steht für Gesundheit, Arbeit, Pflicht, Schuldigkeit, Verantwortung und Dienst an den Mitmenschen.*

All dies zusammengenommen ergibt:

***Mars im sechsten Haus** Sie investieren viel Energie in Ihre Arbeit. Sie geben im Berufsleben gerne den Ton an, laufen dabei allerdings Gefahr, Kollegen gegenüber ausfallend zu werden. Möglicherweise sind Sie ein Fitnessfanatiker; Sie joggen gerne.*

Wie sähe es nun aus, wenn Mars gleichzeitig im Stier stünde?

*Der **Stier** ist standhaft, zuverlässig und entschlossen. Er liebt Routine, Behaglichkeit und Stabilität.*

***Mars, sechstes Haus, Stier** Sie arbeiten hart und entschlossen, Ihre beruflichen Ziele sind auf die fernere Zukunft gerichtet. Aufgrund Ihres Sicherheitsdenkens werden Sie eher angestellt als selbstständig arbeiten.*

Oder im Wassermann?

*Der **Wassermann** ist sprunghaft, exzentrisch, modern und unkonventionell, ein Individualist, vielleicht sogar ein Einzelgänger.*

***Mars, sechstes Haus, Wassermann** Sie arbeiten sporadisch, möglicherweise mit oder im Bereich der neuen Technologien. Sie arbeiten gerne im Team, finden Ihr größtes Glück aber eventuell als Selbstständiger.*

Oder im Krebs?

***Krebs** Ihre Gefühle beeinflussen Ihre Entscheidungen, Sie sind häuslich und zweitweise auch launisch.*

***Mars, sechstes Haus, Krebs** Wie intensiv Sie arbeiten, hängt von Ihrem seelischen Befinden ab. Wenn Sie sich bedrückt und entmutigt fühlen, leidet Ihre Gesundheit. Eventuell ziehen Sie es vor, von zu Hause aus zu arbeiten.*

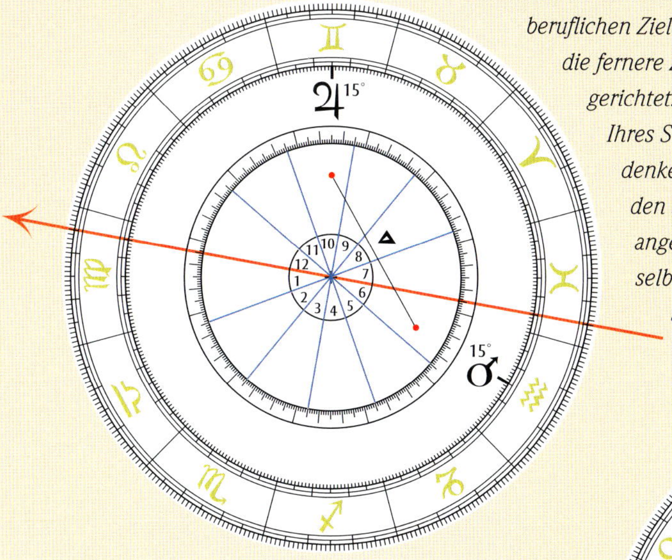

Mars, sechstes Haus, Wassermann im Trigon zu Jupiter, zehntes Haus, Zwillinge – Ihre unverwechselbare, innovative und arbeitsintensive Herangehensweise bringt Sie Ihren Zielen näher.

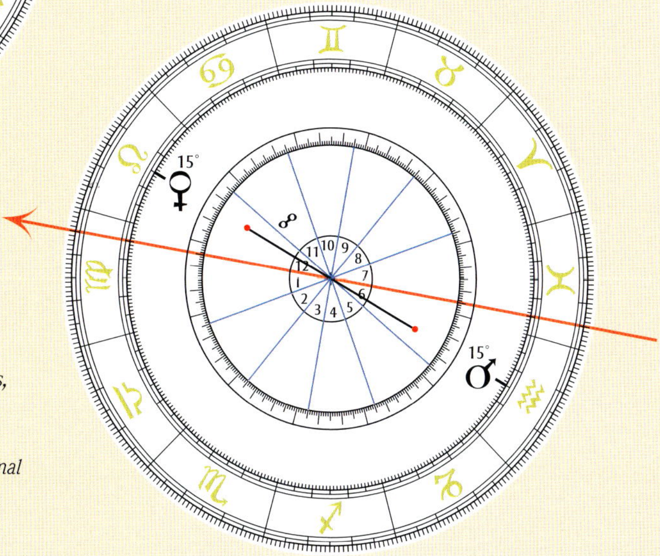

Venus, zwölftes Haus, Löwe in Opposition zu Mars, sechstes Haus, Wassermann – Ihr Drang, im Berufsleben erfolgreich zu sein, kann zuweilen zu Unzufriedenheit führen, wenn Sie sich wieder einmal von privaten Vergnügungen losreißen müssen.

BEISPIELDEUTUNG 2

Werfen wir einen weiteren Blick auf Lisas Horoskop, um zu erkennen, was die bislang unberücksichtigten Planeten bewirken.

Auf den ersten Blick fallen die fünf Planeten ins Auge, die sich um den Deszendenten gruppieren. Die meisten davon befinden sich im Steinbock im siebten Haus oder stehen gar in Konjunktion mit dem Deszendenten.

BEZIEHUNGEN

Als Planet der Liebe und der Zuneigung ist Venus ein natürlicher Herrscher im siebten Haus. Lisa ist somit keine Einzelgängerin; ohne enge Bindung wird sie nicht glücklich. Die Konjunktion mit dem ebenfalls im Steinbock stehenden Saturn deutet zwar auf große Zurückhaltung hin, verspricht aber auch Loyalität und Engagement in der Partnerschaft. Wegen Lisas konservativer Einstellung ist eine Ehe wahrscheinlich, Venus und Mars im statusbewussten Steinbock lassen ferner darauf schließen, dass Lisas idealer Partner ein erfolgreicher Mensch ist. Eventuell könnte es einem solchen Partner schwer fallen, den Ansprüchen der herausfordernden, leidenschaftlichen Lisa gerecht zu werden.

Die Opposition von Pluto zu Venus und Saturn deutet auf große Beziehungskrisen hin. Hierbei geht es um Kontrolle, Schuld, Manipulation und Dominanz, wobei sowohl Sex als auch Geld als Druckmittel eingesetzt werden können. Sex ist für Lisa sehr wichtig, bis hin zum obsessiven Ausleben der Lust. Eifersucht und Besitzansprüche sind große Themen, die Lisa wegen des zurückhaltenden Saturns aber wohl eher mit sich selbst aushandelt, bis sie ein durch den transformativen Pluto ausgelöster Wunsch nach Veränderung dazu zwingt, genauer hinzuschauen.

SELBSTVERSTÄNDNIS

Lisa muss sich selbst gut kennen lernen, um sich nicht in negativ wirkende Beziehungen zu verstricken. Der Schütze im Merkur hilft Ihr, Dinge offen auszusprechen. Seine Stellung im sechsten Haus und seine Opposition zum Mond führen allerdings dazu, dass sie ihre Gefühle unterschätzt.

Es gibt aber auch Positives: Merkur und die Sonne bilden günstige Trigone zu den Planeten im zweiten Haus, ebenso wie der im ehrgeizigen Steinbock stehende Mars. Jupiter sorgt für Unterstützung im finanziellen Bereich; zwar mag das Geld schnell durch Lisas Hände fließen, doch irgendwie findet sie immer Hilfe. Ein Trigon zwischen Jupiter und Uranus im zehnten Haus lässt auf berufliche Selbstständigkeit und eine ungewöhnliche Laufbahn schließen, wegen Jupiter im Löwen und Uranus im Widder ist eine Angestelltenkarriere für Lisa eher unwahrscheinlich.

FINANZEN

Jupiter im zweiten Haus lässt auf einen Hang zum Extravaganten schließen, was allerdings durch die Vorsicht und Vernunft des bei Lisa dominanten Steinbocks ausgeglichen wird. Neptun, der zweite Planet im zweiten Haus, steht allerdings ebenso wenig fürs Praktische, sodass Lisa eine gewisse Umsicht in finanziellen Angelegenheiten durchaus anzuraten ist. Günstige Aspekte sorgen wiederum für eine gute Intuition in Geldgeschäften. Lisa besitzt Kreativität und ein gutes Vorstellungsvermögen und kann diese z. B. auf dem Gebiet der Musik, des Films oder der Mode nutzen. Viele Menschen mit dem Aszendenten Krebs und dem MC in den Fischen arbeiten von zu Hause aus.

Die Konjunktion von Neptun mit dem IC ist der einzige Faktor in Lisas Horoskop, der ein größeres Maß an Genauigkeit impliziert. Sie verweist auf einen starken Idealismus im häuslichen Bereich, Unvollkommenheiten werden hier besonders deutlich wahrgenommen. Lisa steht der Sinn nach einem Heim nahe beim Wasser oder auf dem Land, und ihre fünf rückläufigen Planeten deuten darauf hin, dass sie von zeitweiliger Zurückgezogenheit profitieren kann. Es wird kaum jemals einen Zustand geben, den Lisa als perfekt bezeichnen würde, was sie lernen muss, ist daher, dass wahres Glück und Zufriedenheit von innen kommen.

LISAS HOROSKOP

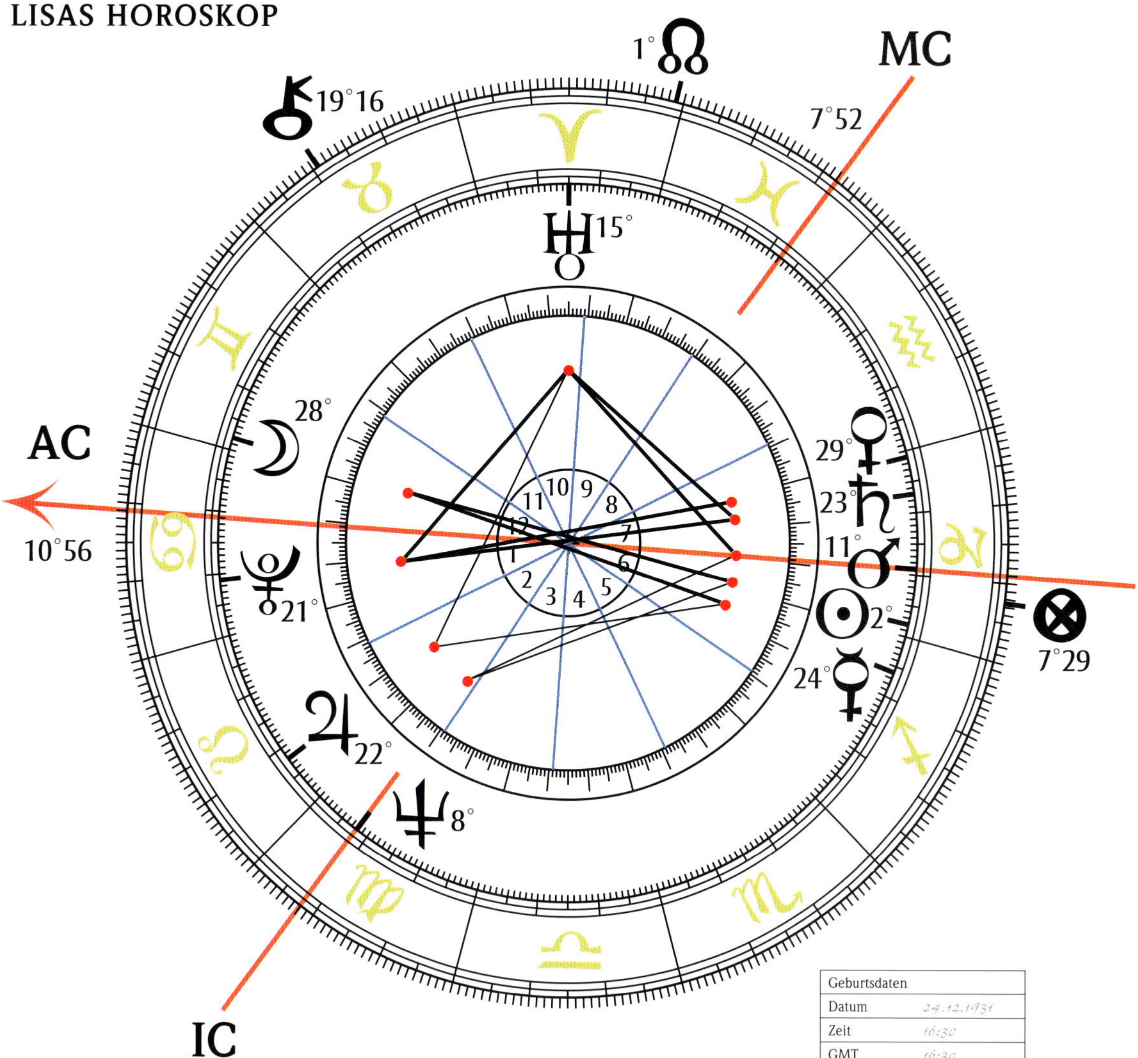

Geburtsdaten	
Datum	24.12.1931
Zeit	16:30
GMT	16:30
Ort	Wimbledon
Breitengrad	51°25N
Längengrad	0°12W

Horoskopart	Geburtshoroskop
Häusersystem	äqual

Grad	Zeichen	R	Planeten	Aspekte ☉	☽	☿	♀	♂	♃	♄	♅	♆	♇	AC	MC	nK
1°55	♑		Sonne	☉	☍	☌						△				□
28°28	♊		Mond		☽	☍										□
24°15	♐	℞	Merkur			☿			△							□
28°36	♑		Venus				♀			☌			☍			✱
11°07	♑		Mars					♂			□	△		☍	✱	
22°16	♌	℞	Jupiter						♃		△					
22°55	♑		Saturn							♄	□		☍			
15°26	♈	℞	Uranus								♅		□	□		
7°56	♍	℞	Neptun									♆		✱	☍	
21°27	♋	℞	Pluto										♇			
10°56	♋		AC	Horoskopherrscher									☽	AC	MC	n. Knoten
7°52	♊		MC	Haus des Horoskopherrschers									12.			
0°40	♈		n. Knoten	aufsteigender Planet									–			

Qualitäten		Elemente	
kardinal	6	Feuer	3
fix	1	Erde	5
beweglich	3	Luft	1
Planeten an Eckpunkten		Wasser	1
	♂♆	Domizil	♄
gegenseitige Verstärkung		Fall	–
	–	Erhöhung	♂
NOTIZEN		Exil	☿♆

♅☌☉☌♂△♆☍AC✱MC□☊
⚷℞□♃△♄✱♇

Planeten in positiven Zeichen	4
Planeten in negativen Zeichen	6

KAPITEL 6

SONSTIGE FAKTOREN

MONDKNOTEN

Astronomisch wurden die Mondknoten bereits im ersten Kapitel erklärt. Vom astrologischen Standpunkt aus wirft man mit ihrer Betrachtung wie auch mit den folgenden Deutungstechniken in diesem Kapitel wieder einen ganzheitlichen Blick auf das Gesamthoroskop.

MONDKNOTEN UND KARMA

Eine astrologische Beschäftigung mit den Mondkonten führt rasch in den Bereich des Irrationalen, Nicht-Quantifizierbaren. Viele Astrologen stellen einen Bezug zwischen Mondknoten und Karma her. Die Mondknoten werden hier mit Ereignissen verknüpft, die sich der menschlichen Kontrolle oder der Kontrolle des Einzelnen entziehen, wie Massenarbeitslosigkeit, Hungersnöte oder Naturkatastrophen. Ist es lediglich ein zufälliges Unglück, das einen Menschen in solche Ereignisse verstrickt, oder liegt es in dessen Karma begründet? Wohl jeder von uns hat hierzu eine eigene Ansicht, wissenschaftlich begründbar ist keine davon.

Manche Astrologen gehen noch einen Schritt weiter. Für sie lässt sich an der durch die Mondknoten gebildeten Horoskopachse die gesamte spirituelle Bestimmung eines Menschen, also gewissermaßen der Sinn dessen Lebens, ablesen. Wer so weit geht, glaubt an eine Form der Wiedergeburt und daran, dass es etwas oder jemanden gibt, der entscheidet, was gut und richtig für uns ist. Doch tun das nicht die meisten von uns, wenn sie an Gott oder eine ähnliche Kraft glauben? Selbst, wenn es uns manchmal schwer fällt, es zu akzeptieren, so geschieht doch nichts auf der Welt ohne Grund.

MONDKNOTEN UND WIEDERGEBURT

»... alles wird gut und alles wird gut und alle Dinge jeglicher Art werden gut werden.« Dies schrieb im Mittelalter die englische Mystikerin Juliana von Norwich. Um zu dieser Überzeugung zu gelangen, muss man unzählige Male wiedergeboren werden und mit jedem neuen Leben jene Lektionen lernen, die unser Geburtshoroskop für uns vorsieht –

☊
nördlicher Mondknoten

☋
südlicher Mondknoten

so zumindest will es die Theorie. Einigen Astrologen hilft dies zu erklären, warum manch liebenswürdiger und untadeliger Mensch früh und schmerzhaft aus dem Leben scheidet, während andere große Schurken ewig zu leben scheinen. Einen Sinn ergibt dies erst dann, wenn wir glauben, dass wir unser wahres Leben nicht auf der Erde verbringen, und unseren Körper nur als Gefäß begreifen, in dem wir uns auf das wahre Leben vorbereiten.

Der südliche Mondknoten zeigt uns, welches unsere angeborenen, natürlichen Verhaltensweisen und Reaktionen sind. Der nördliche Mondknoten hingegen verweist auf die Qualitäten, die wir im Laufe unseres Lebens entwickeln müssen, sei es, um uns spirituell zu entfalten oder uns in unserer Haut einfach wohler zu fühlen. Da südlicher und nördlicher Mondknoten per definitionem in Opposition zueinander stehen, werden wir auf dem Weg zu dem Ideal, das uns unser nördlicher Mondknoten vorgibt, immer zu kämpfen haben. Erleichterungen oder größere Komplikationen verschaffen uns weitere Mondknotenaspekte. Ein Stellium von Planeten um den südlichen Mondknoten behindert unsere Entwicklung, wohingegen uns eine Konjunktion zum nördlichen Mondknoten Antrieb verleiht. Harmonische Aspekte zum nördlichen Mondknoten wirken unterstützend. Ein Quadrat zu einem der beiden Knoten bildet auch ein Quadrat zum anderen und kann entsprechend lähmend wirken; der Horoskopeigner befindet sich in einem Konflikt zwischen dem Wunsch zu spirituellem Wachstum und dem Erhalt des Status quo. Zum nördlichen Mondknoten gebildete Sextile sind von gemischter Qualität, da es einige Mühe kosten wird, sich aus den Fängen des Trigons zu befreien, das bei dieser Konstellation unweigerlich zum südlichen Mondknoten gebildet wird.

MONDKNOTEN UND SPIRITUELLE BESTIMMUNG

Ihr spiritueller Lebenszweck kann verblüffend prosaisch und materiell ausgerichtet sein. Wenn sich Ihr nördlicher Mondknoten beispielsweise im zweiten Haus befindet, müssen Sie lernen, aus den eigenen Möglichkeiten zu schöpfen und sich Ihren Lebensunterhalt selbst zu verdienen. Mit dem nördlichen Mondknoten im zweiten befände sich Ihr südlicher Mondknoten im achten Haus, was besagt, dass Sie von Natur aus die Unterstützung anderer suchen. Je mehr Sie lernen, auf eigenen Füßen zu stehen, desto glücklicher werden Sie.

Ob Sie die Mondknoten nun als Symbole Ihrer spirituellen Bestimmung ansehen oder lediglich glauben, dass sie Sie auf ein anzustrebendes Entwicklungsideal hinweisen: Ihr nördlicher Mondknoten zeigt Ihnen auf der Grundlage des Hauses und des Sternzeichens, in dem er steht, die Richtung, die Ihre persönliche Entwicklung nehmen sollte.

DEUTUNG DER MONDKNOTEN

Die Bedeutung der Mondknoten erschließt sich aus deren Stellung in einem bestimmten Haus und Zeichen. Die Bedeutungen der einzelnen Häuser und Zeichen sind in gewissen Konstellationen austauschbar.

In der Praxis werden Sie allerdings fast immer auf gemischte Konstellationen stoßen, etwa wenn der nördliche Mondknoten im Widder und im siebten Haus steht. Diese Konstellation weist darauf hin, dass der Horoskopeigner, der, bedingt durch den südlichen Mondknoten in der Waage und im ersten Haus, in der Regel versucht, den Frieden zu wahren, in engen Beziehungen energischer auftreten sollte.

Ein nördlicher Mondknoten in der Jungfrau und im dritten Haus fordert dazu auf, seinen Standpunkt zu analysieren, statt sich an die durch den südlichen Mondknoten in den Fischen vorgegebenen Unklarheiten zu klammern. Genau andersherum verhält es sich mit dem nördlichen Monknoten im neunten Haus und in den Fischen und dem südlichen Mondknoten im dritten Haus und in der Jungfrau.

DER NÖRDLICHE MONDKNOTEN IN DEN ZEICHEN UND HÄUSERN

WIDDER/ ERSTES HAUS

♈ Mit dem südlichen Mondknoten in der Waage oder dem siebten Haus stellen Sie die Bedürfnisse der Ihnen nahe stehenden Personen stets über die eigenen. Sie müssen lernen, sich mehr auf sich selbst zu konzentrieren, um sich mehr entfalten zu können.

STIER/ ZWEITES HAUS

♉ Ihr südlicher Mondknoten im Skorpion oder dem achten Haus zeigt, dass Sie von Natur aus abstrakte, philosophische Standpunkte einnehmen. Machen Sie sich klar, welche materiellen Dinge Sie wertschätzen, und greifen Sie, wenn möglich, auf eigene Mittel zurück.

ZWILLINGE/ DRITTES HAUS

♊ Sie müssen für Ihr eigenes Handeln geradestehen und kommunikativer werden. Mit dem südlichen Mondknoten im Schützen oder im neunten Haus kehren Sie anderen beim ersten Anzeichen von Widerspruch in der Regel den Rücken.

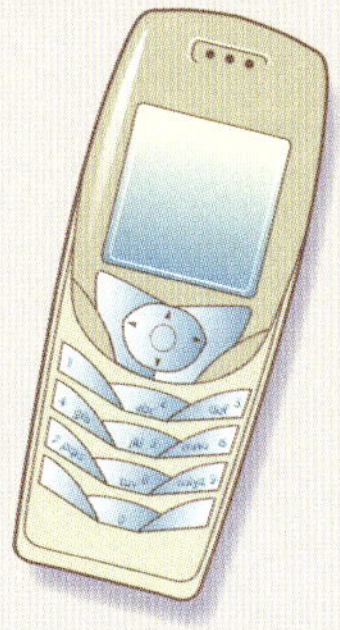

KREBS/ VIERTES HAUS

♋ Lassen Sie Ihr Privatleben nicht zu kurz kommen! Sie sind ein sehr verantwortungsbewusster und praktischer Mensch, doch ohne eine gewisse Fürsorge nutzt Ihnen das wenig.

LÖWE/ FÜNFTES HAUS

Ihr südlicher Mondknoten im Wassermann oder im elften Haus weist Sie als Gruppenmensch aus. Sie können allerdings eine viel zentralere Rolle einnehmen, als Sie es von Natur aus tun. Arbeiten Sie daher an Ihren Führungsqualitäten.

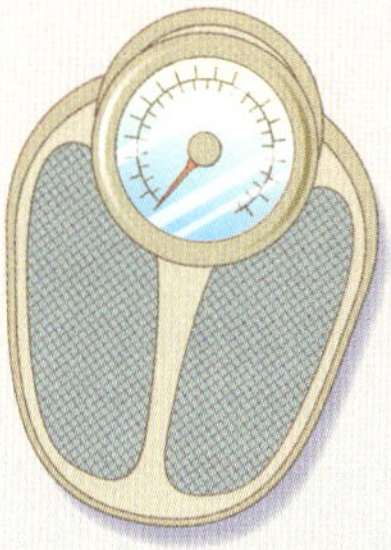

JUNGFRAU/ SECHSTES HAUS

Vom unbestimmten Standpunkt der Fische oder des nebulösen zwölften Hauses führt Ihr Weg zu größerer beruflicher Verantwortung und körperlicher Gesundheit. Während Sie Ihre Überzeugungen festigen, werden angeborene Realitätsflucht und Leichtgläubigkeit zu Schwächen der Vergangenheit.

WAAGE/ SIEBTES HAUS

Sie müssen sich mehr um Ihre Beziehungen und ein harmonisches zwischenmenschliches Miteinander bemühen. Mit dem südlichen Mondknoten im Widder oder im ersten Haus ist ein ausgeprägter Gemeinschaftssinn eine erstrebenswerte Eigenschaft für Sie.

SKORPION/ ACHTES HAUS

Mit dem südlichen Mondknoten im Stier oder im zweiten Haus konzentrieren Sie Ihre Energien zu stark auf Materielles. Wenden Sie sich universelleren Werten zu und lernen Sie zu teilen.

SCHÜTZE/ NEUNTES HAUS

Der südliche Mondknoten in den Zwillingen oder im dritten Haus erfüllt Ihr Leben mit Stress und Hektik. Wenn Sie sich zwischendurch nicht die Zeit nehmen, Ihre geistigen Bedürfnisse zu befriedigen, werden Sie sich irgendwann fragen, was Sie im Laufe Ihres Lebens erreicht haben.

STEINBOCK/ ZEHNTES HAUS

Sie schließen sich am liebsten zu Hause ein, halten sich vom Rampenlicht fern und setzen Ihre Familie an die erste Stelle. Konzentrieren Sie sich mehr auf Ihre Karriere und Ihre persönlichen Interessen.

WASSERMANN/ ELFTES HAUS

Sie stehen von Natur aus im Mittelpunkt. Doch es ist nervenaufreibend und führt leicht zur Vereinsamung, wenn man immer die Verantwortung übernehmen muss. Lernen Sie, sich zurückzunehmen. Sie geben damit nicht notwendigerweise Ihre Individualität auf.

FISCHE/ ZWÖLFTES HAUS

Ihr südlicher Mondknoten in der Jungfrau oder im sechsten Haus sorgt dafür, dass Sie sich vorrangig mit profanen Dingen beschäftigen. Ihr nördlicher Mondknoten fordert Sie daher heraus, zu träumen und Ihren Idealen sowie Ihrer Intuition zu folgen.

DER GLÜCKSPUNKT

In der astrologischen Deutung gilt der Glückspunkts als Indikator für alles, was Spaß macht und Glück bereitet. Er zeigt uns, welche Aktivitäten dem Horoskopeigner die größte Freude bereiten und wann er sich im Leben am wohlsten und zufriedensten fühlt.

Auch hier sind die Bedeutungen gewisser Häuser- und Zeichenplatzierungen austauschbar. In den folgenden Deutungsbeispielen sind sie zusammengefasst. In der Praxis werden Sie allerdings auch hier normalerweise auf gemischte Konstellationen stoßen. Ein Glückspunkt im zwölften Haus und in den Zwillingen etwa ließe darauf schließen, dass Sie sich am wohlsten fühlen, wenn Sie Zeit zum Nachdenken haben. Ein Glückpunkt im achten Haus und im Krebs wiederum lässt vermuten, dass Sie Ihr Glück finden, wenn Sie Ihr Heim mit jemandem teilen.

DER GLÜCKSPUNKT IN DEN ZEICHEN UND HÄUSERN

WIDDER/ ERSTES HAUS

♈ Sie möchten zur Kenntnis genommen, anerkannt und geschätzt werden. Am glücklichsten sind Sie, wenn Sie ein Zeichen setzen können. Es gefällt Ihnen gar nicht, im Hintergrund zu bleiben, denn Sie gehen das Leben schwungvoll, energisch und enthusiastisch an.

ZWILLINGE/ DRITTES HAUS

♊ Sie sind ruhelos und rasch gelangweilt. Unter all Ihren Besitztümern lieben Sie Ihr Auto und Ihr Handy am meisten. Am wohlsten fühlen Sie sich in der Gesellschaft vieler verschiedener, interessanter Menschen und wenn Sie Neues erleben können.

STIER/ ZWEITES HAUS

♉ Am glücklichsten sind Sie, wenn Sie Ihren Lebensunterhalt verdienen und Ihre Zukunft sichern können. Das mag materialistisch klingen, wirkt sich aber in vielerlei Hinsicht positiv aus, wenn Sie Ihren Beruf lieben.

KREBS/ VIERTES HAUS

♋ Die eigenen vier Wände sind der Platz, wo Sie am glücklichsten sind. Es geht Ihnen nichts über einen gemütlichen Abend zu Haus. Sie lieben es, andere zu umsorgen, fühlen sich wohl im Kreis Ihrer Familie, mit Kindern und Haustieren sowie bei der Gartenarbeit.

LÖWE/ FÜNFTES HAUS

♌ Sie sind der geborene Entertainer. Auf der Bühne vor Publikum geben Sie Ihr Bestes. Sie könnten ein guter Lehrer werden, besitzen eine kreative Ader und finden Ihr größtes Glück im Ausdruck der eigenen Persönlichkeit.

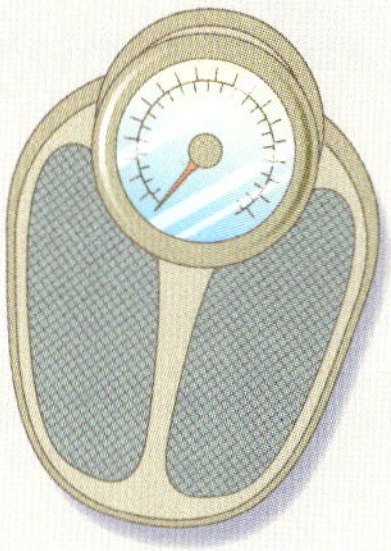

JUNGFRAU/ SECHSTES HAUS

♍ Sie lieben es, sich nützlich zu machen, und blühen durch eine gesunde Ernährung mehr auf als andere. Die Pflicht steht bei Ihnen stets vor dem Vergnügen, und Sie finden Ihre größte Zufriedenheit, wenn Sie Ihre Tagesziele erreichen.

WAAGE/ SIEBTES HAUS

♎ Ihre Vorstellung vom Himmel ist die einer behaglichen Atmosphäre, in der Sie spritzige Unterhaltungen in angenehmer Gesellschaft führen können. Liebe, Kultur und Romantik stehen bei Ihnen ganz oben. Eventuell lieben Sie das Bad in der Menge, wahrscheinlich aber bevorzugen Sie kleinere Kreise.

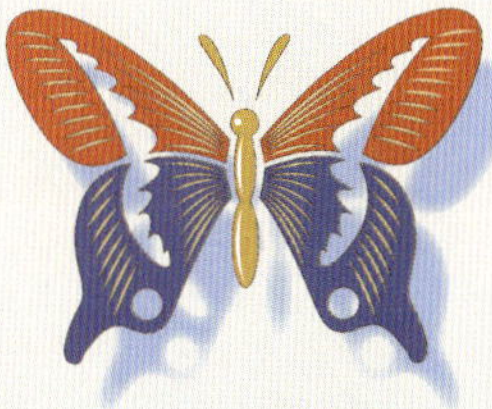

SKORPION/ ACHTES HAUS

♏ Ihre Privatsphäre steht bei Ihnen an erster Stelle. Sie lieben es, allein zu sein. Sie beschäftigen sich mit den Geheimnissen des Daseins und den Motivationen anderer. Sie wissen, dass die Welt nicht nur aus den sichtbaren Dingen besteht.

SCHÜTZE/ NEUNTES HAUS

♐ Reisen und Studien erweitern das Bewusstsein, und da Sie dies am glücklichsten macht, tun Sie beides. Sie werden von ständigem Fernweh geplagt und denken unablässig darüber nach, welchen Weg Sie als Nächstes einschlagen können.

STEINBOCK/ ZEHNTES HAUS

♑ Sie sind ein ernster, karrierebewusster Mensch, der sich zahlreiche Ziele setzt. Wenn Sie Ihre Interessen verfolgen können und einer wichtigen, sinnvollen Beschäftigung nachgehen, fühlen Sie sich am wohlsten.

WASSERMANN/ ELFTES HAUS

♒ Sie handeln ergebnisorientiert, setzen sich allerdings eher für das Erreichen immaterieller Ziele wie Glück und Erfüllung ein als für den Besitz profaner Werte wie Geld und Status. Sie sind ein sehr geselliger Mensch, der seine Freunde schätzt.

FISCHE/ ZWÖLFTES HAUS

♓ Sie schätzen den Raum, den Sie für sich selbst haben, fürchten sich nicht vor der eigenen Gesellschaft und führen einen aktiven inneren Dialog. Die bedeutsamsten Ereignisse und Offenbarungen Ihres Lebens werden Ihnen zuteil, wenn Sie allein sind.

CHIRON

Die Entdeckung und die astrologische Bedeutung von Chiron wurde bereits im ersten Kapitel behandelt. Trotz seiner geringen Größe und seiner großen Entfernung von der Erde, hat er in den vergangenen Jahren das Interesse von immer mehr Astrologen geweckt.

DER CHIRON-MYTHOS

Der Großteil des gegenwärtigen astrologischen Umgangs mit Chiron basiert auf der Analyse der entsprechenden Figur aus der griechischen Mythologie. Die dem klassischen Mythos innewohnende Symbolik wird mit dem kollektiven Unterbewussten der heutigen Gesellschaft in Zusammenhang gebracht.

In der klassischen Mythologie war Chiron ein Kentaur, ein Wesen, das Kopf, Arme und Torso eines Mannes, aber die Beine und den Unterkörper eines Pferdes besaß. Aufgrund seines ungewöhnlichen Äußeren wurde er von seiner Mutter verstoßen. Dennoch zeichnete er sich durch große Weisheit und Menschenfreundlichkeit aus, weshalb er zum Erzieher einiger griechischer Helden und Könige bestellt wurde. Berühmt für seine heilkundlichen Kenntnisse, war er jedoch nicht in der Lage, seinen eigenen Schmerz zu lindern, nachdem er von einem vergifteten Pfeil getroffen worden war. In seiner Verzweiflung entsagte er seiner körperlichen Unsterblichkeit und wurde nach seinem Tod von Zeus als das Sternzeichen Schütze an den Himmel gestellt, wodurch er auf andere Art unsterblich wurde.

DER VERWUNDETE HEILER

Das Bild des verwundeten Heilers hilft uns, ein Verständnis für die Wirkweise von Chiron zu entwickeln. Man interpretiert ihn am besten über seinen Stand in den Häusern. Chiron zeigt dabei einen Lebensbereich an, in dem der Horoskopeigner Schmerz und Zurückweisung erfährt, dadurch aber gleichzeitig die Chance erhält, Weisheit und Reife zu erlangen. Das Zeichen, in dem Chiron steht, kann darauf hinweisen, wie diese innere Reife erreicht werden kann, doch da sich Chiron bis zu acht Jahre in einem Tierkreiszeichen aufhält, ist dieser Einfluss vermutlich eher unbestimmt.

Insgesamt hilft Chiron uns, alte Wunden und Enttäuschungen in Quellen der Stärke zu verwandeln, die uns selbst und anderen nutzen. Er zeigt uns, welche schmerzhaften Erfahrungen wir machen müssen, um über uns selbst hinauszuwachsen, und in welchem Bereich eventuelle Rückschläge für uns durchaus förderlich sein können. Wo immer Chiron in Ihrem Horoskop auch zu finden ist, scheinbare Nachteile können sich dort mit der Zeit durchaus positiv auswirken.

CHIRON IN DEN HÄUSERN

ERSTES HAUS

Sie finden sich vielleicht unattraktiv und glauben, Ihren Eltern nicht das Kind zu sein, das diese sich gewünscht haben. Mit der Zeit werden Sie jedoch Ihre Individualität und Einzigartigkeit schätzen lernen und akzeptieren.

ZWEITES HAUS

Sie sind bereits früh in eine materielle Notlage geraten und werden in dieser Hinsicht auch noch viele Täler zu durchwandern haben, wobei Sie allerdings lernen, das wahre Sicherheit ein Gefühl ist, das von innen kommt.

DRITTES HAUS

Das Leben hat Sie nicht ermutigt, Ihre geistigen Fähigkeiten voll auszuschöpfen. Vielleicht haben Sie unter Ihrer Erziehung gelitten, oder man hat Ihnen das Gefühl vermittelt, nicht besonders intelligent zu sein.

VIERTES HAUS

Durch ein Unglück in Ihrem frühen Familienleben, in das möglicherweise auch Ihre Mutter involviert war, lernen Sie häusliche Werte wie Sicherheit, Liebe und Fürsorge schätzen.

FÜNFTES HAUS

Hier werden die Vorteile der Elternschaft gegenüber der größeren persönlichen Freiheit herausgestellt. Diese Konstellation kann auf Kindersegen hindeuten, aber auch auf Kreativität als Ausdruck des kindlichen Geistes, den der Horoskopeigner insgeheim besitzt.

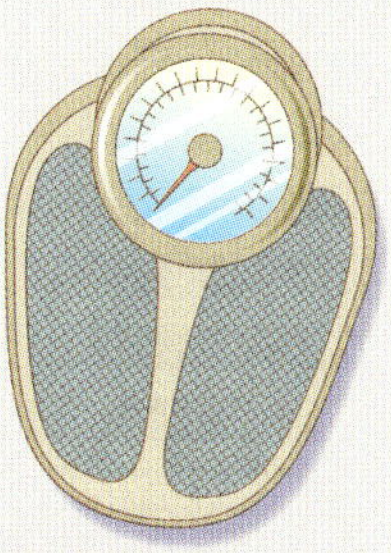

SECHSTES HAUS

Diese Konstellation kann auf Gesundheitsprobleme hindeuten und die Notwendigkeit, ungesunde Gewohnheiten zu ändern. Sie kann aber auch darauf hinweisen, dass Sie Ihren Körper als Last empfinden und Sie lernen müssen, sich zu akzeptieren, wie Sie sind.

SIEBTES HAUS

Schwierige Partnerschaften haben in Ihrem Leben Spuren hinterlassen. Doch mit der Zeit entwickeln Sie ein instinktives Verständnis für die Funktionsweisen guter Beziehungen und sind eventuell sogar in der Lage, anderen bei ihren Beziehungsproblemen zu helfen.

ACHTES HAUS

Ihnen wurde möglicherweise etwas verwehrt, das Ihnen von Rechts wegen zustand. Sie haben daraus gelernt, auf eigenen Beinen zu stehen. Vertrauensvolles Teilen könnte Ihnen schwer fallen, was eventuell auch Probleme im sexuellen Bereich nach sich zieht.

NEUNTES HAUS

Sie sind im Leben nicht ermutigt worden, Wissen anzuhäufen oder eigene Ansichten zu entwickeln. Dies können Sie korrigieren, indem Sie ausgiebig reisen, Menschen kennenlernen und sich verstärkt dem Selbststudium widmen.

ZEHNTES HAUS

Von klein auf haben Sie abschreckende und entmutigende Erfahrungen mit Autoritäten gemacht, z. B. durch die fehlende Unterstützung des Vaters. Lernen Sie, Ziele aus sich selbst heraus zu entwickeln und zu verfolgen.

ELFTES HAUS

Diese Konstellation deutet auf problematische Erfahrungen mit Freunden oder den eigenen Wünschen und Hoffnungen hin. Mit der Zeit wird Ihnen die Bedeutung guter Freundschaften bewusst, aber auch die Notwendigkeit, den eigenen Weg zu verfolgen.

ZWÖLFTES HAUS

Irgendetwas hat Ihnen, vermutlich bereits in jungen Jahren, einen innerlichen Schmerz zugefügt. Indem Sie Ihre eigene Unsicherheit überwinden, werden Sie ein außergewöhnliches Verständnis für andere entwickeln.

HOROSKOPSIGNATUR

Im zweiten Kapitel haben Sie die Planeten in Ihrem Horoskop bereits daraufhin untersucht, welchen der drei Qualitäten (kardinal, beweglich oder fix) und welchen der vier Elemente (Erde, Luft, Feuer oder Wasser) die Zeichen angehören, in denen sie stehen.

Werfen Sie einen Blick auf die ausgefüllte Tabelle auf Seite 51, die Ihnen die Anzahl Ihrer Planeten in den Qualitäten und Elementen zeigt. Normalerweise sind eine Qualität und ein Element dominant. Ermitteln Sie nun aus der dominanten Qualität und dem dominanten Element gemäß den unten stehenden Angaben ein Tierkreiszeichen, und Sie erhalten Ihre Horoskopsignatur.

Sollten Sie mithilfe der zehn klassischen Planeten keine eindeutige Signatur ermitteln können, ziehen Sie nacheinander die Position von Aszendent, MC, nördlichem Mondknoten, Chiron und Glückspunkt hinzu, bis Sie ein eindeutiges Ergebnis erhalten. Bei Emmas Horoskop auf Seite 128 war dies z. B. nötig. Alle Horoskopfaktoren mussten herangezogen werden, um die Zwillinge-Signatur zu ermitteln.

In seltenen Fällen ist auch dann noch keine klare Signatur auszumachen. Das Fehlen einer eindeutigen Horoskopsignatur ist kein Nachteil, es vereinfacht die Deutung. Zählen Sie zur Deutung Ihrer Horoskopsignatur alle Ihnen bekannten positiven Eigenschaften Ihres Signaturzeichens auf, und stellen Sie diesen die Wendung voran »Ich wäre gerne etwas mehr …« Die negativen Eigenschaften der Zeichen interessieren in diesem Zusammenhang nicht.

DIE BEDEUTUNG DER HOROSKOPSIGNATUR

Die Horoskopsignatur repräsentiert Ihr Ideal-Ich. Sie zeigt Ihnen den Menschen, der Sie gerne wären. Sie verweist auf in Ihnen schlummernde Qualitäten, die Sie vielleicht selbst noch gar nicht kennen und bzw. oder noch entwickeln müssen. Stimmt Ihr Signaturzeichen mit Ihrem Sonnenzeichen überein, werden Sie die neuen Erkenntnisse nicht überraschen, denn Sie identifizieren sich ja bereits mit den Eigenschaften des Signaturzeichens. Falls Sie keine eindeutige Horoskopsignatur ermitteln konnten, besitzen Sie eventuell keine klare Vorstellung von Ihrem Ideal-Ich.

Im Grunde lässt sich Ihre Horoskopsignatur mit Ihrem Gewissen vergleichen, da sie es ist, die Ihnen Schuldgefühle und Skrupel vermittelt, wenn Sie den eigenen Ansprüchen nicht gerecht werden. Da Ihre Horoskopsignatur als Zusammenfassung der durchschnittlichen Gewichtung der Qualitäten und Elemente in Ihrem Horoskop fungiert, wird es Ihnen, sobald Sie erst einmal wissen, woran Sie mit sich sind, bald schon ganz natürlich erscheinen, die Ziele zu verfolgen, die Ihnen die Signatur vorgibt. Bedenken Sie, dass die Deutungstexte nur Denkanstöße liefern sollen.

DIE ZWÖLF HOROSKOPSIGNATUREN

WIDDER (KARDINAL FEUER)

Sie sind nicht gerne abhängig von anderen und betonen daher Ihre Stärken. Sie streben nach Autonomie und möchten mutiger, abenteuerlustiger, aktiver, spontaner und direkter sein.

STIER (FIX ERDE)

Sie schätzen Beständigkeit und verabscheuen alles Wankelmütige. Sie wären gerne praktischer, geduldiger, verlässlicher, solider, umsichtiger, zärtlicher und sinnlicher.

ZWILLINGE (BEWEGLICH LUFT)

Sie glauben, Sie könnten logischer und effektiver kommunizieren. Zudem wären Sie gerne vielseitiger, anpassungsfähiger, intelligenter, lebhafter, spontaner, gewitzter und gesprächiger.

KREBS (KARDINAL WASSER)

Sie möchten gerne emotionaler reagieren können. Sie bemühen sich, freundlicher, beschützender, fürsorglicher, verständnisvoller, hartnäckiger, sparsamer und häuslicher zu sein.

LÖWE (FIX FEUER)

Sie stünden gerne im Mittelpunkt. Sie möchten anderen Ihre Führungsqualitäten demonstrieren oder eine hochherzige, ritterliche Tat vollbringen.

JUNGFRAU (BEWEGLICH ERDE)

Sie gingen gerne praktischer an die Dinge heran und möchten hilfsbereiter, gewissenhafter, bescheidener, sorgfältiger, systematischer, fleißiger, ordentlicher und sauberer sein.

WAAGE (KARDINAL LUFT)

Sie spricht eine ausgewogene, harmonische Herangehensweise an die Dinge an, und Sie streben danach, charmant, kultiviert, elegant, schick, souverän, sanft, weltmännisch und mit sich selbst im Reinen zu sein.

SKORPION (FIX WASSER)

Sie streben nach größerer Ausdauer und würden Ihre Meinung gern öfter für sich behalten. Sie kultivieren Tiefsinn, Intensität, Entschlossenheit, persönliche Stärke, Loyalität, Feinsinnigkeit, Urteilskraft und Intuition.

SCHÜTZE (BEWEGLICH FEUER)

Sie möchten das Leben toleranter und optimistischer angehen. Sie wären gerne ein wenig philosophischer, abenteuerlustiger, zuversichtlicher, sorgloser und heiterer.

STEINBOCK (KARDINAL ERDE)

Sie streben nach mehr Selbstdisziplin und würden gern aufopferungsvoller arbeiten. Sie versuchen, besonnener, vernünftiger, beständiger, überzeugter und verantwortungsvoller zu sein.

WASSERMANN (FIX LUFT)

Ihr Motto lautet: weniger Zurückhaltung, mehr Ausdruck. Sie würden gerne eine fortschrittlichere Haltung einnehmen und einen unabhängigen Standpunkt vertreten, unkonventionell, fair und freundschaftlich sein.

FISCHE (BEWEGLICH WASSER)

Sie fühlen den Drang, aus sich herauszugehen und sich in stärkerem Maße anderen anzuschließen. Sie wären gerne großzügiger, fürsorglicher, mitfühlender, aufgeschlossener, intuitiver, vertrauensvoller und fantasievoller.

PLANETEN IM LETZTEN GRAD & PLANETEN IM HÖCHSTEN GRAD

Nicht in jedem Horoskop gibt es einen Planeten im letzten Grad, dafür findet sich natürlich immer einer mit einer jeweils höchsten Gradstellung. In gewisser Weise ähneln sich die beiden in ihrer Aussage, abgesehen davon, dass ein Planet im letzten Grad immer eine extremere Wirkung entfaltet.

PLANETEN IM LETZTEN GRAD

Ein Planet im letzten Grad besetzt eine Position von 29°00 oder höher in jedem beliebigen Zeichen. In den meisten Geburtshoroskopen wird es keine solchen Planeten geben, in einigen wenigen werden sich indes sogar zwei oder mehr davon finden. Die Themen, um die dieser oder diese Planeten kreisen, werden im Leben des Horoskopeigners eine wiederkehrende Rolle spielen.

Steht der Mond im letzten Grad eines Zeichens, rücken emotionale Belange in den Vordergrund, ist es die Sonne, geht es um Fragen der Selbstverwirklichung. Neptun steht in engem Bezug zu persönlichen Idealen, Pluto wird mit Macht und Kontrolle assoziiert. Allerdings müssen auch Planeten im letzten Grad immer in Hinblick auf ihre Position in den Häusern und den Zeichen interpretiert werden, wodurch sich ihre Bedeutung konkretisiert. Merkur im letzten Grad des Steinbocks drängt z. B. dazu, Ambitionen und Karrierepläne stets neu zu überdenken. Venus im letzten Grad und im elften Haus deutet darauf hin, dass Freundschaften eine große Rolle spielen.

Wie in allen Bereichen der astrologischen Deutung werden Ihre Ergebnisse auch hier umso prägnanter werden, je intensiver Sie sich um die Berücksichtigung aller Faktoren bemühen. Betrachten Sie zunächst die jeweiligen Planeten – sie verweisen auf die mentalen Bereiche, die durch die Konstellation angesprochen werden. Dann erst berücksichtigen Sie die Position des Planeten im jeweiligen Haus und Zeichen, um herauszufinden, in welchem Lebensbereich und in welcher Form diese Bereiche angesprochen werden.

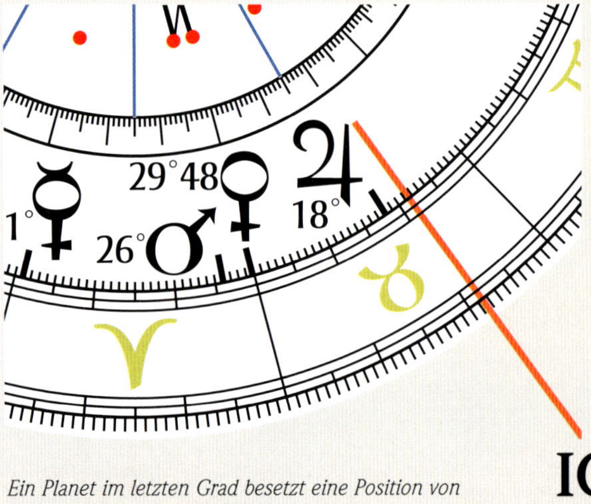

Ein Planet im letzten Grad besetzt eine Position von 29°00 oder höher in jedem beliebigen Zeichen.

BEACHTEN SIE

Falls Sie einmal auf einen Aszendenten stoßen, der im letzten Grad eines Zeichens steht, denken Sie daran, dass der gegenüberliegende Deszendent ebenfalls im letzten Grad stehen wird; hierbei rücken die Außenwirkung des Horoskopeigners und seine Beziehung zu anderen in den Vordergrund. Gleiches gilt für die beiden anderen Kardinalpunkte, MC und IC; stehen sie im letzten Grad, werden persönliche Ziele und emotionale Bedürfnisse herausgestellt. Auch der Mondknoten kann im letzten Grad stehen; in diesem Fall besitzt die spirituelle Entwicklung des Horoskopeigners Priorität. Stehen Chiron oder der Glückspunkt im letzten Grad eines Zeichens, erlangen Verletzungen und Genesung sowie das Streben nach Glück eine herausragende Bedeutung.

PLANETEN IM HÖCHSTEN GRAD

Eine abgemilderte Form der Planeten im letzten Grad ist der Planet, der in einem Horoskop die höchste Gradposition in den Zeichen besetzt. Haben zwei Planeten diese Position inne, ist der sich schneller bewegende entscheidend. Natürlich kann der Planet mit der höchsten Gradposition auch ein Planet im letzten Grad eines Zeichens sein, in diesem Fall intensiviert sich seine Wirkung. Obwohl Ihr Horoskop mehrere Planeten im letzten Grad aufweisen kann, können Sie nur einen Planeten mit der höchsten Gradstellung besitzen.

Nachdem Sie diesen Planeten bestimmt haben, müssen Sie das Haus ermitteln, in dem dieser herrscht. Stellen wir uns vor, Saturn besetzt in Ihrem Horoskop die höchste Gradposition. Saturn regiert im Steinbock, also suchen Sie den Steinbock in Ihrem Horoskopdiagramm und schauen, welche Häuser er besetzt. Sind es mehrere, was die Regel sein wird, so wählen Sie das Haus, dessen Spitze sich im Steinbock befindet. In den Lebensbereichen dieses Hauses wird es regelmäßig zu Spannungen kommen.

Herrscht der Planet mit der höchsten Gradposition in Ihrem Horoskop im ersten Haus, werden Sie oft nicht die Wirkung erzielen, die Sie beabsichtigen. Herrscht dieser Planet hingegen im sechsten Haus, werden Sie Ihrer Gesundheit größere Aufmerksamkeit widmen müssen.

BEACHTEN SIE

Merkur oder Venus als Planeten im höchsten Grad werden zwei Häuser in Ihrem Horoskop beherrschen, da Merkur sowohl die Zwillinge als auch die Jungfrau regiert und Venus den Stier und die Waage. Auch ein Aszendent im höchsten Grad ist denkbar, beachten Sie jedoch, bei der Interpretation die gesamte Aszendent-Deszendent-Achse zu berücksichtigen, also nicht nur das erste, sondern auch das siebte Haus in Ihre Deutung mit einzubeziehen. Ähnliches gilt für die MC-IC-Achse, die das zehnte und das vierte Haus herausstellt. Die Position von Chiron und dem Mondknoten sind hier nicht von Bedeutung, da für sie kein Herrscherhaus ermittelt werden kann. Das gilt auch für den Glückspunkt, jedoch kann für Menschen mit diesem in der höchsten Gradposition auf jeden Fall geschlossen werden, dass das Streben nach Glück für sie sehr wichtig ist.

BEISPIELDEUTUNG 3

Im letzten Teil der Deutung von Lisas Beispielhoroskop sehen Sie, wie sich die sonstigen Horoskopfaktoren in der Praxis deuten lassen. Nachdem die Hauptmerkmale, Stärken und Herausforderungen des Horoskopeigners ermittelt sind, gilt es nun, ihm wichtige Entscheidungshilfen zu bieten.

Eine gründliche Analyse in dieser Phase der Interpretation kann Ihnen Hinweise darauf geben, wie Sie Probleme verringern und Konflikten konstruktiv begegnen können. Idealerweise überdenken Sie aufgrund dessen Ihre Verhaltensformen und fördern so Ihre persönliche Entwicklung.

MONDKNOTEN

Lisas nördlicher Mondknoten steht im Widder, der südliche in der Waage. Enge Beziehungen spielen demnach eine große Rolle in ihrem Leben. Gleichzeitig zeigt Lisas Horoskop ein Wippenmuster, das einen starken Individualitätsdrang offenbart. Kommen Lisas Bedürfnisse zu kurz, kann dies zu Konflikten führen. Diese Problematik unterstreicht auch der nördliche Mondknoten im Widder. Er zeigt, dass Lisa lernen muss, sich selbst mehr zu behaupten. Sie muss sich von der übertriebenen Kompromissbereitschaft der Waage lösen und sich der Freiheit des eigenen Handelns zuwenden, die der Widder und das neunte Haus repräsentieren.

Lisa könnte entscheiden müssen, ihr Leben auf dem Land oder in der Stadt zu verbringen. Da das Land durch das neunte Haus repräsentiert wird, die Stadt hingegen durch das dritte, sollte sie sich für das Landleben entscheiden.

Sowohl Sonne, Mond, Merkur und der Glückspunkt fordern Lisa auf, ihrer durch die Mondknoten vorgegebenen spirituellen Bestimmung zu folgen. Sie muss aber aufpassen, dass Pflichten, die ihr andere auferlegen, und ihre Neigung, eigene Gefühle zu unterdrücken, sie nicht davon abhalten.

GLÜCKSPUNKT

Lisas Glückspunkt steht im sechsten Haus und im Steinbock; arbeiten bereitet ihr somit die größte Freude. Dies harmoniert gut mit der auch ansonsten starken Betonung des Steinbocks in ihrem Horoskop, in dem ja auch Sonne und Mars bei ihr stehen. Das Quadrat, das der Glückspunkt zum nördlichen Mondknoten bildet, zeigt, dass das, was Lisa glücklich macht, sie nicht unbedingt auf den Weg ihrer spirituellen Bestimmung führt; vielmehr könnte es sie verleiten, sich in einengende Beziehungen und Tagesabläufe zu fügen.

CHIRON

Chiron im elften Haus lässt vermuten, dass Lisa schon früh einen Rückschlag in Bezug auf ihre Hoffnungen und Ziele erlitten hat, der sie auch an der Zuverlässigkeit ihrer Freunde hat zweifeln lassen. Chiron im Stier im Quadrat zu Jupiter im Löwen und im zweiten Haus zeigt, das dies ihr Selbstverständnis geprägt hat; zusammen mit dem Trigon zu Saturn im siebten Haus verstärkte das ihre Überzeugung, dass Beziehungen eher problematisch sind. Das Sextil zu Pluto im ersten Haus weist darauf hin, dass diese Erfahrungen zu einer positiven Persönlichkeitsentwicklung beigetragen haben.

HOROSKOPSIGNATUR

Mit sechs Planeten in kardinalen und fünf in Erdzeichen ist Hollys Horoskopsignatur eindeutig der Steinbock, der gleichzeitig auch ihr Sonnenzeichen ist. Sie versucht stets, noch verantwortungsbewusster und fleißiger zu sein.

PLANET IM HÖCHSTEN GRAD

Lisa besitzt keine Planeten im letzten Grad. Ihr Planet mit der höchsten Gradposition ist Venus, die wiederum bei Lisa das vierte und elfte Haus regiert. Das vierte Haus lässt die von der Konjunktion Neptuns mit dem IC aufgeworfenen Themen nachklingen – Lisas hochgesteckte Erwartungen im Hinblick auf ein perfektes Heim –, die zu steten Konflikten führen. Chiron im elften Haus erinnert daran, dass trotz einstiger Rückschlage eine positive Zukunftsperspektive besteht.

LISAS HOROSKOP

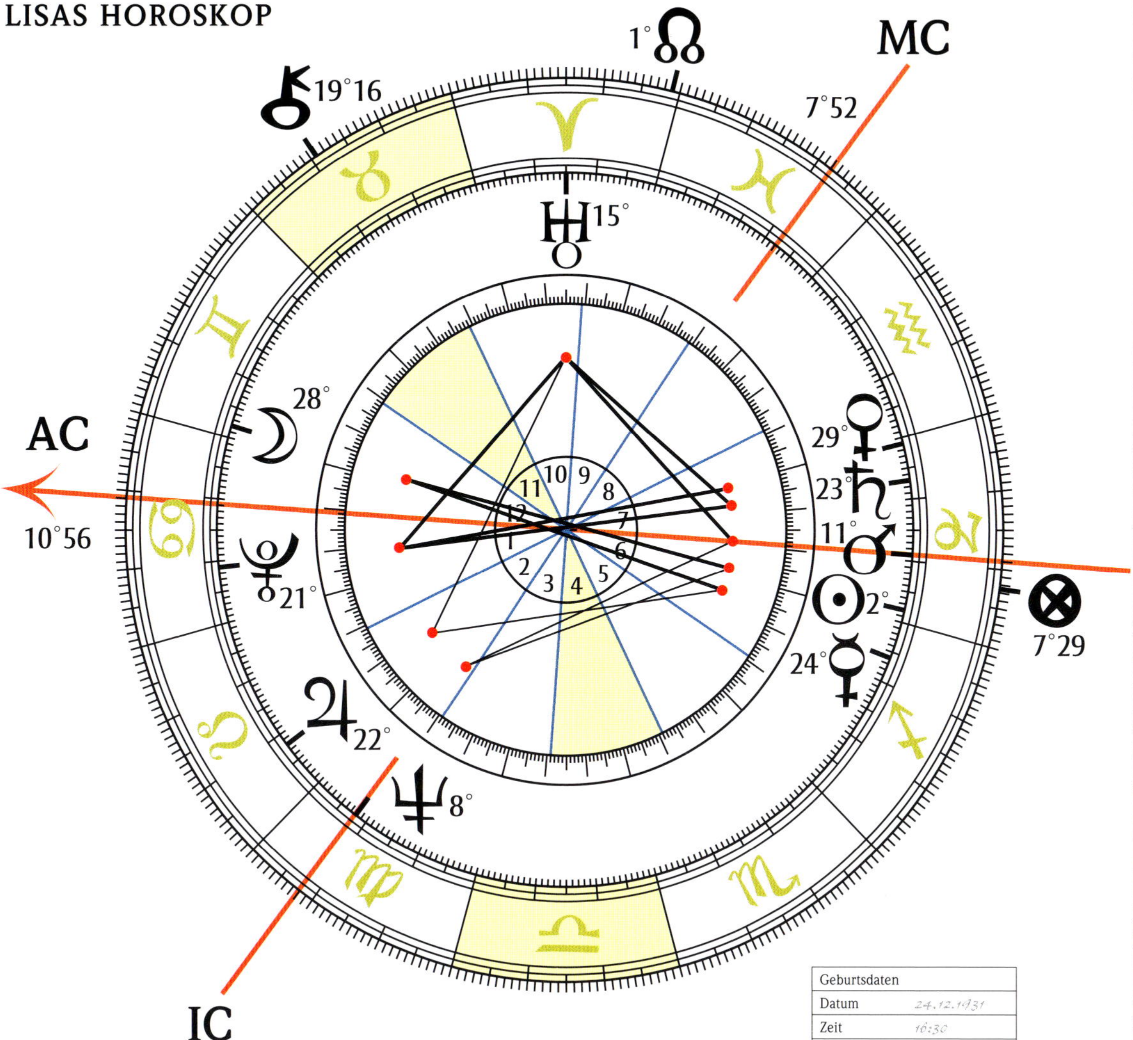

Geburtsdaten	
Datum	24.12.1931
Zeit	16:30
GMT	16:30
Ort	Wimbledon
Breitengrad	51°25N
Längengrad	0°12W

Horoskopart	Geburtshoroskop
Häusersystem	äqual

Grad	Zeichen	R	Planeten	☉	☽	☿	♀	♂	♃	♄	♅	♆	♇	AC	MC	nK
1°55	♑		Sonne	☉	☍	☌						△				□
28°28	♊		Mond		☽	☍										□
24°15	♐	℞	Merkur			☿			△							□
28°36	♑		Venus				♀			☌			☍			✱
11°07	♑		Mars					♂			□	△		☍	✱	
22°16	♌	℞	Jupiter						♃		△					
22°55	♑		Saturn							♄	□		☍			
15°26	♈	℞	Uranus								♅		□	□		
7°56	♍	℞	Neptun									♆		✱	☍	
21°27	♋	℞	Pluto										♇			
10°56	♋		AC	Horoskopherrscher									☽	AC	MC	n. Knoten
7°52	♊		MC	Haus des Horoskopherrschers									12.			
0°40	♈		n. Knoten	aufsteigender Planet									--			

Qualitäten		Elemente	
kardinal	6	Feuer	3
fix	1	Erde	5
beweglich	3	Luft	1
Planeten an Eckpunkten	♂ ♆	Wasser	1
		Domizil	♄
gegenseitige Verstärkung	--	Fall	--
		Erhöhung	♂
NOTIZEN		Exil	☿ ♆

⊕ ☌ ☉ ☌ ♂ △ ♆ ☍ AC ✱ MC □ ☊
⚷ ℞ □ ♃ △ ♄ ✱ ♇

Planeten in positiven Zeichen	4
Planeten in negativen Zeichen	6

KAPITEL 7

WEITERE DEUTUNGSARTEN

FALLSTUDIE: EMMA

Emma wurde am Samstag, dem 21. August 1965 um 5:55 Uhr in dem englischen Dorf Cuckfield geboren. Zum Zeitpunkt der Horoskoperstellung steht sie kurz vor ihrem 40. Geburtstag, lebt nicht weit von ihrem Geburtsort entfernt, hat vier Kinder aus erster Ehe und ist zum zweiten Mal mit einem Mann verheiratet, der zwölf Jahre jünger ist als sie. Emma arbeitet selbstständig in der Kosmetikbranche.

ERSTE EINDRÜCKE

PLANETENMUSTER

Die Planeten in Emmas Horoskop bilden ein geradezu klassisches Eimermuster, wobei Saturn in den Fischen und im siebten Haus den Griff bildet. Hierdurch wird Emmas grundlegendes Bedürfnis nach einer stabilen Zweierbeziehung herausgestellt.

Obwohl Saturn in dieser Beziehung für Engagement und Verantwortungsbewusstsein sorgt, gehen mit ihm auch gewisse Schwierigkeiten einher, was darauf hindeutet, dass sich Emma in partnerschaftlicher Hinsicht auf eine schwierige Reise begeben wird. Darauf lassen auch die spannungsreichen Aspekte zum Mond und zu einigen Planeten im ersten Haus schließen.

PLANETENVERTEILUNG

Mit sechs von zehn Planeten im ersten Quadranten rückt dieser klar in den Vordergrund. Damit liegt eine Betonung auf Emmas Ich, die durch acht von zehn Planeten in der östlichen Hemisphäre noch unterstrichen wird. Obwohl die Verteilung der Planeten über die nördliche und südliche Hemisphäre ausgewogener ist, hebt ein Stellium im ersten Haus hervor, dass die eigenen Wünsche und Bedürfnisse für Emma vorrangig sind. Sie sollte unbedingt nach einem Ausgleich für diese Ichbezogenheit suchen, mit dem Löwen als Aszendenten wird dies allerdings nicht so einfach sein.

ASPEKTFIGUREN

In Emmas Horoskop gibt es drei erkennbare Aspektfiguren. Ein kleines Trigon, gebildet aus Sonne, Mars und Jupiter,

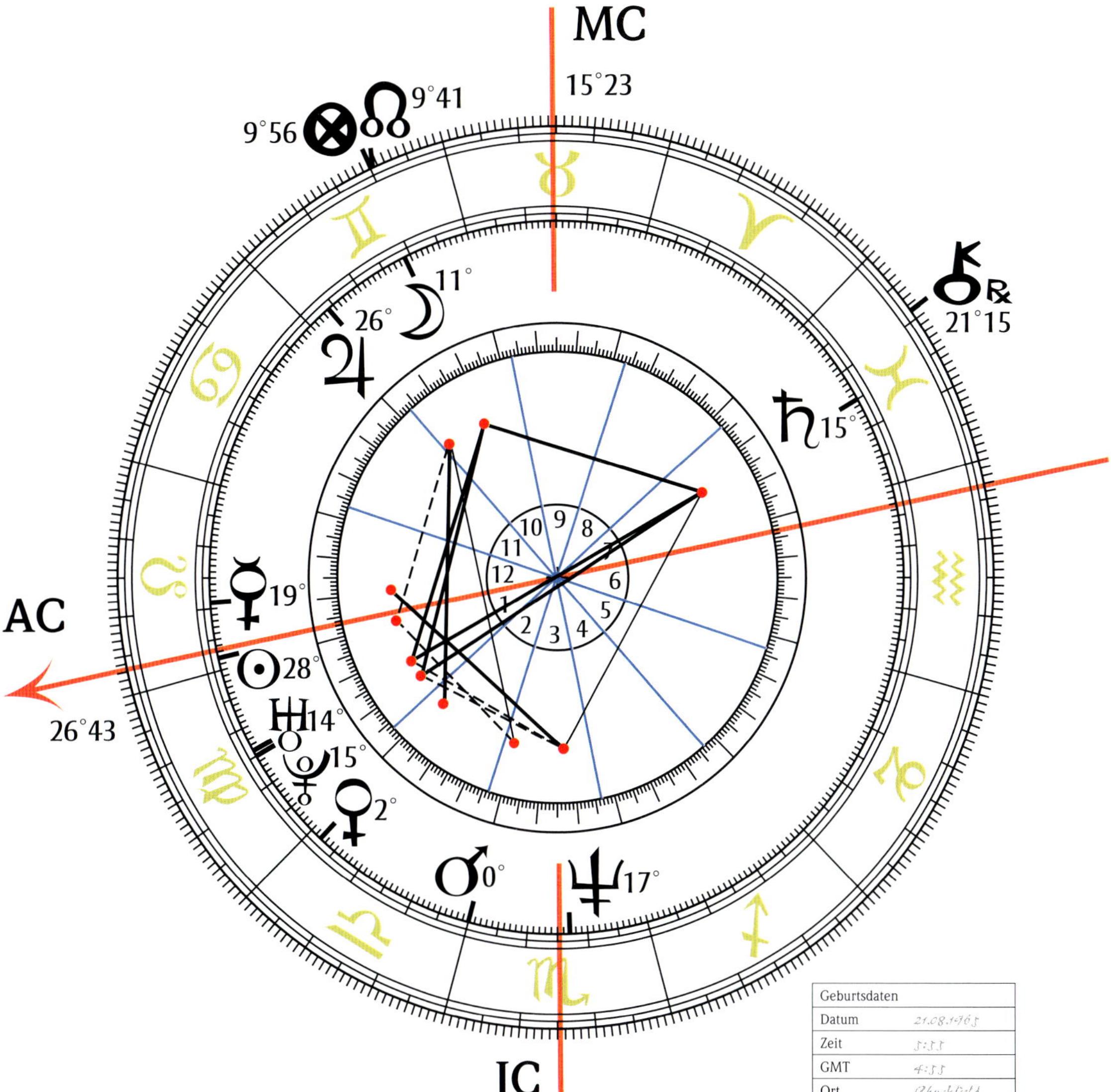

Geburtsdaten	
Datum	21.08.1965
Zeit	5:55
GMT	4:55
Ort	Chuckfield
Breitengrad	51°00N
Längengrad	0°09W

Horoskopart	Geburtshoroskop
Häusersystem	äqual

Grad	Zeichen	R	Planeten	Aspekte ☉	☽	☿	♀	♂	♃	♄	♅	♆	♇	AC	MC	nK
27°55	♌		Sonne	☉				✳	✳					☌		
11°08	♊		Mond		☽					□	□		□			☌
18°51	♌	℞	Merkur			☿						□		☌	□	
1°59	♎		Venus				♀		□							△
0°26	♏		Mars					♂	△					✳		
26°03	♊	℞	Jupiter						♃					✳		
15°03	♓	℞	Saturn							♄	☍	△	☍		✳	□
14°07	♍		Uranus								♅	✳	☌		△	□
17°22	♏		Neptun									♆	✳		☍	
15°26	♍		Pluto										♇		△	□
26°43	♌		AC	Horoskopherrscher								☉		AC	MC	n. Knoten
15°23	♉		MC	Haus des Horoskopherrschers								1.				
9°41	♊		n. Knoten	aufsteigender Planet								☉				

Qualitäten		Elemente	
kardinal	1	Feuer	2
fix	4	Erde	2
beweglich	5	Luft	3
Planeten an Eckpunkten		Wasser	3
	☿♆	Domizil	☉♀
gegenseitige Verstärkung		Fall	☿
	--	Erhöhung	--
NOTIZEN		Exil	♃

⚷ ℞ □ ♃ ☌ ♄ ☍ ♅ △ ♆ ☍ ♇
☌ ☽ △ ♀ □ ♄ □ ♅ □ ♇ ☌ ☊

Planeten in positiven Zeichen	5
Planeten in negativen Zeichen	5

sowie zwei bewegliche T-Quadrate, das eine zwischen Mond, Saturn und Uranus, das andere zwischen Mond, Saturn und Pluto.

Das kleine Trigon ist ein wahrer Segen. Mars und Jupiter bilden je ein Sextil zur Sonne und untereinander ein Trigon. Emma ist beliebt, sympathisch, kontaktfreudig und lebendig. Das Trigon zwischen Mars und Jupiter zeugt von Initiative und verspricht Glück, kann also vor allem bei Neuanfängen unterstützend wirken. Mars im dritten Haus und Jupiter in den Zwillingen sorgen dafür, dass Emma nie die Ideen ausgehen, und die durch Mars im Skorpion eingebrachte Beharrlichkeit wird ihr helfen, Angefangenes stets zu Ende zu bringen. Jupiter im zehnten Haus verspricht beruflichen Erfolg, sofern der nötige Fleiß aufgebracht wird und eventuelle zwischenmenschliche Probleme gelöst werden können.

Interessant ist, dass sich diese hilfreiche und günstige Konstellation um die Sonne gruppiert, die im ersten Haus im Löwen steht, der gleichzeitig Emmas Aszendent ist. Diese Konstellation kreist somit um Emmas bewusste, äußere Persönlichkeit. Die durch den Mond repräsentierte Welt des Unbewussten hingegen wird mit spannungsreicheren Aspekten konfrontiert. So bildet der Mond Quadrate zu Saturn, Uranus und Pluto, die auf schon in frühen Jahren Verdrängtes hinweisen. Die Einflüsse von Saturn im siebten Haus bilden einen scharfen Kontrast zu den ansonsten stark selbstbestimmenden Energien im restlichen Horoskop. Der Aufbau harmonischer Beziehungen wird gewiss nicht einfach.

Solange es ihr nicht gelingt, eine dem Schützen gerechte Herangehensweise an die Angelegenheiten des vierten Hauses – dem leeren Raum ihrer beider T-Quadrate – zu entwickeln, wird Emma eine erfolgreiche Verwirklichung ihrer Wünsche und Ziele aufgrund von zwischenmenschlichen Problemen verwehrt bleiben. Sie wird sich demzufolge große Freiheiten in ihrem Privatleben zugestehen, aber auch ein besseres Verständnis für ihre emotionalen Bedürfnisse entwickeln und in dieser Hinsicht gegenüber sich selbst aufrichtiger sein müssen. Dass diese Bedürfnisse oft unterdrückt werden, zeigen die Quadrate des Mondes zu Saturn und Pluto.

SONNE

Emmas Sonne steht im Löwen, somit besitzt Emma die Wesenseigenschaften dieses Sternzeichens in Reinform. Sie ist extravagant, steht gerne im Mittelpunkt und liebt Kinder und Tiere über alles. Sie hat eine außergewönlich starke Persönlichkeit, die die einen lieben, die die anderen jedoch hassen, da sie Emmas pathetisches Auftreten als zu herrisch empfinden.

MOND

Der Mond in den Zwillingen stellt Emmas Bedürfnis nach Kommunikation heraus. Seine gleichzeitige Position im zehnten Haus verweist auf die besondere Bedeutung, die eine berufliche Karriere für Emma hat. Genau dies ist mit den familiären Verpflichtungen im Hintergrund natürlich nicht leicht zu vereinbaren.

ASZENDENT

Emmas Aszendent ist der Löwe, der Sextile zu Mars und Jupiter bildet sowie zu Merkur und zur Sonne in Konjunktion steht. Emma ist ein sehr geselliger und gesprächiger Mensch, aber sie ist nicht unbedingt in Hochform, wenn sie nicht selbst im Rampenlicht steht.

DIE GESTIRNSTÄNDE

AUFSTEIGENDER PLANET

Emmas aufsteigender Planet ist die Sonne, deren Bedeutung bereits dargestellt wurde.

HOROSKOPHERRSCHER

Die Sonne ist auch Horoskopherrscher. Diese herausragende Stellung eines einzelnen Planeten ist ungewöhnlich. Die mit dem Löwen und der Sonne assoziierten Eigenschaften sind daher in Emmas Horoskop von besonderer Bedeutung.

UNASPEKTIERTE PLANETEN

In Emmas Horoskop gibt es keine unaspektierten Planeten.

MERKUR

Merkur steht in Konjunktion zu Emmas Aszendenten und macht sie so zu einem gesprächigen, lebhaften und glücklich im Zentrum des Geschehens stehenden Menschen. Da er aber zugleich im zwölften Haus, dem Haus des Innenlebens und Unbewussten, steht, behält Emma auch vieles für sich. Der Löwe steht in der Regel für ein aufrichtiges und geradliniges Verhalten, doch Merkurs Quadrat zum Neptun kann Emma in der Gegenwart von selbstbewussteren Menschen unsicher werden lassen. Ein weiteres Quadrat zur MC-IC-Achse zeigt an, dass die Standhaftigkeit des Stiers, nach der sie strebt, durch den Einfluss anderer zunichte gemacht werden kann.

VENUS

Venus steht sehr günstig in der Waage und im zweiten Haus, also in dem Sternzeichen und dem Haus, in dem sie herrscht. Dies hebt das Thema Partnerschaft besonders hervor, woraus geschlossen werden kann, dass Emma als Single nicht glücklich wird. Sie braucht einen attraktiven Partner, einen kultivierten, gut situierten Menschen. Ein Quadrat zu Jupiter könnte Emma dazu verleiten, voreilig eine feste Partnerschaft einzugehen, was sie später bereuen wird. Ein Partner in anderem Alter oder von anderer Herkunft wäre ideal für sie.

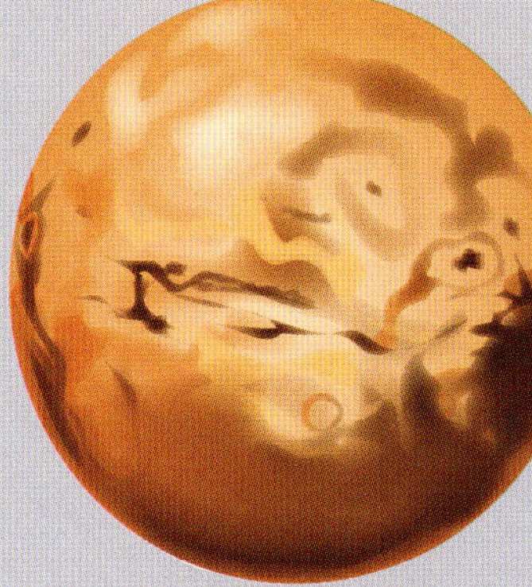

MARS

Mars steht im dritten Haus und im Skorpion. Damit verleiht er Emma hervorragende intellektuelle und kommunikative Fähigkeiten, er kann aber auch Missgunst provozieren, falls andere Fähigkeiten keine geeignete Ausdrucksform finden.

JUPITER

Jupiter steht im zehnten Haus und in den Zwillingen, was in beruflicher Hinsicht und für das Erreichen von Emmas materiellen Zielen Gutes erahnen lässt. Allerdings steht Jupiter in den Zwillingen im Exil, wodurch Emma leicht zur Unaufmerksamkeit neigt. Auch kann Jupiter durch seine Position im zehnten Haus viele Dinge zunächst viel zu einfach erscheinen lassen, sodass ohne einen zusätzlichen Anreiz eventuell nicht so viel erreicht wird, wie anfänglich erwartet.

SATURN

Der Einfluss Saturns ist von zentraler Bedeutung und sollte daher nicht unterschätzt werden. Im siebten Haus stehend sorgt er für Loyalität, aber auch für eine latente Gereiztheit in Beziehungen, sodass diese allzu leichtfertig für problematischer gehalten werden, als sie eigentlich sind. Die Venus-Konstellation lässt Emma solche Beziehungen dennoch pflegen, wenn auch vor allem wegen der Sicherheit, die sie ihr bieten. Dies hat allerdings tiefgreifende Konflikte zur Folge, wie aus der Opposition von Saturn zum ersten Haus und durch das Quadrat zum Mond im zehnten Haus geschlossen werden kann. Ein Trigon zur Neptun-IC-Konjunktion zeigt aber auch, dass Emma mit ihrem Engagement im Hinblick auf Langzeitbeziehungen ihrem familiären Ideal nahe kommen kann. Ein Sextil zum MC im Stier lässt das Thema Erhalt und Beständigkeit nachklingen, wenngleich es nicht unbedingt mit viel Freude einhergeht.

URANUS

Uranus im ersten Haus macht Emma zu einem unkonventionellen Menschen, der Freiräume und Freiheiten benötigt und sich nicht gerne herumkommandieren lässt. Die Konjunktion zu Pluto weist auf einen starken Charakter hin, der trotz seiner direkten Art, vieles für sich behält und äußerst selbstbeherrscht auftritt. Der günstige Aspekt dieser Konjunktion zum MC lässt vermuten, dass Emma überrascht sein wird zu sehen, wie viele Gelegenheiten sich ihr bieten, wenn sie einmal etwas mehr aus sich herausgeht.

NEPTUNE

Neptun steht in Konjunktion zu Emmas IC. Dies macht sie zu einer sehr empfindsamen Person, die darauf hofft, dass ihre emotionalen Bedürfnisse erfüllt werden, aber gleichzeitig fürchtet, dass dies nicht geschehen wird. Mit seiner Position im dritten Haus fördert Neptun zudem Intuition, Mitgefühl und Einbildungskraft, die einen Ausgleich zu den doch eher energischen Eigenschaften des ersten Hauses schaffen. Ein Mangel an Vertrauen kann Verwirrung stiften und zu Täuschungen führen, daher ist es wichtig, dass sie sich klar artikuliert, um ihren Standpunkt verständlich zu machen.

PLUTO

Pluto im ersten Haus wurde bereits behandelt. Diese Konstellation kann Eifersucht provozieren und zu Verbitterung führen. In Zusammenhang mit der Mars-Skorpion-Konstellation sind Außenstehende gut beraten, sich Emma nicht zum Feind zu machen. Es würde in jedem Fall ein langwieriger Kampf werden, denn die beiden Konstellationen sorgen dafür, dass Emma ihre wahren Gefühle für sich behalten kann und ihren Gegnern nicht die geringste Schwäche zeigt.

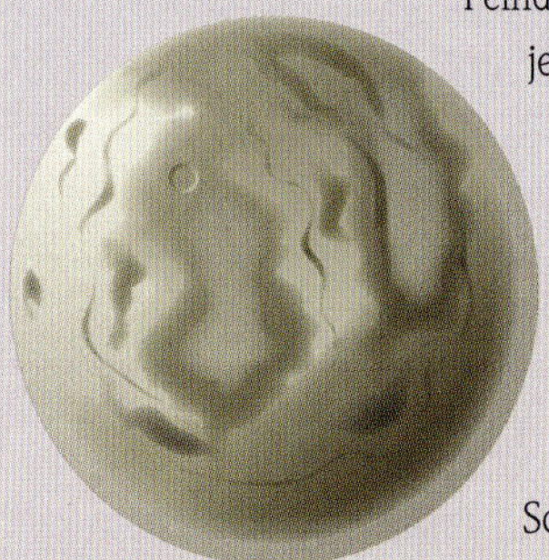

SONSTIGE FAKTOREN

MONDKNOTEN

Emmas nördlicher Mondknoten steht im zehnten Haus und in den Zwillingen. Der südliche Mondknoten befindet sich in Opposition zu diesem, also im vierten Haus und im Schützen. Emma kommt somit gut in häuslichen und familiären Angelegenheiten zurecht, da dies ihre natürlichen Interessengebiete sind. Dies wiederum erweist sich als günstig, da ein sorgloser Optimismus und eine freie Selbstentfaltung im häuslichen Bereich bereits durch den leeren Raum ihrer beiden T-Quadrate herausgestellt wurden.

Der nördliche Mondknoten in den Zwillingen und im zehnten Haus macht allerdings auch deutlich, dass es für Emma nicht infrage kommt, berufliche und persönliche Ziele völlig außer Acht zu lassen. Die Zwillinge stehen für die Welt der Gedanken, was bedeutet, dass Emma überlegen muss, was sie erreichen will. Auf diese Ziele sollte sie sich dann konzentrieren und zugleich aufhören, sich von den Bedürfnissen und Meinungen anderer entmutigen zu lassen. Der südliche Mondknoten im Schützen lässt Emma vor Schwierigkeiten allerdings rasch davonlaufen; dem Kern des eigentlichen Problems, stellt sie sich eher nicht.

Emmas Mond im zehnten Haus und in den Zwillingen steht in Konjunktion zu ihrem nördlichen Mondknoten, wodurch die Bedeutung des Knotens noch betont wird, ebenso wie die der beiden bereits besprochenen T-Quadrate. Quadrate zu Saturn, Uranus und Pluto verweisen auf die Schwierigkeiten im Umgang mit anderen, vor allem beruflich. Das zur Venus in der Waage gebildete Trigon ist hier allerdings hilfreich: Emma kann überaus charmant sein!

GLÜCKSPUNKT

Emmas Glückspunkt steht in Konjunktion zu ihrem nördlichen Mondknoten. Obgleich Emma in ihrem Leben einige Schwierigkeiten zu überwinden hat, hat sie in vielerlei Hinsicht auch Glück. Diese Konjunktion etwa wird im Hinblick auf ihre Karrierepläne und all ihre anderen Ambitionen stark motivierend wirken. Alle anderen zum Glückspunkt gebildeten Aspekte entsprechen dem zum nördlichen Mondknoten, daher gilt hier dasselbe, was dort bereit gesagt wurde.

CHIRON

Chiron im siebten Haus und in den Fischen steht in Konjunktion zu Saturn, der als Griff in Emmas Eimerhoroskop bereits eine besondere Stellung einnimmt. Chirons Position deutet darauf hin, dass eine schmerzliche Erfahrung in frühen Jahren den Grundstein für Emmas Beziehungsverhalten als Erwachsene gelegt hat. Die Saturn-Konjunktion lässt vermuten, dass der Vater Emma als Kind in gewissem Maße zurückgewiesen hat und dass sie deshalb sehr darauf achtet, anderen nicht das gleiche anzutun. Dies erklärt, warum sie klar gescheiterte Beziehungen noch lange aufrechterhält.

Ein Trigon zu ihrer Neptun-IC-Konjunktion verdeutlicht, dass Emma an ihren seelischen Wunden arbeiten muss, um sich die ideale familiäre Situation schaffen zu können, von der sie träumt. Es liegt in der Natur des Chiron, dass er Emma mit der Zeit nicht nur hilft, sich selbst zu heilen, sondern es ihr auch ermöglicht, Menschen mit ähnlichen Problemen zu beraten. Chirons Quadrat zu Jupiter im zehnten Haus und in den Zwillingen mildert Emmas astrologischen Fokus auf sich selbst und alles Weltliche ab. Ein periodisches Aufflackern eigennütziger Launen ist jedoch nicht auszuschließen, da die Beschäftigung mit den Sorgen anderer in natürlicher Opposition zu den selbstbewussten Energien steht, die Uranus und Pluto im ersten Haus fördern.

HOROSKOPSIGNATUR

Die Zwillinge sind Emmas Signaturzeichen, das allerdings erst ermittelt werden konnte, nachdem Aszendent, MC, nördlicher Mondknoten, Chiron und der Glückspunkt zur Bestimmung hinzugezogen wurden. Emma wäre somit gerne logischer, analytischer und mitteilsamer. Dies entschärft etwas ihr problematisches Gefühlsleben, das ja desto mehr Schwierigkeiten verursacht, je länger es verborgen wird.

PLANETEN IM HÖCHSTEN GRAD

Emma hat keine Planeten im letzten Grad. Ihr Planet mit der höchsten Gradposition ist die Sonne, die bei Emma im ersten Haus steht. Da das erste Haus sozusagen Emmas Fenster zur Welt darstellt, wird ihre Außenwirkung regelmäßig Konflikte verursachen. Und zwar immer dann, wenn sie meint, unter der Last der Verpflichtungen und Verantwortungen sowie all der kleinen Kompromisse, die sie mit sich selbst ausgemacht hat, zusammenzubrechen.

WEITERFÜHRENDE METHODEN

Astrologie ist ein weites Feld. Haben Sie erst einmal einige Geburtshoroskope analysiert, werden Sie sich bald einige weiterführende Fragen stellen. Um Ihnen die Astrologie noch schmackhafter zu machen, möchte ich Ihnen deshalb an dieser Stelle kurz einige weitere populäre Analysemethoden vorstellen.

PROGNOSEN UND VORHERSAGEN

TRANSITE

Aktuelle und weiter in der Zukunft liegende Trends lassen sich astrologisch auf zwei Arten ermitteln. Die erste Analysemethode basiert auf der täglichen Planetenbewegung und befasst sich mit den Planetentransiten, kurz Transite genannt.

Ihr Geburtshoroskop ist nur eine Momentaufnahme des Himmels zum Zeitpunkt Ihrer Geburt, denn die Planeten sind immer in Bewegung. Sie durchqueren den von Ihrem Horoskopdiagramm symbolisierten Raum unterschiedlich schnell. Die größte Aufmerksamkeit ziehen die äußeren Planeten auf sich, da sie sich nur langsam durch den Tierkreis bewegen und längere Zeit benötigen, um eine wahrnehmbare Wirkung zu zeitigen.

Die sich ändernden Positionen der Planeten auf ihrem Weg durch den Tierkreis nennt man Transite. Die Bedeutung der einzelnen Planeten bleibt für den Zeitraum eines Transits gleich, erst zu

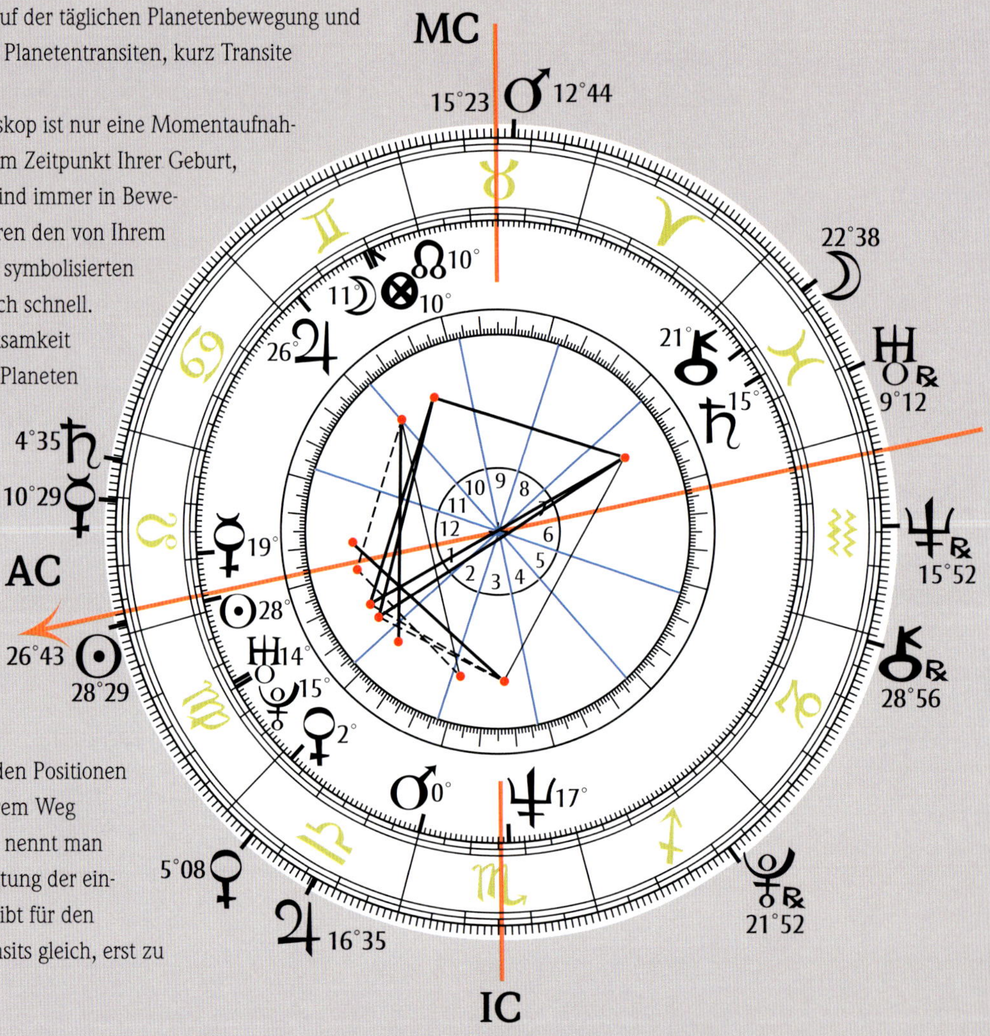

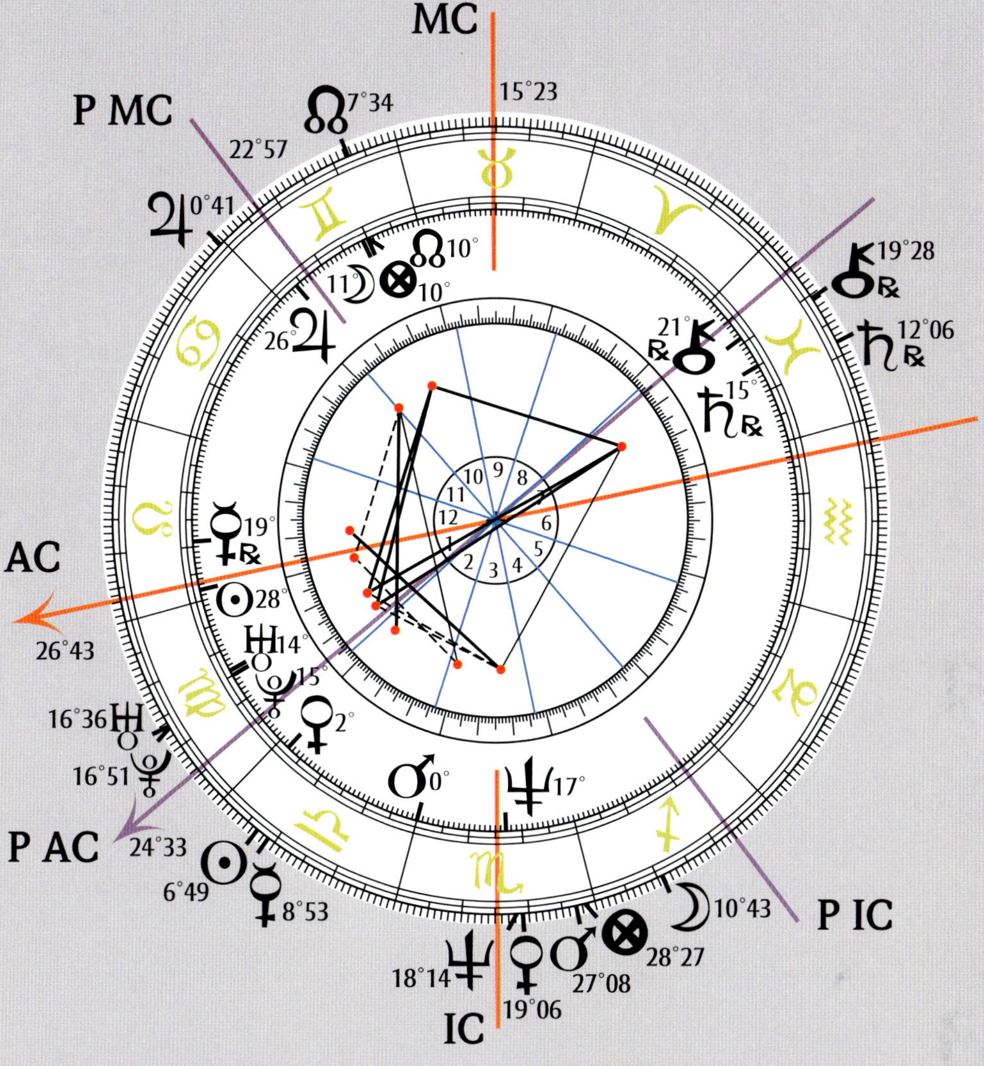

Beginn eines neuen Transits tritt eine Änderung ein. Das Arbeiten mit Transiten ist nicht schwer, da Sie in Ihren Ephemeriden die Planetenstände für jeden Tag nachschlagen und so rasch erkennen können, wann eine Änderung eintritt. Oft reicht es aus, ihre Positionen um Mitternacht abzulesen und diese um den äußeren Kreis des Geburtshoroskops herum einzutragen.

Werfen Sie einmal einen Blick auf das nebenstehende Diagramm mit den Planetenständen zu Emmas 40. Geburtstag. Saturn am Anfang des zwölften Hauses deutet auf einen gerade abgeschlossenen Zyklus hin. Pluto im vierten Haus und Uranus im siebten weisen auf Veränderungen im Privatleben hin, auf gestörte Beziehungen und die Notwendigkeit, grundlegende Probleme zu klären.

SEKUNDÄRDIREKTION

Die zweite Prognosemethode ist komplexer, da Sie hierzu ein neues Horoskop berechnen müssen. Ort und Zeit sind dabei dieselben wie bei der Geburt, aber für jedes Lebensjahr müssen Sie jeweils einen Tag hinzuzählen. Für das Prognosehoroskop eines 40-Jährigen addieren Sie demnach 40 Tage zu dessen Geburtstag hinzu, bevor Sie das entsprechende Horoskop berechnen. Das neue Horoskop ist das Prognosehoroskop für das jeweils berechnete Lebensjahr. Die Planetenstände können um den äußeren Kreis des Geburtshoroskops herum eingetragen werden, wie in Emmas Prognosehoroskop für ihr 41. Lebensjahr auf dieser Seite.

Anders als bei den Transiten ergibt sich bei der Berechnung der Sekundärdirektion ein neues Achsenkreuz. Kon-

junktionen zu diesem mit Planeten eines der beiden Horoskope sind ebenso bedeutsam wie Konjunktionen zu den Achsen des Geburtshoroskops. In Emmas Horoskop fällt besonders die Annährung des neu berechneten MC zu sowohl dem Jupiter ihres Geburtshoroskops als auch dem der Sekundärdirektion ins Auge. Dies lässt auf eine bevorstehende Expansion vor allem im beruflichen Bereich schließen. Die MC-IC-Achse bewegt sich pro Jahr etwa um ein Grad; da der Orbis für eine Achsenkonjunktion in einer Sekundärdirektion bei zwei Grad liegt, wird diese Entwicklung in etwa zwölf Monaten ihren Anfang nehmen.

ASTROLOGIE UND PARTNERSCHAFTEN

Bei der astrologischen Betrachtung unserer Beziehungen können wir ebenfalls auf zwei unterschiedliche Analysemethoden zurückgreifen. Zum einen auf die Synastrie, bei der die Geburtshoroskope beider Partner übereinandergelegt werden, zum anderen auf das Composit, wo die Geburtspositionen aller Horoskopfaktoren beider Partner gemittelt werden, um ein eigenes Partnerschaftshoroskop zu erstellen.

SYNASTRIE

Das Zusammenfügen zweier Horoskope ist Ihnen bereits von den Prognosehoroskopen her bekannt. Bei der Synastrie gehen Sie ähnlich vor. Anstatt allerdings persönliche Einflüsse für einen bestimmten Zeitraum mit dem eigenen Geburtshoroskop zu verbinden, legen Sie hier zwei unterschiedliche Geburtshoroskope übereinander.

Auch hier sollten sie Ihr Hauptaugenmerk auf die Planeten legen. Betrachten Sie die Häuserverteilung im Vergleich zu Ihrem Horoskop, um die Lebensbereiche zu ermitteln, in denen Sie Ihr Partner am stärksten beeinflusst. In der Synastrie für Lisa und ihren Mann Tim (rechts) fallen sowohl sein Mond als auch seine Venus in ihr elftes Haus, was auf eine auf Freundschaft basierende Beziehung hindeutet. Lisas Mond und Aszendent in Tims elftem Haus bekräftigen dies.

Mond und Venus sind wichtige Partnerschaftsplaneten. Überprüfen Sie, inwiefern sie dieselben Punkte in den Horoskopen von Freunden, Kollegen oder Familienmitgliedern aspektieren. Selbst ohne nach einem konkreten Aspekt zu suchen, können Sie die Beziehung anhand der jeweiligen Position in den Sternzeichen beurteilen. Suchen Sie harmonische Verbindungen, z. B. vertragen sich Monde in Feuer- und Luftzeichen, ebenso Monde in Erd- und Wasserzeichen.

Bei Lisa und Tim steht der Mond jeweils in den Zwillingen. Eine günstigere Konstellation, abgesehen von einer Konjunktion, ist kaum vorstellbar!

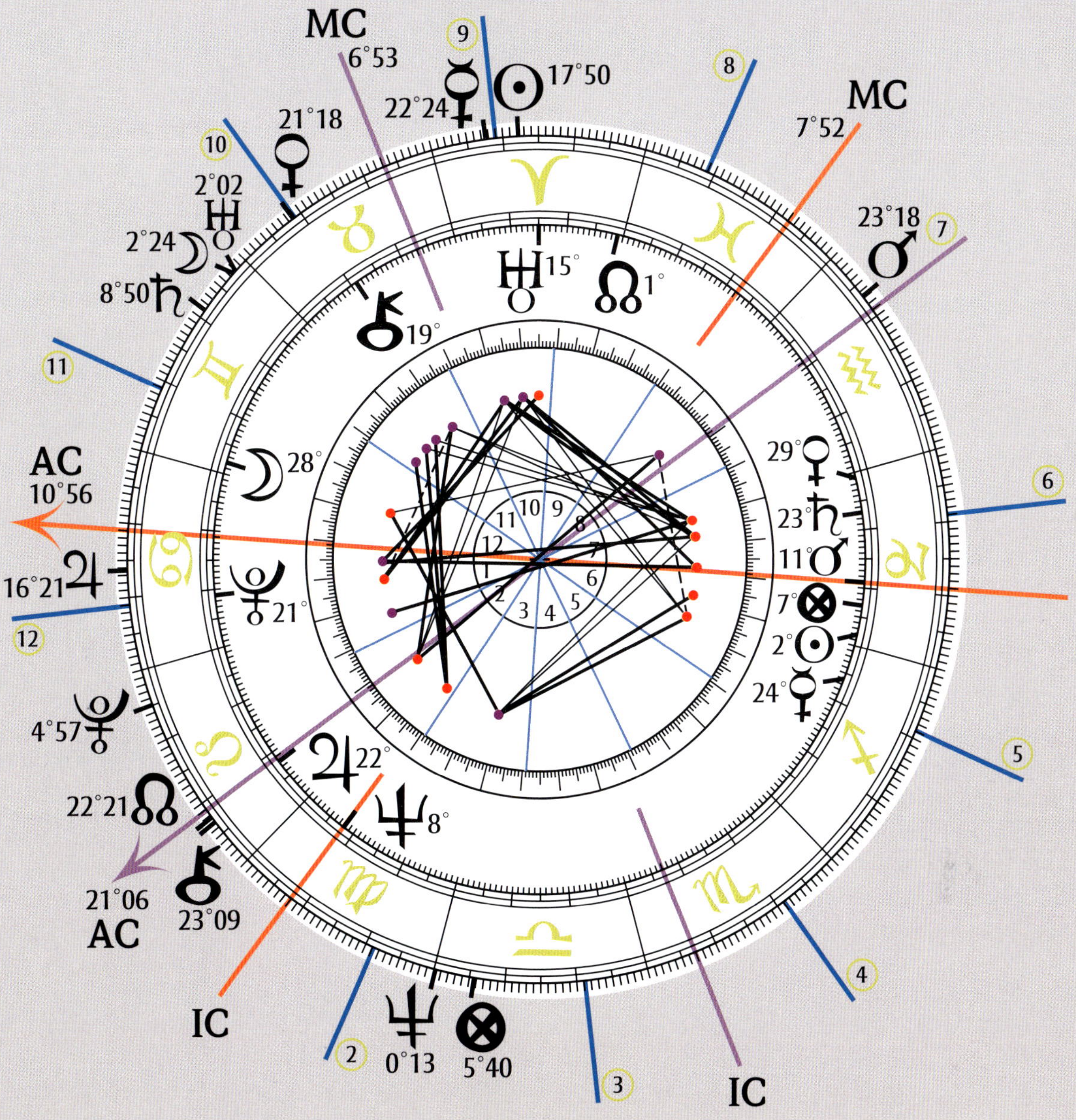

MC
6°53
22°24
17°50
MC
7°52
21°18
2°02
2°24
8°50
23°18
19°
15°
1°
AC
10°56
28°
29°
23°
11°
7°
2°
24°
16°21
21°
4°57
22°
8°
22°21
21°06
AC
23°09
IC
0°13
5°40
IC

COMPOSIT

Das Composit wird aus den Geburtshoroskopen zweier Personen gemittelt, also zum Beispiel aus Ihrem und dem Ihres Partners. Dazu werden die Positionen aller Horoskopfaktoren zunächst in ekliptikale Längengrade umgewandelt. Die Vorgehensweise dabei ist dieselbe wie bei der Berechnung des Glückspunkts in Kapitel 1.

❶ Addieren Sie die Position der Sonne des einen Horoskops zu der Position der Sonne aus dem anderen Horoskop und teilen Sie das Ergebnis anschließend durch zwei. Als Resultat kommt heraus, was Astrologen Halbsumme nennen, die arithmetische Mitte zwischen zwei Horoskopfaktoren, oder konkreter gesagt, der Punkt im Tierkreis, der genau zwischen den beiden Ausgangspunkten liegt.

❷ Überprüfen Sie, ob die ermittelte Halbsumme innerhalb eines Bereichs von 90 Grad zu beiden Geburtsständen der Sonne liegt. Falls dem so ist, haben Sie den kürzesten Abstand zwischen ihnen gefunden. Falls nicht, notieren Sie am Ende des nächsten Schritts das gegenüberliegende Tierkreiszeichen als Ergebnis.

❸ Berechnen Sie aus der ekliptikalen Länge nun den relativen Stand der Sonne in den Sternzeichen und notieren Sie diesen im Composit-Horoskop. Ermitteln Sie anschließend die Halbsummen aller anderen Horoskopfaktoren auf dieselbe Weise. In einer Composit-Tabelle gibt es keine Felder für die Angaben zur Geburt und zu Rückläufigkeiten, da ja nur gemittelte Werte für zwei Personen dargestellt werden.

Ausgehend von der Vorstellung, dass sich eine ganz neue, eigenständige Energie entwickelt, wenn zwei Menschen zusammenkommen, offenbart das Composit den Charakter der Beziehung, für die Sie es berechnet haben. Suchen sie nach günstigen Eigenschaften im vierten, fünften und siebten Haus, wenn Sie ein Beziehungshoroskop für Verliebte erstellen. Bei beruflichen Partnerschaften sind positive Energien im zweiten, sechsten und zehnten Haus von Vorteil und bei Freundschaften solche im dritten, neunten und elften Haus.

Im Composit-Horoskop von Lisa und Tim findet sich ein wundervolles Stellium im siebten Haus, Mars in Konjunktion zu ihrem Composit-Deszendenten lässt allerdings vermuten, dass es zwischen Ihnen auch regelmäßig zu Reibereien kommen wird.

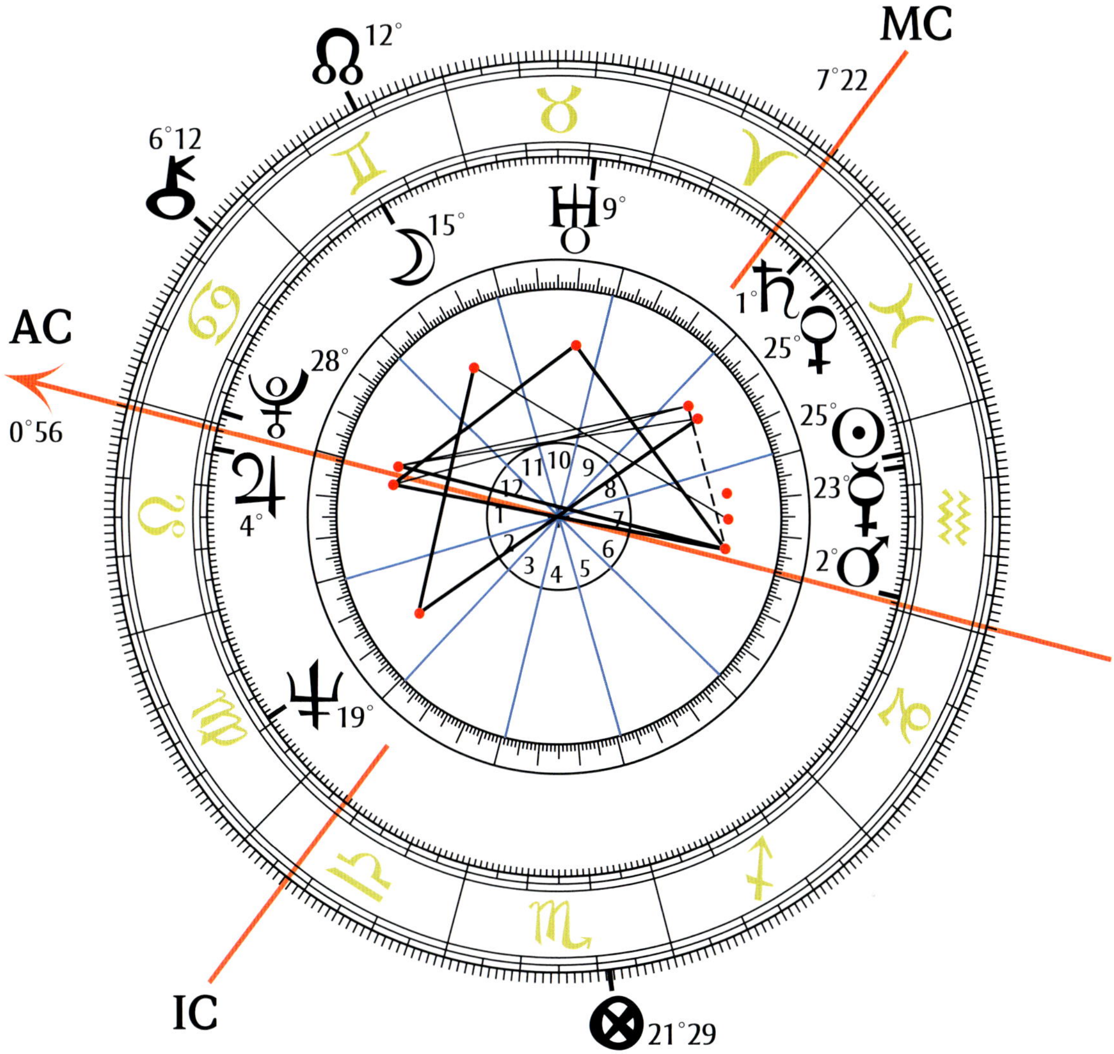

Grad	Zeichen	Planeten	☉	☽	☿	♀	♂	♃	♄	♅	♆	♇	AC	MC	nK
24°52	♒	Sonne	☉		☌										
15°25	♊	Mond		☽	△						□				☌
23°19	♒	Merkur			☿										
24°57	♓	Venus				♀			☌		☍	△	△		
2°12	♒	Mars					♂	☍	✶	□		☍	☍		
4°19	♌	Jupiter						♃	△	□		☌	☌	△	
0°52	♈	Saturn							♄			△	△	☌	
8°44	♉	Uranus								♅			□		
19°05	♍	Neptun									♆				□
28°12	♋	Pluto										♇	☌		
0°56	♌	AC	Horoskopherrscher ☉										AC	MC	n. Knoten
7°22	♈	MC	Haus des Horoskopherrschers 7.												
11°31	♊	n. Knoten	aufsteigender Planet ♇												

Horoskopart	Composit
Häusersystem	äqual

Qualitäten		Elemente	
kardinal	2	Feuer	2
fix	5	Erde	3
beweglich	3	Luft	3
Planeten an Eckpunkten	♂ ♃ ♄	Wasser	2
		Domizil	--
gegenseitige Verstärkung	--	Fall	♄ ♅
		Erhöhung	☿ ♀
NOTIZEN		Exil	☉ ♆

NOTIZEN:
⚷□♄✶♅□MC
⊕□☉□☿△♀✶♆△♇

Planeten in positiven Zeichen	5
Planeten in negativen Zeichen	5

GLOSSAR

Achsen Die zwei Hauptachsen, die horizontale Aszendent-Deszentent-Achse und die vertikale MC-IC-Achse, teilen das Horoskop in zwei Hemisphären und vier Quadranten ein.

Aspekt Geometrische Beziehung zwischen zwei Horoskopfaktoren, die die Einzelwirkung der beteiligten Faktoren modifiziert.

Aszendent Das am östlichen Horizont zur Zeit und am Ort der Geburt aufgehende Sternzeichen.

aufsteigender Planet Ein in Konjunktion zum Aszendenten stehender Planet.

beweglich Begriff mit dem die Sternzeichen Zwillinge, Jungfrau, Schütze und Fische aufgrund ihrer gemeinsamen Eigenschaften charakterisiert werden.

Composit Ein aus den Geburtshoroskopen zweier Menschen neu errechnetes Horoskop, das die gemeinsame Beziehung zwischen ihnen charakterisiert.

Deszendent Das am westlichen Horizont zur Zeit und am Ort der Geburt untergehende Sternzeichen.

Domizil Ein Planet steht im Domizil, wenn er sich in dem Zeichen befindet, in dem er herrscht. Gilt traditionell als starke Stellung.

Element Kategorisierungsmöglichkeit der zwölf Sternzeichen im Hinblick auf gemeinsame Charakteristika. Die vier Elemente sind: Feuer, Erde, Luft und Wasser.

Ephemeride *Pl. Ephemeriden.* Das griechische Wort wird von Astrologen als Begriff für Tabellenwerke verwendet, die die Positionen der Planeten und Mondknoten verzeichnen.

Erhöhung Ein Planet steht in seiner Erhöhung, wenn er sich in dem Zeichen befindet, das dem seines Falls gegenüberliegt. Gilt als relativ starke Stellung nach dem Domizil.

Exil Ein Planet steht im Exil, wenn er sich in dem Zeichen befindet, das dem Zeichen, in dem er herrscht, gegenüberliegt. Gilt traditionell als schwächere Stellung.

Fall Ein Planet steht im Fall, wenn er sich in dem Zeichen befindet, das dem Zeichen seiner Erhöhung gegenüberliegt. Gilt traditionell als eher schwache Stellung.

fix Begriff, mit dem die Sternzeichen Stier, Löwe, Skorpion und Wassermann aufgrund ihrer gemeinsamen Eigenschaften charakterisiert werden.

gegenseitige Verstärkung Besteht zwischen zwei Planeten, wenn diese in jeweils dem Zeichen stehen, in dem der andere herrscht. Stellt eine günstige Beziehung zwischen diesen Planeten her, auch ohne dass sie einen Aspekt bilden.

Glückspunkt Ein aus den Positionen von Sonne, Mond und Aszendent berechneter Horoskopfaktor, der anzeigt, wo und in welcher Form der Horoskopeigner größtes Glück und Zufriedenheit findet.

harmonischer Aspekt Sextile und Trigone sind harmonische Aspekte, die gemeinhin günstige Wirkungen zeitigen.

Hauptaspekt Konjunktionen, Sextile, Quadrate, Trigone und Oppositionen sind die von Astrologen am häufigsten berücksichtigten Aspekte, auch Hauptaspekte genannt.

Häuser Symbolische Einteilung eines Horoskops in zwölf Felder, die zwölf verschiedene Lebensbereiche repräsentieren und in ihren Charakteristika in etwa den zwölf Tierkreiszeichen entsprechen.

Häusersystem Methode zur Unterteilung des Horoskops in Häuser. Das äquale Häusersystem ist eines der ältesten und das am leichtesten anzuwendende.

Häusertabelle Tabellenwerk, mit dem Aszendent, Medium coeli und andere Häuserspitzen errechnet werden können.

Horoskopherrscher Der Planet, der das Zeichen des Aszendenten regiert.

Imum coeli (IC) *dt. Himmelstiefe.* Der dem Medium coeli gegenüberliegende untere Kulminationspunkt der Planeten.

kardinal Begriff, mit dem die Sternzeichen Widder, Krebs, Waage und Löwe aufgrund ihrer gemeinsamen Eigenschaften charakterisiert werden.

Kardinalpunkte Oberbegriff für die vier Horoskopfaktoren, aus denen das Achsenkreuz gebildet wird: Aszendent, Deszendent, MC und IC.

Konjunktion Ein Aspekt, bei dem zwei Horoskopfaktoren unmittelbar nebeneinander stehen, Orbis max. acht Grad.

Medium coeli (MC) *dt. Himmelsmitte.* Kulminationspunkt, an dem alle Planeten zwischen Aufgang und Untergang ihren täglichen Höchststand erreichen.

Mondknoten Die beiden Punkte, an denen die Umlaufbahn des Mondes die der Erde um die Sonne kreuzt.

Nebenaspekt Aspekte, die seltener berücksichtigt werden als die Hauptaspekte. Einer der wichtigsten: die Quinkunx.

Orbis Zulässige Toleranz zu beiden Seiten eines vorgegebenen Werts, innerhalb der ein Aspekt noch wirksam ist.

Planet Astronomisch gesehen nicht selbstleuchtende große Himmelskörper, die sich in elliptischen Bahnen um die Sonne bewegen. Astrologen zählen hingegen auch Sonne und Mond zu den Planeten.

Planeten an Eckpunkten Planeten, die in Konjunktion zu einem der vier Kardinalpunkte stehen.

Polarität Kategorisierungsmöglichkeit der zwölf Sternzeichen im Hinblick auf gemeinsame Charakteristika. Die zwei Polaritäten sind männlich, aktiv oder positiv auf der einen und weiblich, passiv oder negativ auf der anderen Seite.

Qualität Kategorisierungsmöglichkeit der zwölf Sternzeichen im Hinblick auf gemeinsame Charakteristika. Die drei Qualitäten sind kardinal, fix und beweglich.

Rückläufigkeit Die scheinbare Rückwärtsbewegung eines Planeten im Tierkreis aufgrund der Beobachtung des Himmels von der sich ebenfalls um die Sonne bewegenden Erde aus.

Sekundärdirektion Auch Progression genannt. Prognosemethode, bei der das Geburtshoroskop jeweils um ein Jahr vorverlegt wird, um Vorhersagen zur persönlichen Entwicklung zu treffen.

spannungsreicher Aspekt Konjunktionen, Quadrate und Oppositionen sind spannungsreiche Aspekte. Sie wirken herausfordernd, können allerdings auch viel Potenzial freisetzen, wenn ihre Energien in die richtigen Bahnen gelenkt werden.

Spitze Die Grenze zwischen zwei Sternzeichen oder zwei Häusern.

Stellium *Pl. Stellien.* Eine Gruppe von drei oder mehr Planeten in demselben Haus oder Zeichen.

Sternzeit Auch siderische Zeit genannt. Auf ihrer Grundlage werden Aszendent und MC berechnet.

Synastrie Eine Analysemethode der Partnerschaftsastrologie. Das Geburtshoroskop des einen Partners wird über das des anderen gelegt, um die gemeinsame Wirkung der einzelnen Horoskopfaktoren zu analysieren.

Tierkreiszeichen Die zwölf Sternbilder, die sich zum Tierkreis zusammensetzen. Auch Sternzeichen oder kurz Zeichen genannt.

Transit Eigentlich eine Planetenbewegung, wird der Begriff auch zur Bezeichnung einer Prognosemethode genutzt, bei der der aktuelle Stand der Planeten mit den Konstellationen eines Geburtshoroskops verglichen wird.

REGISTER

T

U

V

W

Y

Z